经典文本评点细读

主 编 李思衡

中国海洋大学出版社
·青岛·

图书在版编目(CIP)数据

经典文本评点细读 / 李思衡主编. —青岛:中国海洋大学出版社,2020.8

ISBN 978-7-5670-2552-3

Ⅰ.①经… Ⅱ.①李… Ⅲ.①阅读课－中学－教学参考资料 Ⅳ.①G634.333

中国版本图书馆 CIP 数据核字(2020)第 152384 号

出版发行	中国海洋大学出版社
社　　址	青岛市香港东路 23 号　　　　　　邮政编码　266071
出 版 人	杨立敏
网　　址	http://pub.ouc.edu.cn
电子信箱	coupljz@126.com
订购电话	0532—82032573(传真)
责任编辑	李建筑　　　　　　　　　　　　　电　　话　0532—85902505
印　　制	青岛国彩印刷股份有限公司
版　　次	2020 年 10 月第 1 版
印　　次	2020 年 10 月第 1 次印刷
成品尺寸	185 mm×260 mm
印　　张	12.75
字　　数	290 千
印　　数	1～1500
定　　价	38.00 元

发现印装质量问题,请致电 0532—58700168,由印刷厂负责调换。

编委会

主　编 李思衡

副主编（排名不论先后）

　　　　王莉梅　刘　红　李　静　纪彩霞
　　　　尚随洁　金甜甜　王晓萍

参编人员（排名不论先后）

　　　　范丽丽　魏凤莲　黄海英　于小燕
　　　　郑万玲　尹　娟　周　宁　魏金凤
　　　　苟　璐　张红琳　王艳丽

目 录

诗歌部分

燃烧的速朽与不朽
　　——《红烛》评点细读 / 3

陶渊明：抛官场之溷溷，享山水之安然
　　——《归园田居（其一）》评点细读 / 6

宁静的康桥
　　——《再别康桥》评点细读 / 9

错误之美　美在错误
　　——《错误》评点细读 / 12

评点细读《雨巷》的意象 / 16

千古绝唱琵琶曲演绎"同是天涯沦落人"的悲情
　　——《琵琶行》评点细读 / 21

寄情自然，成就旷达
　　——《念奴娇·赤壁怀古》评点细读 / 24

深掘典故意，方悟英雄暮年情
　　——《永遇乐·京口北固亭怀古》评点细读 / 28

字里行间，尽是"愁"情
　　——《声声慢·寻寻觅觅》评点细读 / 30

乾坤"今""昔"别样愁
　　——《登岳阳楼》评点细读 / 33

《归去来兮辞》：向心灵发出的辞官归隐的号令 / 36

称呼之中显情感
　　——《氓》之评点细读 / 40

痛饮狂歌空度日，飞扬跋扈为谁雄？
　　——《将进酒》评点细读 / 43

披文入情，窥察柳永无处安放的心绪
　　——《雨霖铃》评点细读 / 45

知我者谓我心忧
　　——《水龙吟·登建康赏心亭》评点细读 / 48

一草一木总关情
　　——《扬州慢》评点细读 / 51

"金陵怀古"之绝唱
　　——《桂枝香·金陵怀古》评点细读 / 54

散文部分

一花一叶，潇洒超脱
　　——《故都的秋》评点细读 / 59

《荷塘月色》：精心构建的实虚两境的心灵暂时栖息地 / 63

感受史铁生破茧成蝶心路历程
　　——《我与地坛》评点细读 / 68

语言形式上的突破
　　——《听听那冷雨》评点细读 / 73

文言文部分

《劝学》比喻论证的特点 / 81

直面风雪见盛景
　　——评点细读《登泰山记》的风雪与日出 / 83

孔门言志中的"礼治"思想
　　——《子路、曾皙、冉有、公西华侍坐》评点细读 / 86

叙事有波澜　妙语退秦师
　　——《烛之武退秦师》评点细读 / 89

品读对话，让细节照亮人物
　　——《鸿门宴》评点细读 / 92

悲喜交织，促织所致？
　　——《促织》评点细读 / 97

曲尽其妙的劝谏
　　——《谏太宗十思疏》评点细读 / 102

天上人间阿房宫

　　——《阿房宫赋》评点细读 / 106

小说部分

战时的美好与坚守

　　——《百合花》评点细读 / 111

《哦，香雪》评点细读 / 119

细节里，品人物，探缘由

　　——《祝福》评点细读 / 129

情动于衷，非涉于理

　　——《林教头风雪山神庙》评点细读 / 142

挣不脱的精神的套子

　　——《装在套子里的人》评点细读 / 149

《荷花淀》：一首青年妇女成长转变的赞歌 / 155

一场富贵与贫穷的对话

　　——《刘姥姥二进荣国府》评点细读 / 163

论述文部分

思之愈深　说之愈明

　　——《说"木叶"》评点细读 / 171

戏剧部分

人性的丰富与复杂，尽在一言一语中

　　——评点细读《雷雨》周朴园形象 / 179

诗歌部分

燃烧的速朽与不朽
——《红烛》评点细读

一、燃烧的速朽

人生如烟花灿烂一瞬,还是如细水长流一生?闻一多在现代诗《红烛》里告诉我们他的选择:即使是燃烧殆尽,他也要散发自己的光和热;即使"蜡炬成灰泪始干",也要化作灰,凝成泪。

可是燃烧自己就够了吗?不,不够,因为他有一颗红色的心,"红烛啊!这样红的烛!诗人啊!吐出你的心来比比,可是一般颜色?"这红色是充沛着光和热的激情,它要求像蜡烛般的诗人燃烧自己,而且迅速燃烧,达到速朽。正如诗中所说:"为何更须烧蜡成灰,然后才放光出?一误再误;矛盾!冲突!红烛啊!不误,不误!原是要'烧'出你的光来——"

加速燃烧自己是为了什么?燃烧的速朽又是为了什么?为了启迪的不朽!朽与不朽本就对立统一,相克相生。什么可以造就不朽?秦始皇派徐福东渡求取长生不老药,依然挡不住秦朝短短两世的速朽。无独有偶,各种求仙问药,登岳祭天,乞求的万岁帝业,终于都随着辛亥革命变成腐朽,其原因就是忽视了最重要的"世人"。不同于广大人心的快乐不是真正的快乐,不同于广大人心的愿望最后不能成真,都会变成速朽。但恰恰是诗中燃烧的速朽却可以带来不朽,因为红烛的燃烧带来的是对世人的启迪。

二、启迪的不朽

红烛的燃烧可以带来怎样的启迪?"烧罢!烧罢!烧破世人的梦,烧沸世人的血——也救出他们的灵魂,也捣破他们的监狱!"1923年,作者创作这首诗时,正值五四运动落潮、黑暗势力笼罩全国的时候,在半殖民地半封建的民族灾难重压下,觉醒了的爱国青年经历了探索、奋斗、挫折、再斗争的过程。他们开始觉醒,可又没有找到正确的道路与方法,他们苦闷、彷徨。但是,他们心中燃起的烈火却从未熄灭过。铁笼子里,总要有知识分子先醒过来,即使风雨如晦,他们传播的新思想依然起到了积极的启迪作用,也许当时他们的力量不足以撼动旧社会、旧思想的大树,但是这种力量是不朽的,是前赴后继生生不绝的,星星之火必将在某一天形成燎原之势。为了广大的世人、为了自己的国家而速朽,这种无畏和勇敢本身就给后来者以不朽的鼓励和启迪。

三、成灰与光明

蜡炬成灰泪始干,燃烧总是伴着热泪,是害怕付出没有回音?抑或是忍受不了孤独不被理解的痛苦?都不是,是恨燃烧之慢,苦于光明启迪之迟!"既已烧着,又何苦伤心流泪？哦！我知道了！是残风来侵你的光芒，你烧得不稳时，才着急得流泪！"当诗人将自己燃烧为照亮未来的光和热时，他成灰也喜悦！"请将你的脂膏，不息地流向人间，培出慰藉的花儿，结成快乐的果子！"在这些诗行里，诗人的心情是轻快、乐观的，他仿佛看到了作为意志力、作为英雄主义象征的红烛在焦急的泪水中创造了一个崭新的人间，这是焦急的泪水，也是喜悦的泪水！在具有"五四"时代特色的乐观激情中，闻一多又一次与传统文化的牺牲精神产生了共鸣。

所以最后，闻一多才能掷地有声地说出："灰心流泪你的果，创造光明你的因。红烛啊！'莫问收获，但问耕耘。'"年轻的诗人将自己的热血青春融入了红烛的烛芯，即使是燃烧后成灰的热泪也变成了赤子之心，只因为这样的耕耘和牺牲可以带来未来的光明！

红烛啊，你哪里是诗人自己？你分明是许许多多的五四新青年，你们坚持斗争，不满现实，你们是追光者，你们向往未来的光明！红烛精神永存，化作不朽的光和热！

（作者　青岛市城阳第一高级中学　苟璐）

原文

红　烛[①]

闻一多

蜡炬成灰泪始干
——李商隐

红烛啊！
这样红的烛！
诗人啊！
吐出你的心来比比，
可是一般颜色？
红烛啊！
是谁制的蜡——给你躯体？
是谁点的火——点着灵魂？
为何更须烧蜡成灰，
然后才放光出？
一误再误；
矛盾！冲突！

红烛啊！
不误，不误！
原是要"烧"出你的光来——

[①] 文本选自教育部组织编写.普通高中教科书语文必修上册[M].北京：人民教育出版社，2019.

这正是自然的方法。

红烛啊!
既制了,便烧着!
烧吧! 烧吧!
烧破世人的梦,
烧沸世人的梦,
烧沸世人的血——
也救出他们的灵魂,
也捣破他们的监狱!

红烛啊!
你心火发光之期,
正是泪流开始之日。

红烛啊!
匠人造了你,
原是为烧的。
既已烧着,
又何苦伤心流泪?
哦! 我知道了!
是残风来侵你的光芒,
你烧得不稳时,
才着急得流泪!

红烛啊!
流吧! 你怎能不流呢?
请将你的脂膏,
不息地流向人间,
培出慰藉的花儿,
结成快乐的果子!

红烛啊!
你流一滴泪,灰一分心。
灰心流泪你的果,
创造光明你的因。

红烛啊!
"莫问收获,但问耕耘。"

陶渊明：抛官场之溷溷，享山水之安然

——《归园田居（其一）》评点细读

每每捧读陶渊明的作品，总会被他的气节和才情打动。感动于他在自然与哲理之间打开了一条通道，在生活与自然之间找到了一种和解方式，正如梁启超评价陶渊明时曾经说的"自然界是他爱恋的伴侣，常常对着他笑"。而辛弃疾在《念奴娇》中称"须信采菊东篱，高情千载，只有陶彭泽"，给予陶渊明千古一人的最高评价。品读他的代表作《归园田居（其一）》，他的那种抛官场之溷溷，享山水之安然的情态最是动人。下面就让我们一起透过细处语言的评点感受他的情怀。

《归园田居·少无适俗韵》是陶渊明创作的组诗《归园田居》（五首）的第一首。全诗从对官场生活的深切厌恶，再到田园生活的悠闲美好，舒心畅快，表现了一种如释重负的轻松，表达了对田园生活的热爱和对自由的渴望。

少无适俗韵，性本爱丘山。

"适俗韵"是指迎合俗世，阿谀逢迎，取巧谄媚的情态。一个真诚坦率的人本性与美好的大自然有内在的共通之处，所以"爱丘山"。这两句表现了作者的清高脱俗，对官场和现实的厌恶，奠定了全诗的感情基调。同时也埋下了伏笔，这是诗人辞官归田的真正原因。

误落尘网中，一去三十年。

"三十年"应该是"十三年"，诗人从开始作江州祭酒到辞去彭泽县令前后一共十三年。这两句用了"误、网"表现了诗人内心的遗憾痛悔和对田园生活的眷恋期待。开头四句交代了诗人的本性与以往人生道路的矛盾冲突。

羁鸟恋旧林，池鱼思故渊。

作者写关在笼中的鸟依恋居住过的山林，养在池中的鱼思念生活过的深潭。羁鸟、池鱼没有了自由和快乐就如官场中的诗人，这两句连用两个比喻，同时句式对仗强化了诗人对黑暗污浊官场的厌恶。一"恋"一"思"直接表现对田园生活的依恋喜爱。

开荒南野际，守拙归园田。方宅十余亩，草屋八九间。榆柳荫后檐，桃李罗堂前。

这六句描写了归隐后的生活和居住环境。"拙"笨拙，作者的自谦自嘲，和俗世的逢迎机巧相对而言。"守拙"回应"少无适俗韵"，"归园田"回应"性本爱丘山"。这两句是说，到南边的原野里去开荒，依着愚拙的内心归家耕田种地。开头所写的矛盾冲突在这里解决了。"方宅、草屋、榆柳、桃李"简笔勾勒了诗人回归田园生活的简单朴素，榆树柳树笼罩屋后，桃李竞艳于堂前，素淡与绚丽相映成趣，这四句是近景描绘。

暧暧远人村，依依墟里烟。

这是远景勾勒。村落相隔遥远，显得模糊朦胧，炊烟轻柔，袅袅升起。这两句是写景，营造了平静安详的氛围，在自然景观的描绘中加入了农家生活风味，增添了生活的烟火气息。

狗吠深巷中,鸡鸣桑树颠。

这两句套用汉乐府《鸡鸣》中的"鸡鸣高树颠,狗吠深宫中",鸡犬之声相闻,更符合乡村生活特征。这是以动衬静的手法,衬托出乡村生活的幽静宁谧,字里行间表现出诗人对田园生活的喜爱享受,惬意悠闲。

久在樊笼里,复得返自然。

结尾这两句将全诗的情感推向高潮。"久"字回应前句的"三十年","樊笼"呼应"尘网",极力表现对官场的厌恶,"复"字更是表现出诗人再一次过上田园生活的欣喜,"自然"既是自然环境又指顺应本心的生活。运用对比手法,久困的痛苦和如今的自由的对比,快乐惬意之情跃然纸上。这两句既是再次同开头两句相呼应,也是点题之笔,揭示出《归园田居》的主旨。

陶渊明的诗通常呈现素淡平易的特点,然而苏东坡说"渊明诗初看若散缓,熟看有奇句"(《冷斋诗话》引)。这首诗主要体现质朴中的深味,散缓中的精巧。整首诗主要是从追悔开始,用庆幸结束,追悔自己"误落尘网""久在樊笼"的压抑与痛苦,庆幸自己终"归园田"、复"返自然"的轻松与舒畅,运用了对比和比喻的手法表达了诗人的感情。他通过写常景,抒真情,厌恶或欣喜表达的率性自然,酣畅淋漓。这就是陶渊明的艺术情趣,也是他一生的写照。

林语堂说:"陶渊明是整个中国文学传统上最和谐最完美的人物,他的生活方式和风格是简朴的,令人敬畏,使那些聪明与谙于世故的人自惭形秽。"陶渊明的作品早已超脱时代的束缚,由他思想驾驭着自由驰骋,在千年的文学长河里闪烁着熠耀的光辉。

(作者　青岛市城阳第二高级中学　刘红)

原文

归园田居(其一)[①]

陶渊明

少无适俗韵,
性本爱丘山。
误落尘网中,
一去三十年。
羁鸟恋旧林,
池鱼思故渊。
开荒南野际,
守拙归园田。
方宅十余亩,
草屋八九间。

[①] 文本选自教育部组织编写.普通高中教科书语文必修上册[M].北京:人民教育出版社,2019.

榆柳荫后檐，
桃李罗堂前。
暧暧远人村，
依依墟里烟。
狗吠深巷中，
鸡鸣桑树颠。
户庭无尘杂，
虚室有余闲。
久在樊笼里，
复得返自然。

宁静的康桥

——《再别康桥》评点细读

在中国现代诗坛上有这样一位诗人,他轻轻地来,又悄悄地走了。虽然不曾带走人间的一片云彩,却把永久的思念留给了中国诗坛。这位诗人就是——徐志摩。虽然我们今天依然觉得诗人以他35岁的年华而"云游"不返是个悲剧,但诗人的才情也许正因为这悲剧性的流星般的闪耀而益显其光彩。在他的诗文中,"康桥"占有重要的席位,他曾三别康桥,分别写了《康桥再会吧》《我所知道的康桥》《再别康桥》。诗人也称康桥是难得的知己、生命的源泉,永为"我"精神依恋之乡。让我们欣赏他的经典之作——《再别康桥》,领略诗人心目中优美、宁静的康桥。

柔波荡漾的康河水、庄严宏伟的建筑群……当年求学的诗人曾在这如茵的草地上,时而读书,时而看看天边的云,时而到康河边漫步,时而撑一支长篙在康河里寻梦,可以说是康河的水开启了诗人的灵性,唤醒了诗人久藏于心的诗情。诗人曾在《吸烟与文化》中这样谈到他对康桥的感情:"我的眼睛是康桥教我睁的,我的求知欲是康桥给我拨动的,我的自我的意识是康桥给我胚胎的。"诗人对康桥有着深沉的感情。而今诗人故地重访,再次离别康桥,千万种情感涌上心头。

"轻轻的走""轻轻的来""轻轻的招手",在宁静的夕照中,诗人连用三个"轻轻的"作别康桥,"宁静"的基调在诗中缓缓荡开,表达出诗人对康桥无限眷恋之情和别离时惆怅之意。夕阳中的康桥如熟睡中的婴儿,诗人不忍心打扰,只是静静徜徉其中,感受她的美好。这也正是康桥打动诗人的地方。诗人在《我所知道的康桥》中曾说:"那四五月间最渐缓最艳丽的黄昏,那才真是寸寸黄金。在康河边上过一个黄昏是一服灵魂的补剂。"

"那河畔的金柳","软泥上的青荇","榆荫下的一潭",如静美的画卷一一在诗人眼前展现。夕阳笼罩下的垂柳,着了一层柔和的金色,竟如美丽的新娘,温婉可人。波光中的艳影在诗人心头荡漾。这心头的艳影既有对如歌青春的追忆,也有对过去爱情的怀念。水草油油地在水底招摇,如此自在逍遥,无拘无束,令诗人心向往之,甘愿化为水草。而那清澈的潭水如"天上虹",揉碎在浮藻间,竟沉淀为"彩虹似的梦"。康桥平静、闲适的环境引逗出诗人久寻而不得的逍遥自在的情绪。这种主、客观融为一体的佳构既是妙手偶得,也是千锤百炼之功,更是诗人对自由与美的追求体现。

"撑篙寻梦","在星辉斑斓里放歌"。康桥的静美激起诗人在康河里"寻梦""放歌"的强烈冲动,但在青草更青处,星辉斑斓中,诗人收敛了冲动。那朦胧的夜色、斑斓的星光、荡漾的金柳、招摇的水草、榆荫下的清泉、彩虹似的梦……宁静而和谐。诗人也曾在《我所知道的康桥》中谈及"在星光下听水声,听近村晚钟声,听河畔倦牛刍草声,是我康桥经验中最神秘的一种:大自然的优美、宁静,调谐在这星光与波光的默契中不期然地淹入了你的性灵。"面对如此静美的康桥,诗人"如慈母之于睡儿,缓抱软吻"(《康桥再会吧》)。

轻柔舒缓的旋律与依依别离之情完美地融为一体。此时此刻的静默与无言,正似一曲深情的离歌,是对康桥最美的告别。"悄悄是别离的笙箫;夏虫也为我沉默,沉默是今晚的康桥!"景的宁静转化情的宁静,千言万语化为无声,至深至爱的别离之情化为沉默,挥挥衣袖,悄悄别离。

诗人如一股清风悄无声息地飘来,又悄无声息地荡去。而那至深的情丝,在招手之间,幻成了"西天的云彩"。潇洒作别之姿与深沉眷恋之情完美结合。

在中国现代文学史上,徐志摩可以说是新诗的诗魂,他的新诗可堪千古。他崇尚自由、平等、博爱的人道主义情怀,追求自由的人生真谛。正如胡适所说,徐志摩的人生观里只有三个大字:一个是爱,一个是自由,一个是美。《再别康桥》就是这种精神的融合与体现。

自然中宁静的康桥也许会慢慢老去,但文学中康桥的静美将会在所有挚爱作品的读者心中永存!

(作者　青岛市城阳第一高级中学　尹娟)

原文

再别康桥[①]

徐志摩

轻轻的我走了,
正如我轻轻的来;
我轻轻的招手,
作别西天的云彩。

那河畔的金柳,
是夕阳中的新娘;
波光里的艳影,
在我的心头荡漾。

软泥上的青荇,
油油的在水底招摇;
在康河的柔波里,
我甘心做一条水草!

那榆荫下的一潭,
不是清泉,是天上虹;

[①] 文本选自山东省教学研究室.普通高中新课程实验教科书语文(必修·第二册)[M].济南:山东人民出版社,2008.

揉碎在浮藻间，
沉淀着彩虹似的梦。

寻梦？撑一支长篙，
向青草更青处漫溯，
满载一船星辉，
在星辉斑斓里放歌。

但我不能放歌，
悄悄是别离的笙箫；
夏虫也为我沉默，
沉默是今晚的康桥！

悄悄的我走了，
正如我悄悄的来；
我挥一挥衣袖，
不带走一片云彩。
    1928 年

错误之美　美在错误
——《错误》评点细读

唐诗、宋词是我国古代文学史上的璀璨明珠,读唐诗、宋词可以让我们拥有丰厚的文化底蕴和美丽的浪漫情怀,然而大家对现代诗似乎有一种偏见,认为现代诗单薄、浅显不够厚重,而在20世纪50年代的台湾有这样一首现代诗一经发表,这首诗被誉为"中国现代抒情诗的绝唱""堪与宋词小令相提并论",它就是台湾诗人郑愁予的《错误》。下面就让我们怀着美丽诗情一起解读这首小诗。

倒置的结构美

该诗写了两个人,"我"和"你","你"在闺中苦苦地等候心目中的"白马王子","我"是一个过客,打江南经过,"我"的马蹄声让"你"产生了"我"就是"你"的"白马王子"的错觉,但可惜的是一瞬间的"惊喜"换来了难以用语言来表达的"失望"。

开头一节是结局,中间是女子等待的情态,最后一节是揭示原因和高潮。

古典的意象美

江南:在传统诗词中,"江南"该是桃红柳绿,杏花春雨;三秋桂子,十里荷花;"暮春三月,江南草长,杂花生树,群莺乱飞";"试问闲愁都几许,一川烟草,满城风絮,梅子黄时雨";"小楼一夜听春雨,深巷明朝卖杏花";"春水碧于天,画船听雨眠"。"江南"是灵秀、典雅、唯美的文化名词,诗歌第一节也即诗歌的前奏部分一开始便置身于一个广阔而富有诗意的大背景之中,而我只是偶然经过。

"莲花"的出现凸显了水墨江南的清丽优雅。"出淤泥而不染,濯清涟而不妖"的莲花素来是高洁的象征,"那等在季节里的容颜如莲花的开落",就是一个精巧的比喻,它不仅喻指等待中的女子有如莲花般的美丽、高洁,而且与另一绝妙的比喻互为指涉,"最是那一低头的温柔,恰似一朵水莲花不胜凉风的娇羞",等待中的女子温柔娇羞,有着"蜜甜的忧愁"。花通常给人幽静的感觉,莲独自幽寂的自开自落,加上前面的"等"字,一方面有时间悠悠的、无尽的流淌的感觉,一方面也象征着思妇的思念也是这么孤寂且无止无尽的蔓延着。

从开到落经过一个季节尽显等待的漫长、孤寂,它的盛开灿若春花,而短暂的绚烂之后是香消玉殒。在女子凋零的容颜背后又该有一颗多么坚贞、挚爱和痛苦的心。

两句的句式长短参差错落,与诗意所展开的时间长度全然配合。短句暗示过客之匆匆,长句暗示思妇等待之悠悠,诗序形式的展现呼应了此诗内容的奥妙。

"我打江南走过"点明"我"的过客身份,"江南"显示场景之美,"莲花"则道出人物之美,无奈美丽不堪漫长等待,一切终于由盛开而凋落,由期待而落空,暗示了结局之悲。

"错误"的情景美

三月的江南,该是莺歌燕舞、草长莺飞,春雨迷蒙,丝竹优雅,可为什么"东风不来,柳絮不飞""跫音不响""春闱不揭"?诗中的女子有一颗怎样玲珑剔透的心?为什么"东风不来、柳絮不飞"?

"东风",总令人想起李商隐的"东风无力百花残",凄美伤感。"柳絮"似乎与缠绵幽怨丝丝相扣,有"昔我往矣,杨柳依依"的柔美多情,有灞桥折柳的情深意长,是"留,挽留,留恋"的意思,柳絮是绵绵不尽的思绪,女子的心里只有心上人,容不下其他任何人,既然是心上人没有音讯,心上人不归,那么这心就是寂寞的,她就固守着这份寂寞,所以说"东风不来,三月的柳絮不飞"。这两句写尽了独守空闺的女子的那份落寞与深情。

细密繁复的心思美

"你的心如小小的寂寞的城,恰若青石的街道向晚。""寂寞的城"有什么特点?是封闭的,是落寞的,是凄凉的。"小小的"写出了这种离情的执着、坚贞与缠绵。作者把女子的心比作"小小的寂寞的城",这是一座愁城。空空荡荡,冷冷清清。城中人百无聊赖,茫然无着落。

"恰若青石的街道向晚",青石的街道是由青石铺成,岁月很久远了,也许有的地方已长满了青苔,点染了一种古朴,清幽之境;向晚是接近傍晚,夕阳斜照在清冷的青石街道上,更有一种凄凉凄清之感。"向晚"暗示了"青石的街道"在黑暗中无止境地向前延伸,而女子的心也渐渐地灰暗沉重起来。女子没有等到她要等的人。那惆怅、那失落、那痛苦,随着青石的街道在暮色中的无限延伸而加重。

"跫音不响,三月的春帷不揭","你的心是小小的窗扉紧掩","跫音不响"是说心上人的脚步声没有响起,"春帷"是窗前的幔帐,幔帐不揭,营造出一种层层帘幕深垂,深闺闭锁的氛围,"窗扉紧掩",是窗子和门都紧紧地关着。那么,她为什么不像古典诗词中那些倚楼凭栏的女子那样,走出深闺?也许是因为失望太多,心里太苦,也许是因为她的矜持、含蓄、内敛又深情。

"跫音不响"有三层含义:没指望了;春恨长;怕看明月,明月恼人。正如晏殊"明月不谙离恨苦,斜光到晓穿朱户"。这时夜已经很深了,街上空荡荡的,一个人影也没有,一点声息也没有。不得已,这位女子关上了窗户,放下了窗帘,熄灭了灯火。但并没有睡下,只是一个人坐在黑暗里沉思默想,一个人咀嚼着寂寞、痛苦和失望。

上面几个意象写尽了女子的秀美、端庄、深情、含蓄、凄伤、落寞、哀婉。我们也一笔一笔地勾勒出了诗中女子的容颜:秀丽娇美,感情专一,她应该是从古代走来的深婉含蓄、古韵犹存的女子。

荣格曾说,"谁讲到了原始意象,谁就道出了一千个人的声音,可以使人心醉神迷,为之倾倒"。《错误》便择取并化用了一系列鲜活而极富原型色彩的诗歌意象,如"江南""莲花""东风""柳絮""春闱"等,都富有中国传统文化的古色古香古韵,典雅优美。这些意象不仅渲染出幽远迷蒙、深沉婉约的意境,经过诗人的重组和编织,还具有暗示、隐喻功能,进一步丰富拓展了文本的审美内涵。

错误之美　美在错误

何为美丽的错误？错误为什么美丽？

依常理，"错误"让人心情不痛快，感到遗憾，当然是不美的；而以"美丽"修饰，显得矛盾。矛盾吗？

他那达达的马蹄声，踏入了寂寞的小城，踏开了紧掩的窗扉，他达达的马蹄踏响了女子的心曲，这位女子误以为是她的心上人归来了，但是这马蹄声仅仅是从女子的窗前经过，并不为女子的企盼而停留，随着马蹄声的渐渐远去，留给女子的是深深的失望，"美丽"是因为马蹄声使她看到希望，归人将来，久别重逢，那是怎样的一种幸福！"错误"是因为这骑手不是"归人"，而只是"过客"，美丽的希望刹那间就落空了。表面上矛盾的语言，传达的是一种乍喜乍悲的情绪，这是符合彼时彼处的思妇的心境的，并非语病。这一起一伏，前后情景的逆转，产生了高度的戏剧性，更形成了清劲跌宕之势。

诗要无理而妙，美的与真的往往是有差距的。这一句是诗歌的结尾，结尾处逆峰突起，清劲跌宕。文似看山不喜平，诗歌亦然。直截了当，反而无味了。诗人善于制造情感反差，全诗从焦灼而郁闷的期待，到意外的惊喜，再到突然的失望，波澜起伏，一个愁肠九转的思妇的形象就跃然纸上了。

无限的内涵美

诗歌贵在有丰富的内涵和无限的可能性。一千个读者有一千个哈姆雷特，品读《错误》，"你"和"我"在无限延异。

"你"可能是盼夫归的妻子，也可能是思念儿子的老母亲，抑或等待知音的伊人；"我"是"过客"，也许是一位真正的游子，也许承载着被放逐异乡的一代人流落漂泊的孤寂与辛酸。对于这大千世界来说，"你""我"又何尝不是心灵的流浪者，永远在路上，是这世间的匆匆过客，我们都是心无所依，人生无着，相逢却又错误。所以，"你"和"我"两个代词涵盖了面目各异、形形色色的人，"你""我"的不确定指代，让千千万万个不同时代、不同身份的读者都能读到自己的美丽的错误。

这首诗有丰富的情思：如果你正为情所苦、为爱所痛，你会体察到"我不是归人，是个过客"的哀怨，此时的《错误》就是缠绵动人的闺怨诗；如果你曾经离开了家园，抑或你的心正在漂泊，定会对《错误》情有独钟。只需一句"我不是归人，是个过客"，心中便泛起游子的羁旅之苦，"过客"的辛酸无奈，会漾起"江南好，能不忆江南"的乡愁，此时的《错误》就是自伤漂泊的乡愁曲。

"我"不是"你"等待的归人，"你"也不是"我"的归宿，这是一场偶然又错误的相遇相知，是一份遗憾的美丽，生活就是这样错综复杂，令人捉摸不透。于是你会因"我偶尔投影在你的波心"而惋叹遗憾；抑或因"无缘的你啊，不是来得太早，就是太迟"而怅惘忧伤，此时的《错误》就是有关错位的哲理小品。

这是一种缘，诗人郑愁予还说，归人与过客不只是相对某个地方，上升到生死范畴，没有谁是归人,都是过客;而对大自然来说,没有过客,都是归人。

《错误》就是这样对话着的复数逻辑结构,真正的多声部文本。采用互文性赏析法,展开想象的翅膀,《错误》就是如此让人浮想联翩,你有你的体悟,我有我的想象,他有他的幻梦,总是如此美丽。布鲁姆认为,任何一首诗都是互指诗,并且对任何一首诗的解读都是一种互指性解读。如此,《错误》实现着与读者的多元对话和"同音合唱",衍生出无限的美丽!

(作者　青岛市城阳第一高级中学　王艳丽)

原文

错误[①]

郑愁予

我打江南走过
那等在季节里的容颜如莲花的开落

东风不来,三月的柳絮不飞
你的心如小小的寂寞的城
恰若青石的街道向晚

跫音不响,三月的春帷不揭
你的心是小小的窗扉紧掩

我达达的马蹄是美丽的错误
我不是归人,是个过客……

1954年

[①] 文本选自山东省教学研究室.普通高中新课程实验教科书语文(必修·第四册)[M].济南:山东人民出版社,2008.

评点细读《雨巷》的意象

汤显祖曾言,"世间唯有情难诉"。唐代诗人刘禹锡也曾感叹,"常恨言语浅,不如人意深"。那么,如何才能"情诉尽""意无穷"呢?《周易》"圣人立象以尽意"给了我们明确的答案。这里的"象"是指具体的事物和现象,"意"是指思想和情感。意象,即是"意"和"象"的高度契合统一,也就是内在的思想情感内涵与外在的客观物象的统一。"意象"是诗歌的基本单位,是"意"和"象"融会的复合体,可以说,意象是打开诗歌大门的一把金钥匙。下面,笔者试从戴望舒《雨巷》的意象特点出发,探究《雨巷》的意象魅力。

一、空间呈现性

撑着油纸伞,独自
彷徨在悠长、悠长
又寂寥的雨巷,
我希望逢着
一个丁香一样地
结着愁怨的姑娘。

诗歌的开头就让读者的脑海里立刻呈现出幽深曲折的青石板小巷,下着迷蒙的细雨一派烟雨凄迷的景象。雨巷就是一个广阔的空间,而诗人就撑着油纸伞出现在这一时空里,雨巷、油纸伞、诗人,在读者的审美感受里就具有空间呈现性。读者脑海里的一幅画卷会慢慢打开,直观而又立体。而想象中的丁香姑娘又使这空间更加强化、充盈。它们共同在读者头脑里形成情绪的脉冲,从而形成强烈的空间呈现性。

她彷徨在这寂寥的雨巷,
撑着油纸伞
像我一样,
像我一样地
默默彳亍着,
冷漠,凄清,又惆怅。

诗歌的第三小节和第一小节相互映衬,在"雨巷"这一空间,诗人彷徨着,丁香姑娘彳亍着,他们都是那么的哀怨、那么的愁结、那么的令人怜惜。他们在雨巷这一空间,相遇而又错过,邂逅而又期待,一个十分完整的故事长卷就在凄清寂寥的雨巷里徐徐展开,令人回味。诗人就是用雨巷、油纸伞、丁香姑娘这些意象组合而成的空间,把情感铺张开来,深深地打动了读者。试想,如果没有意象的空间呈现,诗中沉重的抒情意味也就无从寄托,读者受到的感染力度也就会大大削减,这样,实际上也就不能称其为诗了。

我们说,意象的空间呈现实际上就是诗歌的"意境"。因为,诗人借助外在的事物来表达情意,客观的外在事物一旦经过诗人情感的过滤进入诗中,就成了承载着诗人思想情感的意象,一首诗很少只有一个意象,而意象的组合其实就是诗歌的意境。但意境不是平面的二维的意象简单的堆叠,而是空间的动态的展现、流动、传递,是意象群在场境中有生命力地、灵动地呈现的过程。

二、时间的流动性

大家都知道,《雨巷》这首词最成功的地方就是运用了"丁香姑娘"这一意象。这个"丁香一样的姑娘"有丁香一样的颜色,丁香一样的芬芳,丁香一样的忧愁。她既具有丁香的美丽姿态和颜色,又具有丁香的高洁和芬芳,还具有(古代诗人赋予)丁香的忧愁与哀怨的特点。

这一意象既承续了丁香的传统文化内涵,又将丁香的意蕴更加情绪化,使丁香有了更深的忧郁。更为灵慧的是,诗人刻画的是雨中的"丁香姑娘",恬淡清幽,更添一分寥落。诗人将丁香人化,将姑娘物化,将人抽象化,让意象人化,让"丁香一样的姑娘"成了一个有别于传统意义的意象,这个新意象,是一个实在的人——姑娘,但又是一个抽象的意象。这样一个宛如丁香魂魄所化的"姑娘",一经诗人的创造,就似乎有了自己的生命。在诗中,她也像一个现实人物一样活动起来。

她静默地走近
走近,又投出
太息一般的眼光,
她飘过
像梦一般地,
像梦一般地凄婉迷茫。

像梦中飘过
一枝丁香地,
我身旁飘过这女郎;
她静默地远了,远了,
到了颓圮的篱墙,
走尽这雨巷。

在雨的哀曲里,
消了她的颜色,
散了她的芬芳,
消散了,甚至她的
太息般的眼光,
丁香般的惆怅。

更让人惊叹的是，在接下来的几个小节中，诗人又用"走近""飘过""远了""消散"几个动词继续刻画丁香姑娘的形象，将丁香姑娘翩然而来又翩然而去的特点表现得淋漓尽致。诗人将"丁香姑娘"神奇般地带到读者的眼前又神秘般的消散这一过程完全展现了出来。这个动态的过程如电影的蒙太奇一样镜头般的呈现给读者。我们说，"丁香姑娘"这一意象在"雨巷"这个空间里灵活地流动起来。让丁香姑娘走近我们的世界，走近我们的内心，而且长久地住了下来。

三、情感的无限性

撑着油纸伞，独自
彷徨在悠长，悠长
又寂寥的雨巷，
我希望飘过
一个丁香一样地
结着愁怨的姑娘。

卢那察尔斯基说，一片自然风景就是一种心情，而作家的心"在他所创造的一切形象里面跳动"。诗歌之所以被称为诗人心灵的绝唱，是因为它表现了"情之所有，事之所无"。情思由于物化而得到了表现，外物也由于情思的洗礼而获得了生命。在《雨巷》这首诗的结尾："我希望飘过/一个丁香一样的/结着愁怨的姑娘。"我们会追寻丁香姑娘的身影久久地沉寂在这样的情境中，也如诗人那样愁结与彷徨。诗人和我们像看电影一样，站在画外，虽然没出现，但是根据"我"的眼光来拍的。我们可以理解为丁香姑娘是跟"我"一样的，也许丁香姑娘就是"我"。"丁香姑娘"这个意象是融入了诗人所有诗心的形象，包涵了诗人全部的情感。可以说失意的"我"撑着油纸伞独自彷徨在两侧或斑驳陆离或篱墙颓圮的雨巷中看到一个与"一个丁香一样的结着愁怨的姑娘"交臂而过，实际上是与自己的哀怨彷徨落寞相遇而过，那是自我的写照，诗人怎么能不更失意惆怅呢？

正如美学家宗白华先生说，"意境是'情'与'景'（意象）的结晶品"，所以意境不仅是意象群的动态组合，更重要的是——情感的无限。正如一位外国翻译家将柳宗元的诗"孤舟蓑笠翁，独钓寒江雪"译成英文时变成了"孤独的船。/蓑衣和竹笠。一个老人。/钓着鱼。/冰冻的河。/雪"。由于他看不到诗人的情感在其中流动，只以为诗中的意象是几个景物的静态的简单相加，结果，浓郁的诗意被弄得索然寡味。

戴望舒自己曾说过，"诗不是某一个感官的享乐，而是全感官或超感官的东西"。通过对法国象征派诗人果尔蒙作品的分析，戴望舒更加确信诗歌意象直接通向读者那"微细到纤毫的感觉的"神经，有了绝好的意象，诗人"巧妙的笔触"便会变为"绝端的微妙——心灵底微妙与感觉底微妙"。如果从《雨巷》的意象出发，分析其艺术魅力，又不拘泥于前人的理解，用心与诗人共同感悟这些意象，那么，我们会有更多的收获。

（作者　青岛市城阳第三高级中学　魏金凤）

原文

雨巷[①]

戴望舒

撑着油纸伞,独自
彷徨在悠长、悠长
又寂寥的雨巷,
我希望逢着
一个丁香一样地
结着愁怨的姑娘。

她是有
丁香一样的颜色,
丁香一样的芬芳,
丁香一样的忧愁,
在雨中哀怨,
哀怨又彷徨;

她彷徨在这寂寥的雨巷,
撑着油纸伞
像我一样,
像我一样地
默默彳亍着,
冷漠,凄清,又惆怅。

她静默地走近
走近,又投出
太息一般的眼光,
她飘过
像梦一般地,
像梦一般地凄婉迷茫。
像梦中飘过
一枝丁香地,
我身旁飘过这女郎;

她静默地远了,远了,

[①] 文本选自山东省教学研究室.普通高中新课程实验教科书语文(必修·第四册)[M].济南:山东人民出版社,2008.

到了颓圮的篱墙,
走尽这雨巷。

在雨的哀曲里,
消了她的颜色,
散了她的芬芳,
消散了,甚至她的
太息般的眼光,
丁香般的惆怅。

撑着油纸伞,
独自彷徨在悠长,悠长
又寂寥的雨巷,
我希望飘过
一个丁香一样地
结着愁怨的姑娘

千古绝唱琵琶曲演绎"同是天涯沦落人"的悲情
——《琵琶行》评点细读

"同是天涯沦落人,相逢何必曾相识!"白乐天,留下了流传千古的佳句,这两句诗在同病相怜的人身上的使用频率恐怕是其他任何诗句都不能比拟的。因为白乐天,琵琶女的琵琶曲成了千古绝唱;因为琵琶曲,白乐天成全了"同是天涯沦落人,相逢何必曾相识"的千古绝唱。诗人于送客途中偶遇琵琶女,听曲闻言,"是夕始觉有迁谪意",而作《琵琶行》。这迁谪意,是夕始觉?是否真如作者所言,不得而知。从后文来看,这个迁谪意,应该由来已久,但这并不妨碍《琵琶行》成为千古绝唱。

浔阳江头夜送客,枫叶荻花秋瑟瑟。主人下马客在船,举酒欲饮无管弦。醉不成欢惨将别,别时茫茫江浸月。忽闻水上琵琶声,主人忘归客不发。

开篇借景抒情,写出了秋天萧瑟之感。进而借秋江月影烘托主、客相顾无言,默然伤心之情。第一次音乐通过侧面描写,主、客沉浸在琵琶音中,忘记出发,突出音乐的魅力。深秋夜晚,送友远行,悲秋之际又逢悲凉之时,再加上悲伤之事,秋花、秋风、秋月,都蒙上了哀婉之色,有酒却无丝竹之音,怎一个"悲"字了得?琵琶声起,主人忘归,客也忘发。短短八句为琵琶女的出场做足了铺垫。

寻声暗问弹者谁,琵琶声停欲语迟。移船相近邀相见,添酒回灯重开宴。千呼万唤始出来,犹抱琵琶半遮面。

暗问、移船、邀、添酒、回灯、开宴这一系列的动作,可见诗人急于相见的心情是多么迫切,似乎在琴音中找到了惺惺相惜的知音。"犹抱琵琶半遮面",琵琶女娇羞之姿,想见但又不想见的无奈之态,跃然纸上。

转轴拨弦三两声,未成曲调先有情。弦弦掩抑声声思,似诉平生不得志。低眉信手续续弹,说尽心中无限事。轻拢慢捻抹复挑,初为《霓裳》后《六幺》。

琵琶女的出场,前面已经做足了铺垫,而转轴拨弦的情调,低眉信手的诉说,这些正式演出之前的热身也足见其功底之深。

大弦嘈嘈如急雨,小弦切切如私语。嘈嘈切切错杂弹,大珠小珠落玉盘。间关莺语花底滑,幽咽泉流冰下难。冰泉冷涩弦凝绝,凝绝不通声暂歇。别有幽愁暗恨生,此时无声胜有声。银瓶乍破水浆迸,铁骑突出刀枪鸣。曲终收拨当心画,四弦一声如裂帛。东船西舫悄无言,唯见江心秋月白。

千古绝唱琵琶曲,能在千年之后让读者仍为之心动,其绝妙之处,在于作者真真切切把音乐写活了,无形的妙音在作者的字里行间成为可观可感可触之音,真真千古绝唱。"大弦嘈嘈如急雨,小弦切切如私语。嘈嘈切切错杂弹,大珠小珠落玉盘。"运用叠词、比喻,正面描写了清脆悦耳、欢快明朗之音,象征着琵琶女的人生正处于春风得意之时。

"间关莺语花底滑,幽咽泉流冰下难。"承上启下,由欢快转为低沉压抑。"冰泉冷涩弦凝绝,凝绝不通声暂歇。别有幽愁暗恨生,此时无声胜有声。"运用比喻,正面描写晦涩压抑之音,象征琵琶女的人生进入第二阶段,年长色衰,嫁作人妇,生活不如意。"银瓶乍破水浆迸,铁骑突出刀枪鸣。曲终收拨当心画,四弦一声如裂帛。"运用比喻,正面描写刚劲有力、急促、震撼人心之音。压抑之后的那种情感的爆发,用音乐对命运表示抗争。"东船西舫悄无言,唯见江心秋月白。"周遭的一切都沉浸于琵琶曲中,侧面烘托出曲调之动人,琵琶女技艺之高超。

  沉吟放拨插弦中,整顿衣裳起敛容。自言本是京城女,家在虾蟆陵下住。十三学得琵琶成,名属教坊第一部。曲罢曾教善才服,妆成每被秋娘妒。五陵年少争缠头,一曲红绡不知数。钿头银篦击节碎,血色罗裙翻酒污。今年欢笑复明年,秋月春风等闲度。弟走从军阿姨死,暮去朝来颜色故。门前冷落鞍马稀,老大嫁作商人妇。商人重利轻别离,前月浮梁买茶去。去来江口守空船,绕船月明江水寒。夜深忽梦少年事,梦啼妆泪红阑干。

  这个段落是琵琶女自叙身世,是必不可少的环节,作者对于音乐的感触那么深,琵琶音能拨动作者的心弦,相似的经历是关键。从琵琶女的自叙中,我们知道了琵琶女曾经是名动京城的歌女,多才多艺,年轻时也是无限风光,年长色衰之后无奈嫁作商人妇,商人重利,现在的她要忍受别离的痛苦,孤独寂寞,只有绕船的明月相伴,进而就更能明白她所弹奏的琵琶曲为什么跌宕起伏如此之大。

  我闻琵琶已叹息,又闻此语重唧唧。同是天涯沦落人,相逢何必曾相识!我从去年辞帝京,谪居卧病浔阳城。浔阳地僻无音乐,终岁不闻丝竹声。住近湓江地低湿,黄芦苦竹绕宅生。其间旦暮闻何物?杜鹃啼血猿哀鸣。春江花朝秋月夜,往往取酒还独倾。岂无山歌与村笛,呕哑嘲哳难为听。今夜闻君琵琶语,如听仙乐耳暂明。莫辞更坐弹一曲,为君翻作《琵琶行》。

  感我此言良久立,却坐促弦弦转急。凄凄不似向前声,满座重闻皆掩泣。座中泣下谁最多?江州司马青衫湿。

  闻琵琶,叹息;闻身世,重叹息。曲调之中暗含着琵琶女的身世浮沉。"我闻琵琶已叹息,又闻此语重唧唧",就很自然地过渡到对自己身世经历的叙述。诗人与琵琶女的身世经历是何其的相似:曾经,一个是琴艺高超、容颜出众的京城女;一个是才华横溢、腹有诗书的京城官;而现在,一个年长色衰,嫁作商人妇,忍受孤独寂寞;一个被贬卧病,谪居浔阳城,感受压抑落寞。相似的身世沉浮,致使诗人在听到琵琶女用心弹奏的曲调之后,不由得发出了那句"同是天涯沦落人,相逢何必曾相识"的千古佳句。诗人与琵琶女惺惺相惜,天涯遇知音,情感爆发完之后的平复期,再次听到琵琶音,不由得泪湿青衫。

(作者 青岛市城阳第三高级中学 金甜甜)

原文

琵琶行（并序）

白居易

　　元和十年，予左迁九江郡司马。明年秋，送客湓浦口。闻舟中夜弹琵琶者，听其音，铮铮然有京都声。问其人，本长安倡女。尝学琵琶于穆、曹二善才，年长色衰，委身为贾人妇。遂命酒，使快弹数曲。曲罢悯然，自叙少小时欢乐事，今漂沦憔悴，转徙于江湖间。予出官二年，恬然自安，感斯人言，是夕始觉有迁谪意。因为长句，歌以赠之，凡六百一十六言，命曰《琵琶行》。

　　浔阳江头夜送客，枫叶荻花秋瑟瑟。主人下马客在船，举酒欲饮无管弦。醉不成欢惨将别，别时茫茫江浸月。忽闻水上琵琶声，主人忘归客不发。
　　寻声暗问弹者谁，琵琶声停欲语迟。移船相近邀相见，添酒回灯重开宴。千呼万唤始出来，犹抱琵琶半遮面。转轴拨弦三两声，未成曲调先有情。弦弦掩抑声声思，似诉平生不得志。低眉信手续续弹，说尽心中无限事。轻拢慢捻抹复挑，初为《霓裳》后《六幺》。大弦嘈嘈如急雨，小弦切切如私语。嘈嘈切切错杂弹，大珠小珠落玉盘。间关莺语花底滑，幽咽泉流冰下难。冰泉冷涩弦凝绝，凝绝不通声暂歇。别有幽愁暗恨生，此时无声胜有声。银瓶乍破水浆迸，铁骑突出刀枪鸣。曲终收拨当心画，四弦一声如裂帛。东船西舫悄无言，唯见江心秋月白。
　　沉吟放拨插弦中，整顿衣裳起敛容。自言本是京城女，家在虾蟆陵下住。十三学得琵琶成，名属教坊第一部。曲罢曾教善才服，妆成每被秋娘妒。五陵年少争缠头，一曲红绡不知数。钿头银篦击节碎，血色罗裙翻酒污。今年欢笑复明年，秋月春风等闲度。弟走从军阿姨死，暮去朝来颜色故。门前冷落鞍马稀，老大嫁作商人妇。商人重利轻别离，前月浮梁买茶去。去来江口守空船，绕船月明江水寒。夜深忽梦少年事，梦啼妆泪红阑干。
　　我闻琵琶已叹息，又闻此语重唧唧。同是天涯沦落人，相逢何必曾相识！我从去年辞帝京，谪居卧病浔阳城。浔阳地僻无音乐，终岁不闻丝竹声。住近湓江地低湿，黄芦苦竹绕宅生。其间旦暮闻何物？杜鹃啼血猿哀鸣。春江花朝秋月夜，往往取酒还独倾。岂无山歌与村笛，呕哑嘲哳难为听。今夜闻君琵琶语，如听仙乐耳暂明。莫辞更坐弹一曲，为君翻作《琵琶行》。
　　感我此言良久立，却坐促弦弦转急。凄凄不似向前声，满座重闻皆掩泣。座中泣下谁最多？江州司马青衫湿。

---

① 文本选自教育部组织编写.普通高中教科书语文必修上册[M].北京：人民教育出版社，2019.

寄情自然，成就旷达

——《念奴娇·赤壁怀古》评点细读

题是怀古，意谓自己消磨壮心殆尽也。开头"大江东去"二句，叹浪淘人物，是自己与周郎俱在内也。"故垒"句至下阕"灰飞烟灭"句，俱就赤壁写周郎之事。"故国"三句，是就周郎折到自己。"人生似梦"二句，总结以应起二句。总而言之，题是赤壁，心实为己而发。周郎是宾，自己是主。借宾定主，寓主于宾。是主是宾，离奇变幻，细思方得其主意处。不可但诵其词，而不知其命意所在也。

黄苏在《蓼园词选》中如是说。苏轼怀古抒情，写自己消磨壮心殆尽，转而以旷达之心与自己和解。上阕以描写赤壁矶的风起浪涌为主，意境开阔，将浩荡江流与千古人事并收笔下。下阕，就转入了对赤壁之战的神奇人物周瑜的羡慕、敬仰之情。虽然结尾流露了消极情绪，但从全词看，气魄宏伟，视野阔大，对壮丽河山的赞美和对历史英雄人物的歌颂，无不流露出豪放的基调。

大江东去，浪淘尽，千古风流人物。

开头总起，苏轼站在峭崖之上、长江之边，望着滚滚江水奔腾东去，想到自古以来那些才华出众的人物都已随时间流逝而消失，犹如被源源而来的浪涛从历史上冲洗掉了一样。于是，他用"浪淘尽"三个字，把倾注不尽的长江和名高累世的历史人物巧妙地联系起来，在这种自然而又大气的联想中，历史的深邃感、世事的沧桑感和文化的厚重感一涌而来。大江即长江。这里用"大江"，除去由于声韵的要求外，也显得更有气魄。"千古"，指久远的年代。用壮阔大江之景，渲染千古英雄之人，荡涤心中豪迈之气。词首就奠定了豪放的基调。这与杨慎在《三国演义》卷首词《临江仙》中"滚滚长江东逝水，浪花淘尽英雄"有异曲同工之妙。

故垒西边，人道是，三国周郎赤壁。

这里苏轼把目光从江涛转向赤壁。"故垒西边"，指过去打仗营垒的西边，其实就是那久远古战场的西边。"故"，旧的。"垒"，指营盘。"人道是"，据说是。"周郎"，即周瑜，三国时吴国名将，字公瑾，少年得志，24岁为中郎将，掌管东吴重兵，吴中皆呼为"周郎"。这三句词是说，在那久远古战场的西边，据说就是三国时代周瑜破曹军打胜仗的赤壁。"人道是"，这里还真不是三国赤壁之战所在地。此地为"赤鼻矶"，在今湖北黄冈西，非赤壁之战的主战场。据考证，三国古战场的赤壁遗迹在湖北武昌。博学如苏子，怎会犯这种低级错误？清代诗人朱日浚说"赤壁何须问出处，东坡本是借山川"，可谓一语中的，道出其中玄机。苏轼点出了赤壁的历史意义，也为下阕歌颂周瑜埋下了伏笔。那么，苏子当时看到了怎样雄浑壮阔的赤壁景象？

乱石穿空，惊涛拍岸，卷起千堆雪。

"乱石穿空"，陡峭的石崖直插高空，"乱"言四面山石多而绵延，"穿"摹山石直刺云霄,"惊涛拍岸,卷起千堆雪",惊涛骇浪猛烈地拍打着对岸,卷起的浪花仿佛冬日无数堆耀眼的白雪。"惊"写波涛声势之浩大,"拍"状波涛撞击山崖之猛烈,"卷"现浪花之磅礴,"千堆"绘翻卷起的浪花之多,"雪"则比喻浪花之洁白。这不正是柳永笔下的"怒涛卷霜雪,天堑无涯"?这些精心锤炼的字词,极言山陡水险。从不同角度不同感觉浓墨健笔的生动描写,一扫平庸萎靡的气氛,把人顿时带进一个奔马轰雷、惊心动魄的奇险境界,使人心胸为之开阔、精神为之振奋。如此赞美这雄伟的大好河山,可见苏轼博大的胸襟,也为曾经在这里叱咤风云的英雄豪杰的出场搭建了一个广阔的舞台。

江山如画,一时多少豪杰。

这是一个过渡,上句脱口而出的收束赞美,概括山河之壮阔、气势之磅礴,是从大自然的雄伟画卷中自然而然得出的结论。下句引出人物,赞扬人物乃豪杰。正可谓是"地灵人杰",锦绣山河,必然哺育和吸引无数出色的英雄。三国正是人才辈出的时代:横槊赋诗的曹操,驰马射虎的孙权,足智多谋的周公瑾……但在众多的三国人物中,苏轼尤其崇拜那智破强敌的周瑜。

遥想公瑾当年,小乔初嫁了,雄姿英发。

这三句是说遥想当年的周郎(名瑜字公瑾),小乔刚刚嫁给他做妻子,英姿雄健、风度翩翩、神采照人。"遥想"二字把我们引向了遥远的过去,用镜头特写周瑜。"公瑾",周瑜的字,呼其为"公瑾",景慕之情毕现。"小乔",周瑜的妻,是当时著名的乔氏姊妹中的妹妹。《三国志·吴志·周瑜传》载,周瑜从孙策攻皖,"得桥公两女,皆国色也。策自纳大桥,瑜纳小桥"。乔,本作"桥"。周瑜娶小乔,正在皖城战役胜利之时,而后十年他才指挥了有名的赤壁之战。在写赤壁之战前,忽插入"小乔初嫁了"这一生活细节,极言"初嫁",不只以美人衬托英雄,也言其少年得意,韶华似锦。同时也使人联想到,赢得这次抗曹战争的胜利,乃是使东吴具有江东胜利形势的保证,否则难免会出现如杜牧《赤壁》诗中所写的"铜雀春深锁二乔"的严重后果。"雄姿英发"谓周瑜体貌不凡,言谈卓绝,进一步形容周瑜风流倜傥、人才出众。

羽扇纶巾,谈笑间,樯橹灰飞烟灭。

这三句从衣着、神态、战绩等方面高度凝练地刻画出周瑜的形象。"羽扇纶巾",继续从肖像仪态上描写周瑜束装儒雅,风度翩翩。纶巾,青丝带头巾,"葛巾毛扇",是三国以后儒将常有的打扮。指挥赤壁之战时,他不着戎装着儒装,这样刻画其仪容装束,正反映出作为指挥官的周瑜临战潇洒从容,也说明他对这场战争早已稳操胜券。"谈笑间,樯橹灰飞烟灭",抓住了火攻水战的特点,精切地概括了整个战争的胜利场景。据《三国志》引《江表传》,当时周瑜指挥吴军用轻便战舰,装满燥荻枯柴,浸以鱼油,诈称请降,驶向曹军,一时间"火烈风猛,往船如箭,飞埃绝烂,烧尽北船"。"谈笑间",可见其从容不迫,指挥若定,突出了他的自信和才略。"樯",帆船上的桅杆。"橹",一种摇船的桨。这里用"樯橹"借代曹军的战船。也作"强虏",强大之敌,指曹军。虏,是对敌人的蔑称。"灰飞烟灭"仅四个字,就将曹军的惨败情景形容殆尽。寥寥六个字,再现了一场历史性的大战,显示了苏轼艺术概括的才能,也倾注了对周瑜的由衷赞赏。

苏子在《赤壁赋》中曾写到曹操"破荆州,下江陵,舳舻千里,旌旗蔽空",其一统天下的锐气势不可当;"酾酒临江,横槊赋诗",曹操雄心壮志,才华横溢;"固一世之雄也",是个应时而生的英雄。可是在周瑜指挥的赤壁之战中却一败涂地,落得个八十万水军"灰飞烟灭"的下场。细细品味,原来苏轼更佩服周瑜,更想像周瑜一样能建功立业。苏轼如此仰慕周瑜,也是有一定的背景原因。他深知北宋国力软弱,面临着辽夏军事政权的严重威胁,他时刻关心边庭战事,有着叱咤疆场、一腔报国的热忱。边疆危机的日益加深,宋朝统治者的萎靡懦弱,特别需要如三国时期称雄一时的豪杰人物来扭转现状。这也是苏轼要缅怀赤壁之战,精心塑造中心人物周瑜的思想根源。

故国神游,多情应笑我,早生华发。

此句应为倒装:"神游故国,应笑我多情,华发早生。""故国",这里指旧地,当年的赤壁战场。"神游",于想象、梦境中游历。"多情",如此多的怀古柔情。"华发",花白的头发。苏轼直抒胸臆:"如今我身临古战场神游往昔,可笑我有如此多的怀古柔情,竟如同未老先衰般鬓发斑白。"周瑜英俊儒雅,美女相伴,功成名就;而自己屡遭不幸,华发早生,功业未就。苏子实则借周瑜对比,对比之下,47岁的苏轼深为自己不能像周瑜那样年纪轻轻就建立了卓著的功业而感叹。对被贬黄州现实状况的坎坷,他只好自我解嘲,一浇胸中壮志难酬之块垒。

人生如梦,一尊还酹江月。

人生如同一场朦胧的梦,举起酒杯奠祭这万古的明月。"一尊还酹江月",古人祭奠以酒浇在地上。这里指洒酒酬月,寄托自己的感情。尊,通"樽",酒杯。"一尊"是一杯酒的意思。"酹",洒酒表示祭奠。苏轼忽然觉得,人生不过像梦境一样短暂虚幻,又何必在意那些不快,还不如洒酒入江、以酒祭月。这是历史与现状、理想与实际经过尖锐的冲突之后在苏轼心理上的一种反映。感慨和动作之中,一位襟怀旷达、识度明达、善于自我宽慰的诗人,浮现在我们眼前。"小舟从此逝,江海寄余生",他向往自然,享受自然,体悟人生哲理;"惟江上之清风,与山间之明月,耳得之而为声,目遇之而成色,是造物主之无尽藏也,而吾与子之所共适",他从江月的宁谧中寻求心灵的解脱;"竹杖芒鞋轻胜马,谁怕?一蓑烟雨任平生",他不怕艰辛和磨难,任凭风吹雨打始终保持一颗鲜活灵动的心;既然注定要颠沛流离,他选择直面现实,不忧不惧,"人间有味是清欢";安之若素,"此心安处是吾乡"。林语堂先生则是这样评价苏东坡,他是一个不可救药的乐天派。我个人也认为,苏子能执拗地乐观、执拗地随遇而安:被贬杭州爱杭州,"我本无家更安住,故乡无此好湖山";被贬密州爱密州,"老夫聊发少年狂,左牵黄,右擎苍,锦帽貂裘,千骑卷平冈";被贬黄州爱黄州,月夜泛舟,"举酒属客,诵明月之诗,歌窈窕之章";被贬惠州爱惠州,"日啖荔枝三百颗,不辞长作岭南人";被贬儋州爱儋州,"九死南荒吾不恨,兹游奇绝冠平生"。

被贬黄州,苏轼压抑、苦闷。这种难言的孤独,使他彻底洗去了人生的喧闹,去寻找无言的山水,去寻找远逝的古人。在无法对话的地方自我对话,在寂寞中反省过去得到了最终的释然。他体味着自然和生命的原始意味,习惯了淡泊和静定,在灾难中成熟,在灭迹后再生。正如余秋雨在《苏东坡突围》中所说,"勃郁的豪情发过了酵,尖利的山风收住了劲,湍急的细流汇成了湖,结果——引导千古杰作的前奏已经鸣响,一道神秘的天光射向黄州,《念奴娇·赤壁怀古》和前、后《赤壁赋》马上就要产生了。"

清代词论家徐轨谓东坡词"自有横槊气概,固是英雄本色"(《词苑丛谈》卷三)。在《东坡乐府》中,最具有这种英雄气概的代表作,首推这篇被誉为"千古绝唱"的《念奴娇·赤壁怀古》。大笔挥洒,却也衬以谐婉之句,英俊将军与妙龄美人相映生辉,昂奋豪情与感慨超旷的思绪迭相递转,做到了庄中含谐、直中有曲。特别是它第一次以空前的气魄和艺术力量塑造了一个英气勃发的人物形象,自然生发了苏轼有志报国、壮怀难酬的感慨,为用词体表达重大的社会题材开拓了新的道路。而苏轼的超脱旷达也如一盏心灯,照亮自己,点亮别人。人生如逆旅,幸好有苏轼。

(作者 青岛市城阳第三高级中学 于小燕)

原文

念奴娇·赤壁怀古[①]

苏轼

　　大江东去,浪淘尽,千古风流人物。故垒西边,人道是,三国周郎赤壁。乱石穿空,惊涛拍岸,卷起千堆雪。江山如画,一时多少豪杰。

　　遥想公瑾当年,小乔初嫁了,雄姿英发。羽扇纶巾,谈笑间,樯橹灰飞烟灭。故国神游,多情应笑我,早生华发。人生如梦,一尊还酹江月。

[①] 文本选自山东省教学研究室.普通高中新课程实验教科书语文(必修·第四册)[M].济南:山东人民出版社,2008.

深掘典故意，方悟英雄暮年情
——《永遇乐·京口北固亭怀古》评点细读

南宋积弱，偏安江南。辛弃疾自南归以来，力主抗金，但一直不被重用。宋宁宗开禧元年（1205年），丞相韩侂胄当权，想借抗金北伐稳固政治地位。辛弃疾重被起用，任镇江知府，时年66岁，他反对急功冒进，主张顾全大局，从长计议。这与韩侂胄速胜主张发生严重冲突，观点不被采纳。作者登上京口北固亭，凭高望远，抚今追昔，写下了这首词。此词苍凉悲壮，用典精当，有怀古、忧世、伤今、抒志的多种情感。只有深刻挖掘典故的含义，方能理解作者深邃幽深的感情。

我们先品读一下上阕内容：

千古江山，英雄无觅，孙仲谋处。舞榭歌台，风流总被，雨打风吹去。斜阳草树，寻常巷陌，人道寄奴曾住。想当年，金戈铁马，气吞万里如虎。

词上阕写孙仲谋和刘裕，两人都与京口有密切联系。孙仲谋，指三国时代吴国的国主孙权，他继承父兄基业，凭借吴地，建立东吴政权，称霸江东，实乃一代英雄豪杰。可这样的英雄，历经千古这样渺远的时间，寻遍万里江山这样广袤的空间，却也再难寻与其比肩者。其英雄业绩，谁与争锋？寄奴，指南朝宋武帝刘裕，刘裕先祖随晋室南渡，世居京口，出身寻常，可他两次北伐并建立一代功业，"金戈铁马，气吞万里如虎"，雄才大略，豪气冲天。面对大好河山，遥想英雄人物，作者不禁感慨万千：一是对英雄建功立业的仰慕羡慕敬佩之情；二是如此伟业都被时光雨打风吹去，时光流逝、岁月不居带来无限怅惘之情；三是世无英雄，我大好江山痛落敌手，中原人民沦为亡国奴，而收复故国又无希望。由此引发了作者丧权辱国之痛及对南宋统治阶级的不满，也更坚定了他收复失地的豪情决心；四是对比历史英雄人物功成名就，自己却屡被贬谪，遭遇坎坷，抒发了自己怀才不遇、壮志难酬的无奈之情。

上阕，悲凉怅惘，完美地勾画出一个忧国忧民、一心收复故地却又不得志的爱国志士的形象。

我们再接着品读下阕：

元嘉草草，封狼居胥，赢得仓皇北顾。四十三年，望中犹记，烽火扬州路。可堪回首，佛狸祠下，一片神鸦社鼓。凭谁问：廉颇老矣，尚能饭否？

下阕化用了刘义隆、拓跋焘、廉颇等人的典故。元嘉，指南朝宋文帝刘义隆，他是刘裕的儿子，好大喜功，想建立不朽战功，仓促北伐，却遭到敌人拓跋焘的重创，落得仓皇逃命，北望追兵泪下无数。佛狸，指北魏太武帝拓跋焘，他小名佛狸。公元450年，他曾反击刘义隆，两个月的时间里，兵锋南下，五路远征军分道并进，从黄河北岸一路穿插到长江北岸。在长江北岸瓜步山建立行宫，即后来的佛狸祠。作者用刘义隆和拓跋焘的当年战事，借古讽今，警告主战权臣韩侂胄不要草率出兵，若准备不足出击，后果不堪设想。

辛弃疾深谋远虑,主张改革兵制、整顿军队、充足国力然后北伐,但不被当权者采纳,辛弃疾是以忧心忡忡。结果是韩侂胄仓促出战,直接导致了开禧二年的北伐败绩和开禧三年的宋金议和。

　　廉颇,是战国时赵国名将,一直抗击秦国,后被免职,跑到魏国,仍心系赵国。作者以廉颇自比,内蕴丰富:一是表明随时报效国家的爱国心,和廉颇当年效忠赵国一样,自己对朝廷忠心耿耿,只要国家需要,定奋勇争先,随时奔赴疆场,抗金杀敌;二是显示自己能力,虽年老,但仍和当年廉颇一样,老当益壮,勇武不减当年,可以担任北伐主帅;三是表达对当权者不能重用人才的忧虑与慨叹。廉颇曾为赵国立下赫赫战功,可为奸人所害,落得离乡背井,虽愿为国效劳,却是报国无门,词人以廉颇自况,忧心自己有可能重蹈覆辙,朝廷弃而不用,用而不信,才能无法施展,壮志不能实现。辛弃疾的忧虑是有道理的,果然韩侂胄一伙人不采纳他的意见,对他疑忌不满,在北伐前夕,借故免去了他的官职。辛弃疾渴盼为恢复大业出力的愿望又一次落空。

　　下阕,悲壮苍凉,成功刻画了一个尽管屡不得志,仍深谋远虑、忠心报国的暮年英雄的形象。

　　这首词中用典虽多,经深入挖掘,发现它们所传达的情感是丰富的,在语言艺术上是富于魅力的。明代杨慎在《词品》中说:"辛词当以《永遇乐·京口北固亭怀古》为第一。"的确如此。

(作者　青岛市城阳第三高级中学　纪彩霞)

原文

永遇乐·京口北固亭怀古[①]

辛弃疾

　　千古江山,英雄无觅,孙仲谋处。舞榭歌台,风流总被,雨打风吹去。斜阳草树,寻常巷陌,人道寄奴曾住。想当年,金戈铁马,气吞万里如虎。

　　元嘉草草,封狼居胥,赢得仓皇北顾。四十三年,望中犹记,烽火扬州路。可堪回首,佛狸祠下,一片神鸦社鼓。凭谁问:廉颇老矣,尚能饭否?

[①] 文本选自教育部组织编写.普通高中教科书语文必修上册[M].北京:人民教育出版社,2019.

字里行间，尽是"愁"情
——《声声慢·寻寻觅觅》评点细读

《声声慢·寻寻觅觅》是宋代著名女词人李清照的代表作。这是李清照后期的作品，作于南渡之后。靖康之变后，国破、家亡、丈夫去世一系列的伤心事，使得这时期李清照的作品再没有当年那种清新可人，浅斟低唱，而转为沉郁凄婉，主要抒写她对南宋时局动荡的忧虑、亡夫赵明诚的怀念和晚年自己孤单凄凉的景况。《声声慢·寻寻觅觅》这首词便是这时期的典型代表作品之一。

词人在结尾处，用"这次第，怎一个愁字了得"直抒胸臆，抒发了自己的凄婉缠绵之愁情。其实这首词字里行间，或直接或含蓄，都向读者传递着词人李清照的愁情。

寻寻觅觅，冷冷清清，凄凄惨惨戚戚。

词人一开始就用14个叠词含蓄地表达自己的心境。此词一开头便是"寻寻觅觅"四个动词，一开始词人就要寻找，而且是用叠词的形式表达，给人一种寻觅之久、寻觅之仔细之感。如此细腻之寻觅，到底寻觅什么，寻到了没有，不得其果。但是我们会觉得一个寻觅不够，再来一个，重叠寻觅这个动作，便说明，词人自己也不知道寻觅什么，或许是她自己也说不清自己到底失去了什么，抑或是已经失去了很多东西，不知寻觅哪一个。这首词开篇便用"寻寻觅觅"四个字奠定了一种哀婉的基调。

"冷冷清清"四个字，交代了词人当时的环境，是当日居所之冷清，也是词人自己内心之孤独寂寞之表现，"愁"情含蓄于其中。

"凄凄惨惨戚戚"六个字让愁绪更加浓厚。寻觅不得，已觉孤独冷清，再加上凄惨戚戚。而且词人觉得一个凄惨还不够，再来一个，觉得还不足以表达内心的愁情，再加上一个"戚戚"，可见当时词人的心境及词人伤心欲绝之愁思。词人聪明，她是知道的，此时的自己失去的东西太多太多，她怎能一一找回，有些东西失去了就永远不能找到了，再加上当时的环境"冷冷清清"更加加深此时愁绪百般，无从说起之意，于是词人不自觉地吟诵出"凄凄惨惨戚戚"六个字，重叠中直接抒发自己心中郁结已久的百般愁绪。

乍暖还寒时候，最难将息。

接下来，词人没有继续抒发自己的愁情，笔锋一转，而是写了当时的天气和自己的状况。"乍暖还寒时候"，暖中带寒，更加加重悲伤的气息，"最难将息"，词人连觉也睡不着了。如果能沉沉睡去，那么还能在短暂的时间内逃离痛苦，可是越想入眠就越难以入眠，于是词人就很自然想起往事来。

三杯两盏淡酒，怎敌他、晚来风急！

接下来，词人写到了酒，写到了风。酒在文人词句中大都联结着愁情，酒能解愁，一醉方休。于是词人也想借酒来消除内心的苦闷，她写到"三杯两盏淡酒"，这里没有直接写到愁,却用酒来暗示愁。而且词人喝的是"淡酒",用淡淡的酒暗示自己浓浓的愁,可谓用心良苦。然而本想借酒浇愁,没想到,"怎敌他、晚来风急"用到了风,风在乍暖还寒之时更加增添悲凉之意。

雁过也,正伤心,却是旧时相识。

抬头间便看到了雁,雁这一意象在古诗词中经常出现,有鸿雁传书之寓意。看到大雁,在这伤心之时,还是旧时相识,多么令人高兴的事,那么词人这时是否喜悦高兴了呢?事实恰恰相反,在这乍暖还寒之际,词人触景生情,自然不免生出愁绪,看到这大雁,还是旧时相识之雁,这愁绪越发悲凉。

云中谁寄锦书来,雁字回时,月满西楼。

词人早年在写给丈夫赵明诚的词中,就写到大雁,那时看到大雁,会有心上人鸿雁传书,现在呢,看到这旧时相识之雁,想到斯人已逝,阴阳两隔,这是何等的悲凉。此时词人已是家破夫亡,再也无人传信,再也不知让鸿雁把这满腔的愁绪传给谁了。词人的心境,虽无愁字,读来尽是愁情。

满地黄花堆积,

下阕一开始词人用此句奠定感伤之基调。满地都是凋零的菊花,在这令人感伤的秋季,词人看到这凋零残破之残花,也许会想到自己,早年的韶华已逝,物是人非,亦发增添内心的愁绪,也更能借景抒情,抒发自己的凄凉孤独寂寞之感。

憔悴损,如今有谁堪摘?

词人眼前之菊花,破败不堪,再无盛放之时的姿容,再无人来采摘。借景抒情,进一步借败落的菊花来抒发自己此时的心境,再也没有"东篱把酒黄昏后,有暗香盈袖"的雅致了,自己再也回不到从前那种种美好时光了。

守着窗儿,独自怎生得黑!

词人写自己整天守着窗子边,孤孤单单的,怎么容易挨到天黑。一个守字,一个独字把词人此时孤苦伶仃之情形尽显其中,无事可做,或无事能做或想做事却不能够做,看着日头渐落,心头越发悲苦难耐。

梧桐更兼细雨,到黄昏、点点滴滴。

没想到好不容易到了傍晚,却又下起了细雨。细雨有绵绵之意,暗示了愁绪之绵延伸长。词人此时写到雨也是借景抒情,进一步抒发自己那种无人可及的愁情。而且词人还用"点点滴滴"四个叠词进一步写出细雨之缠绵,暗示出愁绪之无尽。

这次第,怎一个愁字了得!

写至此,词人再也忍耐不住,直抒胸臆,在天微凉,屋冷清,寻觅无果,借淡酒解愁情,却不敌那晚来风;无奈之下看大雁,是旧相识,却更勾起对往事的回忆,更增添心中愁绪,还有那残败的菊花,现在再也无人来摘,触景生情,想到此时的自己,韶华已逝,流年不在,过往与现实形成鲜明对比,好不容易挨到天黑,却又添细雨,点点滴滴,敲打着窗前那梧桐,心中愁绪翻涌,再也忍不住,再也不能忍,于是词人用"这次第,怎一个愁字了得"来抒发自己国破家亡、往事不再有、孤苦悲哀之情。

这首词,词人直抒胸臆在最后,直接抒发自己的悲伤之意,词的其他地方虽"无一愁字,却字字含愁,声声是愁",委婉细致地表现了抒情主人公遭受深创剧痛后的愁苦之情。

(作者　青岛市城阳第三高级中学　郑万玲)

原文

声声慢①
李清照

　　寻寻觅觅,冷冷清清,凄凄惨惨戚戚。乍暖还寒时候,最难将息。三杯两盏淡酒,怎敌他、晚来风急!雁过也,正伤心,却是旧时相识。

　　满地黄花堆积,憔悴损,如今有谁堪摘?守着窗儿,独自怎生得黑!梧桐更兼细雨,到黄昏、点点滴滴。这次第,怎一个愁字了得!

---

① 文本选自教育部组织编写.普通高中教科书语文必修上册[M].北京:人民教育出版社,2019.

乾坤"今""昔"别样愁

——《登岳阳楼》评点细读

昔闻洞庭水，今上岳阳楼。

此诗是杜甫晚年坐船离开成都草堂，打算回到长安，路过湖南登上岳阳楼写作而成。在杜甫之前，先有《楚辞》中对洞庭湖的描写"袅袅兮秋风，洞庭波兮木叶下"，后有同时代诗人孟浩然对洞庭盛况的赞美"气蒸云梦泽，波撼岳阳城"。我们知道，唐人是有漫游传统的，在这样美好诗句的吸引之下，年轻时代的杜甫对岳阳楼的向往之情可见一斑。可是因为种种原因，最终竟未成行。一个"昔"字道出自己曾经的无限向往以及未能亲临的遗憾。而"今上岳阳楼"，一个"今"字体现了夙愿以偿的欢快。"昔闻"和"今上"代表了他自己多少怀思向往的感情以及经过怀思向往后，真正来到此地的欣喜，正如明末清初学者仇兆鳌所评："'昔闻''今上'，喜初登也。"萧涤非也说，"昔闻其名，今临其境，言外见得这也是一件快事"。

但是，我们在读这首诗的时候又感觉不到多少欢乐之情，毕竟"今"和"昔"之间隔了一个大唐王朝的兴衰，由"开元全盛日"到"万国城头悲画角"，自己心心念念的国家逐渐走向衰败；"今"和"昔"之间还隔着年华的流逝，往昔"放荡齐赵间，裘马颇清狂"，充满昂扬斗志，鲜衣怒马，现在"南北逃世难""疏布缠枯骨""苦摇求食尾"，失意飘零、日暮穷途。因而"今""昔"之间虽有喜悦，更多的是沧桑沉郁之情。正如傅庚生所说的，杜甫怀着怀才不遇、壮志未酬、漂泊天涯等许许多多感触，才写下这开头两句。这是沉郁之感，不是喜悦之情。如果是喜悦之情，与结尾"凭轩涕泗流"也连不到一起了。

吴楚东南坼，乾坤日夜浮。

"吴楚"是春秋时期的吴国和楚国。古代有用春秋时期的国家版图范围命名地方的习惯，现在还沿用着，如"齐鲁大地""荆楚之地""燕赵之地""三秦大地"等。此一句告诉我们洞庭湖的地理位置，是古代吴国、楚国东南方向的分界线。"坼"，有裂开之意。安史之乱后，各地节度使拥兵自重，反叛之声此起彼伏，同时经历了安史之乱，唐王朝元气大伤，周边小国虎视眈眈，吐蕃、回纥都曾经攻入大唐中心腹地，一个"坼"字也象征着国家的四分五裂。

《易经》中，"乾"为天，"坤"为地。站在岳阳楼中，诗人看到上面是天光云影，下面是水波汹涌，汹涌起伏的波涛倒映着天光云影，好像天空在湖中动荡。杜甫虽然是一位写实诗人，但他的写实中常常带有象征的意味，他由天地在水波中动荡想到了自己的颠沛流离和整个国家的动荡不安。一个"浮"字，写尽了个人的漂泊和国家的动荡。"浮"字极具动态感，洞庭湖水的波澜涌动似在眼前。《金玉诗话》云："洞庭天下壮观，自昔骚人墨客，斗丽搜奇者尤众，然莫若'气蒸云梦泽，波撼岳阳城'，则洞庭空旷无际，雄壮如在眼前，至读子美诗，则又不然。'吴楚东南坼，乾坤日夜浮'，不知少陵胸中，吞几云梦也。"洞庭之大、之美、之壮叹为观止,所谓"气压百代,为五言雄浑之绝"。

亲朋无一字,老病有孤舟。

此联写个人的不幸遭遇。国家动荡不安,个人流离漂泊,这种情况下传一封家书是何等困难。"无一字"强调杳无音讯之感,更加突出国家动荡和个人不幸。没有亲朋好友已经很孤单了,可是诗人的孤苦却更深刻。诗人是什么形象?"老病"二字道尽凄凉,此时诗人年老,已经57岁,诗人晚年"右臂偏枯耳半聋""行步欹危""衰年病肺"……多种疾病缠身,"孤"点出孤独,"舟"字点出漂泊之感,同时也点明诗人是坐着小船来到岳阳,然后下船登楼观望的。诗人既"老"且"病",漂流湖湘,以舟为家,前途茫茫,何处安身,面对洞庭湖的汪洋浩渺,更加重了身世的孤危感。自叙如此落寞,于诗境极阔极狭的突变与对照中寓无限情意。

戎马关山北,凭轩涕泗流。

从颔联到颈联,诗的意境从宽阔转到狭窄,但这两联是相辅相成的。浦起龙说:"不阔则狭处不苦,能狭则阔境愈空。"到尾联,意境又转到宽阔,诗的前后相互衬托,全诗意境构成一个整体。杜甫为什么"亲朋无一字",一身是病,只有"孤舟"呢?因为"戎马关山北"。于是杜甫只能"凭轩涕泗流"了。诗人面对浩渺的洞庭湖抒发的是伤时忧世的感情。

当诗人登上岳阳楼凭轩远眺时,看到了祖国的大好河山,而这时吐蕃军队进入长安,大肆抢劫官府和百姓财物、焚毁居宅,长安城中一片萧条。社稷到了大厦将倾的地步,诗人站在岳阳楼上,倚靠栏杆苦苦凝思,眼睁睁地看着国事日非、国运日衰,而自己年老多病,空有报国志,无力济苍穹,于是悲怆万分、涕泗横流。此联照应首联,"今上"岳阳楼,看到的是乾坤四裂遍地疮痍,看到百姓孤苦生灵涂炭,因而为江山社稷,为人民大众流下了悲怆的眼泪。杜甫是一个伟大的诗人,他的诗歌里个人遭遇和国家民族命运紧密相连,他流泪的对象囊括了国家社稷,黎元众生,情感更加真挚、深厚、博大。

这首诗开篇虽只是平平的交代,却蕴含着强烈的今昔对比之感。接下来描绘洞庭湖分断吴楚、吐纳日月,写出它极其恢宏的气象。后四句转写孤舟老病之身世,看似悲戚,可对国家安危、时局动荡的忧思尽在其中,由此可见作者心胸之博大。诵读此诗,要留意诗人困顿的处境,感受他痛切的心情,更要理解他心系天下的胸怀。"穷年忧黎元,叹息肠内热""致君尧舜上,再使风俗淳",杜甫对百姓、对国家的热爱,生生不息。"今""昔"之间饱含多少社稷之忧,百姓之痛。

叶嘉莹曾说:"杜甫的诗歌主要表现了他对于国家和人民的一份关怀,因为这份关怀真的是出自他的天性,所以他的胸襟比一般人博大,感情的分量也比一般人深厚。他把道德伦理的感情与他自己私人的本性的感情结合起来,打成了一片。他所写的那种对于国家、对于人民大众感情如此真挚、深厚、博大。"这种情感关怀就是家国情怀。它跨越时空影响着一代又一代的"以天下为己任"的仁人志士于黑夜中前行。我们今天国泰民安,海宴河清,而对祖国对人民的爱永远传承,万古长青!

(作者 青岛市城阳第一高级中学 黄海英)

原文

登岳阳楼[①]

杜甫

昔闻洞庭水，今上岳阳楼。
吴楚东南坼，乾坤日夜浮。
亲朋无一字，老病有孤舟。
戎马关山北，凭轩涕泗流。

[①] 文本选自教育部组织编写.普通高中教科书语文必修下册[M].北京：人民教育出版社，2020.

《归去来兮辞》：向心灵发出的辞官归隐的号令

细读《归去来兮辞》整篇文章，不难发现，这篇文章实际上是作者在向自己的心灵发出的辞官归隐的号令，召唤自己要听从自己的内心选择，摆脱对官场的留恋，战胜内心的犹豫，回归到自己向往的田园，不违自己自然之质性。

我们先看文章的第一段：

归去来兮，田园将芜胡不归？既自以心为形役，奚惆怅而独悲？悟已往之不谏，知来者之可追。实迷途其未远，觉今是而昨非。

作者第一句就向自己发出了辞官归隐的召唤令——"归去来兮"，译成现代汉语就是"赶快回去吧，回到你所心仪已久的田园"。作者紧接着写道："田园将芜胡不归？"反问的语气包含着对自己因身在官场而导致田园将要荒芜的不满和指责。"既自以心为形役，奚惆怅而独悲？"这是作者对自己的官场生涯的反省，为什么自己在官场做官内心非但不高兴，反而惆怅失意？从作者将自己做官看作是"以心为形役"，是内心因为口腹之欲而被形体役使，看得出在官场做官是一种违心的事情，没有实现自己的"逸四海"之"猛志"，正如小序中所言"深愧平生之志"。官场做官令自己内心备受摧残折磨，痛苦不已，摆脱这种痛苦的最好办法就是辞官归隐，对做官生涯的反思，看得出作者辞官归隐的坚定决心。从开头四句我们可以聆听到作者内心对自己辞官归园田居的强烈召唤：田园将芜了为什么还不回去？违背内心做官令自己痛苦不堪啊！摆脱这痛苦吧！回到田园吧！"悟已往之不谏，知来者之可追。实迷途其未远，觉今是而昨非。"这四句是作者在前两句反思的基础上获得的感悟，悟出了及时从官场抽身，未来一切可期，感悟到了出来做官是人生的一段"迷途"，认识到现在所做的迷途知返、辞官归隐是正确的选择，以往的做官着实是一个错误的选择。"已往之不谏""迷途""今是而昨非"这些词句让我们感受到作者此时对官场的厌恶至极，对出来做官这一选择的后悔；一个"实"字，对自己及时发现人生道路错误的庆幸，"今是而昨非"，更是对辞官归园田居的肯定和对官场生活的彻底否定。这一"悟"一"觉"是作者对自己内心自我召唤辞官归隐的决心的自我坚定。

舟遥遥以轻飏，风飘飘而吹衣。问征夫以前路，恨晨光之熹微。

这四句是作者想象自己乘舟归家途中的情景。"舟遥遥以轻飏，风飘飘而吹衣"写出了作者辞官归家途中无官一身轻的轻松、洒脱和飘逸。"问征夫以前路，恨晨光之熹微"两句写出了作者渴望及早归家的急迫心情。作者以想象之境来进一步坚定自己辞官归隐的决心。

乃瞻衡宇，载欣载奔。僮仆欢迎，稚子候门。三径就荒，松菊犹存。携幼入室，有酒盈樽。引壶觞以自酌，眄庭柯以怡颜。倚南窗以寄傲，审容膝之易安。园日涉以成趣，门虽设而常关。策扶老以流憩，时矫首而遐观。云无心以出岫，鸟倦飞而知还。景翳翳以将入,抚孤松而盘桓。

　　这一段,作者继续描绘自己的想象,想象自己回到家中的生活情景。"载欣载奔"写出了作者远远看见自己家的房屋,脱离"樊笼",复归自然的内心的那分欣喜若狂之情。作者接着写早已站在门旁等候自己的童仆和小孩子们,回到家中,天伦之乐就可以尽情享受。松树依然傲岸挺拔,菊花虽已枯萎,但依然傲立枝头,也好像都在迎接自己的归来。作者想象自己亲热地拉着小孩子的手走进家中,温馨的画面让自己感动不已:贤惠体贴的妻子早已把酒斟满了酒杯,此时可以尽享家庭的温馨、欢乐,夫妻举案齐眉、红袖添香,儿女绕膝,其乐融融。想象自己虽居陋室,但是回归家中的生活是何等的自由、惬意、舒心;在自己的家中可以自饮自酌,随意的看看院中的自然风光,傲然自得不必看人脸色行事,不必"为五斗米折腰向乡里小儿"。"园日涉以成趣,门虽设而常关",一个"日"字,表明作者这里所写的一切不是实写,而是虚写,作者在这里想象自己回到家中后天天在园中走一走,看一看,就会养成一种情趣,自己就会沉醉其中,根本就不会再到外面的世界,院门已形同虚设。"策扶老以流憩,时矫首而遐观。云无心以出岫,鸟倦飞而知还。景翳翳以将入,抚孤松而盘桓。"这六句作者想象自己从早到晚在园中漫步之逍遥闲适、赏景而留恋陶醉田园生活却"无案牍之劳形"的生活画面,这是何等的随心所欲,何等的轻松自由。这一段,作者以回归田园后的未来生活的种种美好愿景——天伦之乐、和睦的家庭生活、轻松惬意自由的田园之乐,向自己的内心发出了回归田园的强有力的召唤。

　　归去来兮,请息交以绝游。世与我而相违,复驾言兮焉求。

　　作者从想象的未来生活中感受到了归园田居生活的快乐,因此,以命令("请息交以绝游"中的"请"字)和质疑("复驾言兮焉求?",意思是再做官能求得什么呢?)的口吻向自己的内心再一次发出了强有力的召唤"赶快回去吧,与官场断绝关系。官场生活与自己的内心相违背,不要再踏进官场半步了,再去做官能获得什么呢",作者在告诫自己,污浊的官场有什么好留恋的呢? 自己是"质性自然,非矫厉所得""少无适俗韵,性本爱丘山",不要犹豫了,抛下一切幻想吧,不要再幻想去做官还能再得到什么好处。

　　悦亲戚之情话,乐琴书以消忧。农人告余以春及,将有事于西畴。或命巾车,或棹孤舟。既窈窕以寻壑,亦崎岖而经丘。

　　作者为了打消自己的"复驾言"的念头,进一步想象回归田园之后的精神生活。"悦亲戚之情话,乐琴书以消忧",与乡里故人说说知心话,读书弹琴以自娱,身心是何等的清闲,精神上又是何等的富足,何等的充实! 再无官场的尔虞我诈、钩心斗角,心情又是何等的轻松、自由! 接着作者想象自己归乡之后的躬耕田园和游山玩水的生活:"农人告余以春及,将有事于西畴。或命巾车,或棹孤舟。既窈窕以寻壑,亦崎岖而经丘。"春天到来,躬耕田园;或在农事闲暇之时,乘兴出游,登山泛溪,流连林壑。有时乘船远游(或漫游,或游荡),探求水沟(或直至水沟的尽头),有时驾车跋涉(或奔波),经过土山。[①] "木欣欣以向荣,泉涓涓而始流。"作者在游山玩水、寻幽探胜的想象中感受到了自然界的生机与活力,由此想到了自身,而自己却生不逢时,平生的抱负难以实现,不由自主地生发出

---

① 李翔翥."既窈窕以寻壑,亦崎岖而经丘"句新译[J].语文学习,2017(10):44-48.

感慨——"善万物之得时,感吾生之行休。"在这里,作者羡慕自然界的万物得天时之利之时,而自己的一生即将逝去,一事无成,内心似有不甘,那种壮志未酬的惆怅、无奈、伤感之情又涌上了心头,大有"徒设在昔心,良辰讵可待"之慨。

　　已矣乎!寓形宇内复几时,曷不委心任去留?胡为乎遑遑欲何之?富贵非吾愿,帝乡不可期。怀良辰以孤往,或植杖而耘耔。登东皋以舒啸,临清流而赋诗。聊乘化以归尽,乐夫天命复奚疑!

　　这里,作者一句"已矣乎"马上扑灭了自己内心对离开官场、归园田居的犹豫、动摇的微弱火苗,"寓形宇内复几时?曷不委心任去留?""胡为乎遑遑欲何之?"我活在这个世上还能有多久?为什么不听从自己内心的选择呢?两个反问,有自我劝慰,也有对片刻的内心的动摇的自我责备,再次向心灵发出了辞官归园田居的召唤令,"胡为乎遑遑欲何之?富贵非吾愿,帝乡不可期。"为什么心神不定地想何去何从?有什么值得犹豫的呢?做官求得富贵并非合乎我的心愿,而修仙成神又遥不可期。自问自答中,作者更加坚定了自己的心志,只有告别官场、归园田居、投身自然才是自己的不二选择。"怀良辰以孤往,或植杖而耘耔。登东皋以舒啸,临清流而赋诗。"作者想象自己回归田园之后,或流连山水,或田间劳作,或登高长啸,或赋诗写作,一切任由自己,何等自由、洒脱,心情是何等的愉悦和轻松。"聊乘化以归尽,乐夫天命复奚疑!"一切顺其自然吧,投身到大自然的怀抱,与自然融为一体,乐天安命吧,又有什么可疑虑的呢?最后这两句,作者号召自己消除内心的一切忧虑,义无反顾地告别官场、回归自然,向自己的心灵发出了辞官归隐的不容置疑的决绝强音。

　　细读文本,我们可以看出,陶渊明辞官归隐的过程中,有动摇、犹豫之心,也有决绝之心,动摇、犹豫不是对官场的留恋,而是缘于自己平生之志未能实现,"猛志固常在",心有不甘;但是作者最终还是说服了自己,审时度势,听从内心的召唤,回归田园,乐天安命。细读中,我们仿佛听到了陶渊明一次又一次地向自己的内心发出的辞官归园田居的号令。

(作者　青岛市城阳第三高级中学　李思衡)

原文

归去来兮辞(并序)[①]

陶渊明

　　余家贫,耕植不足以自给。幼稚盈室,瓶无储粟,生生所资,未见其术。亲故多劝余为长吏,脱然有怀,求之靡途。会有四方之事,诸侯以惠爱为德,家叔以余贫苦,遂见用于小邑。于时风波未静,心惮远役,彭泽去家百里,公田之利,足以为酒,故便求之。及少日,眷然有归欤之情。何则?质性自然,非矫厉所得。饥冻虽切,违己交病。尝从人事,皆口腹自役。于是怅然慷慨,深愧平生之志。犹望一稔,当敛裳宵逝。寻程氏妹丧于武

[①] 文本选自山东省教学研究室.普通高中新课程实验教科书语文(必修·第一册)[M].济南:山东人民出版社,2008.

昌，情在骏奔，自免去职。仲秋至冬，在官八十余日，因事顺心，命篇曰《归去来兮》。乙巳岁十一月也。

  归去来兮，田园将芜胡不归？既自以心为形役，奚惆怅而独悲？悟已往之不谏，知来者之可追。实迷途其未远，觉今是而昨非。舟遥遥以轻飏，风飘飘而吹衣。问征夫以前路，恨晨光之熹微。
  乃瞻衡宇，载欣载奔。僮仆欢迎，稚子候门。三径就荒，松菊犹存。携幼入室，有酒盈樽。引壶觞以自酌，眄庭柯以怡颜。倚南窗以寄傲，审容膝之易安。园日涉以成趣，门虽设而常关。策扶老以流憩，时矫首而遐观。云无心以出岫，鸟倦飞而知还。景翳翳以将入，抚孤松而盘桓。
  归去来兮，请息交以绝游。世与我而相违，复驾言兮焉求。悦亲戚之情话，乐琴书以消忧。农人告余以春及，将有事于西畴。或命巾车，或棹孤舟。既窈窕以寻壑，亦崎岖而经丘。木欣欣以向荣，泉涓涓而始流。善万物之得时，感吾生之行休。
  已矣乎！寓形宇内复几时，曷不委心任去留？胡为乎遑遑欲何之？富贵非吾愿，帝乡不可期。怀良辰以孤往，或植杖而耘耔。登东皋以舒啸，临清流而赋诗。聊乘化以归尽，乐夫天命复奚疑！

称呼之中显情感

——《氓》之评点细读

《氓》是《诗经》中一篇经典的文章,它是一篇自传性的叙事抒情诗,叙述的是"我"与男子从恋爱、婚变到决裂的完整过程。读懂诗歌重要的是抓住贯穿诗歌的情感,我们应体会女子情感的变化,并分析在此变化中表现出的人物性格。人物的称呼很多时候与人物间的情感和关系密切相关。对"氓"的不同称呼蕴含着女子变化的情感认知,也折射出两人不同的关系阶段和情感状态。因此,我们就从人物称呼的改变中体会女子情感的变化。

氓之蚩蚩,抱布贸丝。匪来贸丝,来即我谋。

这是男子首次出场,给人的印象是笑嘻嘻的样子。婚前笑,婚后暴啊!刚开始时称其为"氓","氓"就是那个男子的意思。可见两个人还不熟悉,女子此时是客观冷静的。"送子涉淇,至于顿丘。"在分别时,女子送了又送,依依惜别,难舍难分。说明两个人的关系更进了一步,已经进入恋爱中了。此时女子称男子为"子","子"是对男子的尊称。无尽的情谊中又包含着礼的距离,说明此时女子还是比较矜持的。"匪我愆期,子无良媒。将子无怒,秋以为期。"一个"怒"字可以看出男子性情的无常,易怒。《仪礼·昏义》规定成婚有"六礼"之俗:"昏礼:纳采、问名、纳吉、纳征、请期、亲迎……六礼备,谓之聘;六礼不备,谓之奔。"女子要求良媒是希望自己的婚姻更符合礼节,自己也更受到重视。男子的抱怨和对正常要求的生气,可以读出他的性格应该比较暴躁,也为下文的"至于暴矣"埋下了伏笔。这个女子已经深深陷入爱情之中了,看到男子生气,连忙安慰他,并且定下了婚期。这时的女子是体贴的,也是妥协迁就的。

不见复关,泣涕涟涟;既见复关,载笑载言。

通过一哭一笑的对比,非常直白地描写了热恋中女子情绪的变化。她敢于大胆表露自己的思念之情,一改前面的矜持,她的一颦一笑,都与男子相关。说明她已经完全陷入热恋之中,男子是她的全部。"尔卜尔筮,体无咎言。以尔车来,以我贿迁。""尔"是你的意思。对男子的称呼发生了变化,这里可以感受出那种热恋中的亲昵。"尔卜尔筮,体无咎言。"他们希望得到神灵的祝福,卦象没有不吉利。他们憧憬着未来,想象着幸福生活的开始。

婚姻生活开始了,女子的情感却发生了极大的变化。以下两章,诗歌用了比兴的手法来表现突变的情节和情感,是《氓》最精彩的地方。比兴是《诗经》的最常用的手法,朱熹在《诗集传》中解释:比者,以彼物比此物也。兴者,先言他物以引起所咏之词。

桑之未落,其叶沃若。于嗟鸠兮,无食桑葚;于嗟女兮,无与士耽。士之耽兮,犹可说也;女之耽兮,不可说也。桑之落矣,其黄而陨。自我徂尔,三岁食贫。淇水汤汤,渐车帷裳。女也不爽,士贰其行。士也罔极,二三其德。

"桑之未落,其叶沃若。""桑之落矣,其黄而陨。"这两句借桑叶由繁茂嫩绿到枯黄飘落,来比喻女子的体衰色减、憔悴被弃。桑叶青青到桑叶黄落,既是女子生理的由盛转衰,也暗示了婚姻由幸福到不幸。有了这两句,以下的抱怨、悔恨和痛苦就顺理成章了,这就是"兴",先言他物以引起所咏之词。"于嗟",表示叹息。饱含了女子多少的辛酸与无奈。所以,她告诫别人也是在告诫自己,女人啊,不应该被爱情迷惑,不要同男人沉溺于快乐不可自拔。把令人沉醉的桑葚比作令人痴迷的爱情,这里也用了比兴的手法。"女也不爽,士贰其行,士也罔极,二三其德。"婚后,女子没有做错什么,男子却有了二心,行为反复无常,不是热恋时那个让自己倾慕的男子了。憧憬的幸福生活变得如此残酷,从幸福的云端跌落到满是荆棘的现实。女子对男子的称呼从亲昵的"尔"变成了"士"。士,是男子的通称。女子的内心是痛苦的,对男子的态度是冷漠的。

　　第五章是女子情感的大爆发。

　　三岁为妇,靡室劳矣;夙兴夜寐,靡有朝矣。言既遂矣,至于暴矣。兄弟不知,咥其笑矣。静言思之,躬自悼矣。

　　女子为了家庭勤勤恳恳,吃苦耐劳,毫无怨言。在勤奋的劳动中,日子终于越过越好了,没想到,人却变了。这是女子在回顾自己这几年的生活,让人悲痛欲绝。"兄弟不知,咥其笑矣。"在夫家受尽委屈,在娘家受到嘲笑,哪里是女子的容身之处啊?"静言思之,躬自悼矣。""躬自"指自己一个人,突出自己的形单影只,突出女子的孤独。这种孤独是心灵上的孤独——丈夫抛弃她,亲人嘲笑她,内心的苦楚、悲伤、委屈无人诉说,只能是自己安慰自己,可怜之人啊。

　　及尔偕老,老使我怨。

　　本来想两个人白头到老,现在这种情况让女子心生怨恨。

　　淇则有岸,隰则有泮。

　　这句用了比兴的手法,其实在说河流有岸,但女子的痛苦却没有尽头。

　　总角之宴,言笑晏晏。信誓旦旦,不思其反。

　　又回想起了以前欢快的时光,回想起了男子山盟海誓的样子,那是多么的甜蜜、多么的幸福。回忆越是美好,现实越是痛苦失望,没想到最爱的人变了心。在诗歌最后,女子再次称对方为"尔",但是这个"尔"是女子曾经甜蜜回忆里的男人,回忆固然美好,但不得不回归现实,女子已心灰意冷,去意已决,对男子的称呼于是变成了"其"。"其"就是那个男子,男子仿佛已经和女子没有关系了,我们看到女子从伤心愤怒到回归理智诀别的心境。"反是不思,亦已焉哉。"在遭遇了那么大的痛苦后,女子没有无理取闹,没有软弱的选择结束自己的生命,而是宽慰自己,算了吧,不老想这回事了。她是一个敢于选择自己的人生,敢于独立的女子,她是一个有主见、坚强、敢爱敢恨的女子。

　　女子对男子的称呼"氓""子""尔""士""其"的变化,可以看出女子情感变化的轨迹,从冷静到矜持到热恋,再到悲痛到理智决绝;可以看出一个对爱情有自己的坚守、从痴迷到自我觉醒的女性形象。女子用"送子涉淇"的一往情深,"载笑载言"的甜蜜浪漫,"秋以为期"的痴情热烈,"亦已焉哉"的理智决绝,在淇水河畔唱响了一首爱情悲歌。

(作者　青岛市城阳第一高级中学　张红琳)

原文

氓①
《诗经》

  氓之蚩蚩,抱布贸丝。匪来贸丝,来即我谋。送子涉淇,至于顿丘。匪我愆期,子无良媒。将子无怒,秋以为期。

  乘彼垝垣,以望复关。不见复关,泣涕涟涟;既见复关,载笑载言。尔卜尔筮,体无咎言。以尔车来,以我贿迁。

  桑之未落,其叶沃若。于嗟鸠兮,无食桑葚;于嗟女兮,无与士耽。士之耽兮,犹可说也;女之耽兮,不可说也。

  桑之落矣,其黄而陨。自我徂尔,三岁食贫。淇水汤汤,渐车帷裳。女也不爽,士贰其行。士也罔极,二三其德。

  三岁为妇,靡室劳矣;夙兴夜寐,靡有朝矣。言既遂矣,至于暴矣。兄弟不知,咥其笑矣。静言思之,躬自悼矣。

  及尔偕老,老使我怨。淇则有岸,隰则有泮。总角之宴,言笑晏晏。信誓旦旦,不思其反。反是不思,亦已焉哉!

---

① 文本选自山东省教学研究室.普通高中新课程实验教科书语文(必修·第三册)[M].济南:山东人民出版社,2008.

痛饮狂歌空度日,飞扬跋扈为谁雄?
——《将进酒》评点细读

余光中在《寻李白》中赞曰:"酒入豪肠,七分酿成了月光,余下三分啸成剑气,绣口一吐,就半个盛唐。"李白一生与酒如影相随,高兴时喝酒,痛苦中喝酒,彷徨时喝酒,失意后喝酒……酒助诗性,诗酒相伴。康震教授也曾在《品李白》中说,李白是古代诗人中性格最多样的一位,尤其是酒后的李白内心更显得丰富。让我们透过李白的《将进酒》,品读他丰富的情感世界。

君不见黄河之水天上来,奔流到海不复回!君不见高堂明镜悲白发,朝如青丝暮成雪!

诗歌开篇如天风海雨迎面扑来,从空间、时间两个角度以黄河的永恒反衬生命的脆弱,引发诗人对自然永恒,而人生苦短却老大无成的悲叹。古往今来,英雄豪杰皆有此感慨。曹操的"对酒当歌,人生几何",苏轼的"哀吾身之须臾,羡长江之无穷"……此开端虽悲却不哀,排比的气势,呼告的情感,使诗悲中有壮。

人生得意须尽欢,莫使金樽空对月。天生我材必有用,千金散尽还复来。烹羊宰牛且为乐,会须一饮三百杯。

"人生得意须尽欢",让我们感受到悲感并非李白个性,而是旷达洒脱,悲转而为乐,表面似在宣扬及时行乐的思想,然而他真"得意"吗?"仰天大笑出门去,我辈岂是蓬蒿人。"似曾"得意"过,但都化为幻影。"君王虽爱蛾眉好,无奈宫中妒杀人。"留下的只有失望、愤慨。但接着李白以高度自信的气势喊出"天生我材必有用,千金散尽还复来"。一个"必"字,使天地间矗立起一个顶天立地的大写的人。想李白 14 岁便立志"济苍生、安社稷";24 岁离家仗剑去国,辞亲远游;42 岁入长安供奉翰林,两年后却被排挤,赐金放还。故"及时行乐"这貌似消极的表象中却深藏着一种怀才不遇而又渴望用世的积极态度。这种乐观,这种自信,唯有"烹羊宰牛""一饮三百杯"的狂放与之相配。

岑夫子,丹丘生,将进酒,杯莫停。与君歌一曲,请君为我侧耳听。钟鼓馔玉不足贵,但愿长醉不复醒。古来圣贤皆寂寞,惟有饮者留其名。陈王昔时宴平乐,斗酒十千恣欢谑。主人何为言少钱,径须沽取对君酌。

酒入豪肠,眼花耳赤,渐入醉态,诗人笔下之诗已与生活融为一体,"将进酒,杯莫停。与君歌一曲,请君为我倾耳听"。以酒为引子,酒后吐真言。"钟鼓馔玉不足贵,但愿长醉不复醒。"李白已由狂放转为愤激,抱济世之才却无用武之地。唯借酒来表达心中的不满,且愤慨之极发出震惊之语:"古来圣贤皆寂寞,惟有饮者留其名。"表面似说圣贤"寂寞",实则说自己"寂寞"。从内心深处李白是敬重圣贤的,是他们创造了灿烂的文化,留给后人宝贵的精神财富。但此时,他慷慨激愤,借酒浇愁,发出狂吟。想那陈王曹植和自己一样备受猜忌,有志难展,一种不平之气,一种狂傲之情喷薄而出。这哪里是在劝朋友喝酒,分明是痛苦的内心需要麻醉,不平的心境需要滋润,内心情感激烈。同时我们也从中看到了李白的豪放率真,作为诗人的狂放不羁让世俗的礼法显得如此苍白无力。

　　五花马,千金裘,呼儿将出换美酒,与尔同销万古愁。

　　最后饮酒至高潮,李白反客为主,在"与尔同销万古愁"的呐喊中落幕。诗以"愁"终。但这愁已不是一己之愁,而是古往今来一切清醒而又不合时宜的人共有的愁,是所有怀才不遇的仁人志士的共同的心结。

　　整首诗由悲转乐,再转狂放,再转激愤,再转癫狂,最后结于"万古愁"。情感跌宕起伏,富于变化。但无论怎么变化都掩盖不了李白内心的愁绪。随着酒劲,李白爆发了,他将自己对社会、对统治者的愤懑之情宣泄出来,最终走向了癫狂。这也是李白式的悲:悲而能壮,哀而不伤,极愤慨而又极豪放。

　　李白一生傲岸不屈,追求自由,不甘受束缚,曾高呼"安能摧眉折腰事权贵,使我不得开心颜",但同时他也渴求建功立业,济天下苍生。这又使他不得不回到王法所规定的社会秩序之中,屈从权贵。这两种追求本是矛盾的。要么清心寡欲,回归自然;要么牺牲独立,投身现实。二者不可兼得。而李白执着于这两种追求,使得他在现实社会被撞得头破血流,而内心世界却长期处于矛盾冲突之中。正如清代龚自珍所言:"庄屈实二,不可以并;并以为心,自白始。"李白兼具了庄子高蹈遗世、天马行空的自由之魂和屈原孤傲忠介、上下求索的倔强个性,而这两种"古来不可兼"的文化性格在李白身上"聚"在了一起。所以,他的内心深处常常就是这两股对抗情绪的碰撞,反映在其诗作中,就是忽而天上,忽而人间,忽而高亢,忽而低叹,大起大落、大开大合,不同情绪的合奏。也正缘于此,他的个体生命得到充分的张扬,成为盛唐文人活力的典型代表和最深刻的体现者。

　　《将进酒》那充实深厚的内在感情,那潜在酒话底下如波涛汹涌的跌宕情绪,让我们领略到了"谪仙人"的风骨。

(作者　青岛市城阳第一高级中学　尹娟)

原文

将进酒^①
李白

　　君不见黄河之水天上来,奔流到海不复回!君不见高堂明镜悲白发,朝如青丝暮成雪!人生得意须尽欢,莫使金樽空对月。天生我材必有用,千金散尽还复来。烹羊宰牛且为乐,会须一饮三百杯。岑夫子,丹丘生,将进酒,杯莫停。与君歌一曲,请君为我侧耳听。钟鼓馔玉不足贵,但愿长醉不复醒。古来圣贤皆寂寞,惟有饮者留其名。陈王昔时宴平乐,斗酒十千恣欢谑。主人何为言少钱,径须沽取对君酌。五花马,千金裘,呼儿将出换美酒,与尔同销万古愁。

---

① 文本选自山东省教学研究室.普通高中新课程实验教科书·语文(选修)唐诗宋词选读[M].济南:山东人民出版社,2008.

披文入情,窥察柳永无处安放的心绪
——《雨霖铃》评点细读

"人间自是有情痴,此恨不关风与月。"一个"情"字牵动着多少文人骚客的衷肠,正是这些"情"字让我们的古典文学,让我们的诗词散发着荡气回肠的魅力。"人禀七情,应物斯感,感物吟志,莫非自然。"①外物能触发人的情感。如白居易《琵琶行》开篇"浔阳江头夜送客,枫叶荻花秋瑟瑟",萧瑟的秋景,倍添离别的哀愁。《雨霖铃》是作者柳永离开汴京(当时为北宋首都),与情人话别之作。开头两字"寒蝉"即为全词奠定了感伤的基调。《礼记·月令》云:"孟秋之月,寒蝉鸣。"我们可以知晓时间大约是农历七月。骆宾王《咏蝉》:"西陆蝉声唱,南冠客思深。"西陆指代秋天。"寒蝉"高唱,诗人抒写自己在狱中深深怀想家园情。他在另一首词《少年游·长安古道马迟迟》中写道:"长安古道马迟迟,高柳乱蝉嘶。"写了因秋蝉嘶而引起词人纷乱的思绪。"秋蝉"已接近完成生命的篇章,尤其在夜晚发出凄厉的哀鸣,柳永在此虽未直接言别,但借用"寒蝉"二字也酝酿了一种离别愁绪的感伤,承袭了古代文人墨客的悲秋情怀。杜甫《登高》中写道:"风急天高猿啸哀,渚清沙白鸟飞回。无边落木萧萧下,不尽长江滚滚来。"杜甫写尽了秋的肃穆萧杀,也写出了生命之秋。柳永不也是借秋景,借惜别来抒写人生况味吗?"凄"字从水,妻声,本义是云雨兴起的样子。唐朝诗人孟郊《有所思》诗:"古镇刁攒万片霜,寒江浪起千堆雪。此时西去定如何?空使南心远凄切。"寒蝉凄切,实际上是人心的映射,柳永内心的"凄切"正如孟郊,也含凄凉而悲哀之意。

继而"对长亭晚","长亭"作为离别的象征之物,多用于男女分别的场面,如李白《菩萨蛮》"何处是归程?长亭更短亭"中借用"她"想起离别的情景,只见归程,不见归人,又为离别增添了一分悲戚之感。前三句景色的铺写,为后两句的"无绪"和"催发"埋下伏笔。

都门帐饮无绪,留恋处,兰舟催发。

"都门"指京城,叶嘉莹《唐宋词十七讲》中提到柳永:"他常常写到帝都,这是带着双重感情的。一重感情是怀念他当年在汴京欢乐的生活,怀念他曾经爱过的女子。另外一层感情,就是他在帝都追寻仕宦的志意,希望有所成就。但他平生不得志,都是奔波在道途之上。"②柳永出生在官宦之家,他的祖父、父亲以及他的哥哥们,家族的每一个人都是仕宦的,都有科举功名。柳永受儒家思想的影响,入世为官是他必然的人生选择,但是柳永性格中有天性烂漫的一面,喜欢歌舞升平的生活,这必然造成他内心的矛盾,而这种矛盾一直困扰着他。

---

① 周振甫.文心雕龙今译[M].上海:中华书局,1986.
② 叶嘉莹.唐宋词十七讲[M].北京:北京大学出版社,2015.

事情往往不尽如人意，柳永的科举之路并不是那么一帆风顺，仁宗认为"此人任从风前月下浅吟低唱，岂可令仕宦"（吴曾《能改斋漫录》卷十六），他的仕宦之路就这样终止了，他的内心是不甘的。如今面对离别，即使他的恋人在都门给他摆下酒肴畅饮，可是词人却"无绪"，食之无味，饮酒不欢。所以，一边是离情别绪难以割舍，仕宦的失意涌上心头；一边是扁舟催发，内心的矛盾、留恋、凄苦无以言表，词人多么想时光就这样驻足，于是二人的一系列动作、神情尽显。

执手相看泪眼，竟无语凝噎。

这两句运用白描的手法刻画临别的感伤，如叶嘉莹所说，"他把歌词所写的男女相思离别的感情，换了一个角度，换了一个方式来写"。这幅场景让我们想到话剧舞台上男女主角，泪眼婆娑，深情相拥，"无语凝噎"唯有泪千行，"此时无语胜有语"，外在的神情动作与内心的微妙、焦灼相契合。可谓"剪不断，理还乱，是离愁。别是一番滋味在心头"。柳永的离愁之悲又怎能比李煜的逊色几分？

"以前一般词人所写的相思离别是从女子的角度写的，柳永是从男子的角度写的；而且，因为是在外的游子，所以他看到高远的景物，结合了志意的追寻。"叶嘉莹如是说。"念去去"三句，离别在即，烟波浩渺，千里广阔，这正是高远之物，路在何方？唐代诗人许浑诗言："鸟急山初暝，蝉稀树正凉。又归何处去，尘路月苍苍。""归云一去无踪迹，何处是前期？"（柳永《少年游》）归处又在何方？一个"阔"字言楚天之阔，也正是"哭"的谐音，苍天都为之感动、为之流泪。"千里烟波"与"楚天"这些开阔的意境，正与词人的渺小形成鲜明的对比，离别的愁绪如沉沉暮霭，是沉重的，是悲怆的，离别的心酸里怎么会仅仅是离别？无处归程的政治失意，无能为力的挫败感也相伴随，虽然身处都门之时也不知前程在何方，但是至少还有"执手相看泪眼"的知己。"念"字虚写，想到别离之后只是千里浩渺的烟波、沉沉的暮霭等景物，有谁作为自己的知音呢？这与前两句相承，也与后文"便纵有千种风情，更与何人说"相呼应，"高山流水"的知音也许难觅，白居易身处谪居之九江，有"同是天涯沦落人，相逢何必曾相识"的琵琶女倾诉衷肠，而前路渺渺的柳永呢，他的悲苦又向谁诉说呢？

词的下阕主要写别后的凄楚画面。"多情自古伤离别"说自古以来，离别伤感，多情之人已不在少数，非由他始。可万不该在这冷落清秋的时节，叫人怎能忍受？"清秋"二字照应开头的"寒蝉"，有凄清，有悲凉，前后相连，针线绵密，但是离愁别绪却比开头的渲染更胜一筹。

今宵酒醒何处？杨柳岸，晓风残月。

"今宵酒醒何处？杨柳岸，晓风残月。"这两句表面是写酒醒后看到的各种景物，王国维《人间词话》里说"昔人论诗词，有景语、情语之别，不知一切景语皆情语也"，这景物不仅是他酒后心境的写照，也是写他漂泊江湖的感受。"杨柳""晓风""残月"三个意象并用，体现了柳永用词的绝妙。柳，谐音"留"，古人用"杨柳"来作为赠别的信物，折柳送别，它成了送别的象征。词人不忍与有情人离别。如欧阳修《蝶恋花》"庭院深深深几许？杨柳堆烟，帘幕无重数"。用"杨柳"写别离。同时，古人出行大多在黎明时分启程，"晓风"拂晓时分风凉，更何况在清冷的秋季，算得上是寒冷了，与其说是天气的寒冷，不如说是词人心境的凄凉,官场的失意与情人的别离让词人内心俱伤;"圆月"是团聚的象征,"残月"却蕴含遗憾与别离之意。有情人不能相依相随。清人刘熙载《艺概》中说:"词有点,有染。柳耆卿《雨霖铃》云:'多情自古伤离别,更那堪冷落清秋节。今宵酒醒何处?杨柳岸、晓风残月。'上二句点出离别冷落,'今宵'二句乃就上二句意染之。点染之间,不得有他语相隔,隔则警句亦成死灰矣。"①

正是这两句,景物并用,好似让人进入词的另一番高远的境界,相互点染,相互烘托,密不可分。可谓"有我之境,以我观物,故物皆著我之色彩"(王国维《人间词话》)。

"此去经年"以下四句虚写想象别后的情景。"此去"呼应上阕"念去去","经年"呼应"今宵","千种风情"呼应上阕"千里烟波","更与何人说"呼应上阕"无语凝噎"。作者能够做到环环相扣,层层推进,情景融合自然贴切。

作者想象离开情人,寂寞万分,孤独无处诉说,即使有良辰美景,也只形同虚设,然而愈是有良辰美景,就愈发触动词人的思念与凄苦。"此心安处是吾乡"(苏轼《定风波》),哪里才是柳永灵魂安放的家?

柳永离别时的重重感伤不能仅仅理解为与情人的话别,作者在仕途上的失意与落寞,不得已离京远行,这种情感与跟恋人的离别交织在一起。我们披文入情,深入剖析,这是失意的作者的写照,他苦闷,彷徨,前途渺茫,千万种离愁别恨如滚滚波涛,涌上心头,触痛了他无处安放的灵魂,于是成就了这首销魂的离别词。

(作者　青岛市城阳第三高级中学　尚随洁)

原文

雨霖铃②

柳永

寒蝉凄切,对长亭晚,骤雨初歇。都门帐饮无绪,留恋处、兰舟催发。执手相看泪眼,竟无语凝噎。念去去、千里烟波,暮霭沉沉楚天阔。

多情自古伤离别,更那堪、冷落清秋节!今宵酒醒何处?杨柳岸,晓风残月。此去经年,应是良辰好景虚设。便纵有千种风情,更与何人说?

---

① 刘熙载.艺概[M].上海:中华书局,2009.
② 文本选自山东省教学研究室.普通高中新课程实验教科书·语文(选修)唐诗宋词选读[M].济南:山东人民出版社,2008.

知我者谓我心忧

——《水龙吟·登建康赏心亭》评点细读

一般认为该词写于宋代淳熙元年（1174），当时辛弃疾在建康任职，距其南归已长达12年之久。在辛弃疾南归后，曾献《美芹十论》等陈述抗金北伐的建议，不但没有得到朝廷的赞同，却招致主和派的排挤，难以在官场立足。同时朝廷也只任用他做一些治理慌乱、安抚治安之类的官职，作者内心的感受可想而知。

孔子曰："君子登高必赋。"熊芳芳说："古人登高一般是为了阅世、览身、观天下。古人登高一般会想到社会时空、宇宙天下、自己的人生理想，或者对自己进行反思。在览身时，通常会有死的恐惧、活的艰难、生的寂寞。"辛弃疾也不例外，该词是作者登上建康的赏心亭所作。上阕借景抒情，下阕直接言志。

一、生的寂寞

生的寂寞主要是指词人在作品中流露出的灵魂的寂寞，是词人不被理解、壮志难酬、没有价值认同的孤独。

落日楼头，断鸿声里，江南游子。

此三句用"落日"、"断鸿"及"游子"三个意象，为我们展现出一个漂泊江南的游子形象。"落日"不仅指现实中西下的夕阳，还指国事衰微的南宋朝廷，"断鸿"指失群的孤雁，"游子"更是点明了作者此时的身份。此三句和开头两句形成了巨大的反差，背景愈扩大，词人愈渺小。辛弃疾归附南宋朝廷后，本来希望可以在沙场上报效国家，可无奈自己在朝廷中没有一席之地，朝廷的不重视、主和派的排挤让词人顿感失望，觉得自己像离群索居的孤雁一样，飘零江南，无自己立身之所。

余秋雨说："失去的故乡才是真正的故乡。"辛弃疾出生时，家乡就在金人的统治之下，曾目睹过汉人在金人统治下所受的屈辱与痛苦，所以才有恢复中原、报国雪耻之志。而词人现在远在江南，无法回到北方，在这里，词人应该不只是抒发对家乡亲人的思念，更是对当年自己奋勇杀敌的场景、自己有志可伸的怀念。因此，词人在此抒发的是一种孤寂落寞之感：漂泊异乡、无人赏识、缺少知己。

无人会，登临意。

一声慨叹，无限怅惘，词人直抒胸臆地表达了无人理解自己的孤独，而词的结尾"倩何人、唤取红巾翠袖，揾英雄泪"更是抒发了词人世无知己，得不到同情与理解的悲戚。"倩"的意思是求，"红巾翠袖"代指歌女，词人想唤取歌女为自己擦拭眼泪的愿望都不能实现，词人没有知己的孤寂可见一斑。因此，辛弃疾在《贺新郎·甚矣吾衰矣》中说："知我者，二三子。"

而词人内心这种不被人理解的孤独，完全是因为自己收复失地、抗金复国的雄心壮志不能实现。其根本原因在于在金人的进攻下，南宋朝廷偏居一隅，苟且偷生，并无收复失地之举措。

把吴钩看了，栏杆拍遍。

作者直抒胸臆，借"吴钩"意象表明自己想去战场杀敌的雄心壮志，用"把栏杆拍遍"来抒发自己内心的愤懑与无奈。"吴钩"意象，是唐诗宋词中英雄人物常用的意象，如李贺在《南园十三首》中有云："男儿何不带吴钩，收取关山五十州。""吴钩"作为沙场的征战利器，本来是该佩带的，而辛弃疾的"吴钩"现在却只能"看"，一个"看"字将作者不能上战场杀敌的苦闷与无奈展现得淋漓尽致，一个失志英雄的形象跃然纸上。

词人的收复失地、抗金报国的英雄壮举只能停留在22岁，归附南宋朝廷后，尽管自己曾上书《美芹十论》也没能唤起南宋朝廷的收复失地之心，所以词人在《破阵子·为陈同甫赋壮词以寄之》里说"醉里挑灯看剑，梦回吹角连营"。足以见得词人的收复失地杀敌之志，当这满腔的感情无处发泄之时，就有了下面的动作：把栏杆拍遍。词人在不得志时，既没有像陶渊明"不为五斗米折腰"一样，毅然辞官归田，也没有像苏轼"小舟从此逝，江海寄余生"一样旷达，因此辛弃疾并不能把自己的感情化为平静，而是从低沉甚至绝望的方向发泄内心的悲愤。

词的最后以"英雄泪"作结，正所谓"男儿有泪不轻弹，只因未到伤心处"，在这无限悲戚的"英雄泪"中，我们感受到了词人内心的无奈、怅惘。

二、死的恐惧

死的恐惧是由宇宙永恒、生命短暂产生的一种时间意识和生命意识。在该词中词人表现出来的是一种生命焦虑，即时光流逝、自己功业难成的焦虑。

古代文人的时间意识常在其作品中借"水"来表现，如"子在川上曰：'逝者如斯夫，不舍昼夜'"，杜甫的"无边落木萧萧下，不尽长江滚滚来"。通常情况下，这种对时光流逝的感慨又与个人的人生理想结合在一起，抒发表达年老体衰、光阴易逝、老大无成的感慨。

楚天千里清秋，水随天去秋无际。

这开篇两句，作者极目远眺，为我们展现了一幅宏伟阔大的画面：千里楚天，辽远空阔，满眼秋色，无边无际；长江水向一望无际的天边流去，不知哪里是它的尽头。整幅画面浑然一体，水天交融，奠定了该词雄浑豪放的感情基调。在这种宏阔的背景之下，词人遥望远去的长江水，不免会心生时间流逝之感。

遥岑远目，献愁供恨，玉簪螺髻。

这三句写远山，用比喻的修辞写出了山的不同姿态，用拟人的手法点出了自己内心的愁与恨。

词的上阕词人借"水"的意象表现光阴易逝，借"山"的意象写出了内心的愁与恨；词的下阕"可惜流年，忧愁风雨，树犹如此"更是如此，词人表明了自己对在风雨中飘摇的国家命运的担心，借桓温的典故表现了自己光阴不再、一事无成、虚度光阴的慨叹。

然而尽管处在世无知己、有志难伸、漂泊异乡的环境中，辛弃疾也没有放弃自己的志向，即使在生命的后20年里因权臣的排挤而被迫归隐田园，内心也难以忘怀自己收复失地"整顿乾坤事了"的心愿。因此,词人在下阕借典言志。

休说鲈鱼堪脍,尽西风,季鹰归未?

张翰不愿意卷入晋室八王之乱,借口见秋风起,想起了家乡的鲈鱼味道鲜美,于是辞官回乡。词人在这里用晋朝张翰的典故,一是表现了自己对家乡的思念,可是家乡却在金人的统治之下,自己却漂泊江南,抒发了有家难归的感情;二是在讽刺南宋朝廷偏居一隅,无所作为;三是表明自己的心志,虽然朝廷无所作为,但自己绝不会像张翰一样辞官归隐,而是会为了自己的理想坚持到底。

求田问舍,怕应羞见,刘郎才气。

许汜在天下大乱、帝王失所之时,求田问舍,丝毫没有忧国忘家、救世之意。金诤先生在《宋词综论》中认为,"求田问舍"三句典故,表明自己又担心归隐山野不问国事会受到爱国志士的嘲笑,这就充分反映了词人内心矛盾压抑和词意的曲折沉郁。我认为,词人并无辞官归田之意,作者在此不是表明对求田问舍者的鄙视,而是对不问国事者的鄙视。词人在江西上饶兴建带湖新居和庄园时曾对家人说:"人生在勤,当以力田为先。"作者在此用许汜的典故进一步表明自己的心志,不会像许汜一样在国家危难时弃国家于不顾,自己却求田问舍,同时也表达了自己对像刘备一样的英雄的追慕,渴望拥有像刘备一样心怀天下的知己。

整首词为我们展示了一个全方位的历史英雄:一个有收复中原、抗金报国之志,却漂泊异乡、无人赏识、缺少知己、壮志未酬的失路英雄形象。

(作者　青岛市城阳第三高级中学　王晓萍)

原文

水龙吟·登建康赏心亭[①]
辛弃疾

楚天千里清秋,水随天去秋无际。遥岑远目,献愁供恨,玉簪螺髻。落日楼头,断鸿声里,江南游子。把吴钩看了,栏杆拍遍,无人会,登临意。

休说鲈鱼堪脍,尽西风,季鹰归未?求田问舍,怕应羞见,刘郎才气。可惜流年,忧愁风雨,树犹如此!倩何人、唤取红巾翠袖,揾英雄泪!

[①] 文本选自山东省教学研究室.普通高中新课程实验教科书·语文(选修)唐诗宋词选读[M].济南:山东人民出版社,2008.

一草一木总关情

——《扬州慢》评点细读

姜夔(1154—1211),字尧章,号白石道人,南宋文学家、音乐家。姜夔的词清空高洁,语言灵动自然。张炎在《词源》中评价说:"如野云孤飞,去留无际。"《扬州慢》作于1176年词人在落榜后四处流寓时期。词人通过对眼前扬州城与昔日扬州城的对比,抒发了"黍离之悲"。

词前小序交代了时间、地点、天气、词人进入扬州城后的所见所闻、写作缘由以及他人的评价。时间是淳熙丙申(1176)的冬至日,"维扬"即扬州的别称,"过"即路过,告诉了读者扬州只是他的旅途中的一站。雪后初晴,站在扬州城边,映入词人眼帘的是满眼的荠菜和麦苗。关于"荠麦",有人认为是一种植物,有人认为是两种,笔者认为,不管是什么植物,并不影响词人所透露出的感情。进入扬州城后,词人看到了萧条的扬州寒气逼人、水空自碧绿,加之夜幕降临,一个"渐"字说明了词人在这驻足时间之久,词人又听到了让人心生悲戚之感的戍角声,于是心生悲怆、感慨万千,自度曲,写下了这首词。千岩老人肖德藻认为此词有"黍离"之悲。《黍离》出自《诗经·王风》,原文节选如下:

彼黍离离,彼稷之苗。行迈靡靡,中心摇摇。知我者,谓我心忧,不知我者,谓我何求。悠悠苍天!此何人哉?

《毛诗序》说:"《黍离》,闵宗周也。周大夫行役,至于宗周,过故宗庙宫室,尽为禾黍。闵周室之颠覆,彷徨不忍去,而作是诗也。"当时西周被迫迁都,一位周大夫在出差途中路过周王朝原来的宗庙所在地,看到满眼的禾黍,不禁悲从中来,感慨过去的繁华不在。黍离之悲有故国之思之意。

这首词向我们展示了两个扬州城,一个是姜夔眼里的扬州城,一个是杜牧笔下的扬州城。

姜夔眼中的扬州城。

上阕,词人在"解鞍少驻初程"后,进入了扬州城。首先映入词人眼帘的是"尽荠麦青青","尽"不但写出了荠麦范围之广,而且点出了作者内心悲情之深重。扬州城当年的烟柳画桥、雕梁画栋、富庶民居、歌舞升平都已不复存在,留下的是满眼的荠菜和野麦。荠菜和野麦愈旺显得扬州愈荒凉。何等凄凉!

废池乔木,犹厌言兵。

词人将视角转到了城里的建筑,连战争后废毁的城池和残存的树木,都讨厌谈论兵事,足以看出战争带来的伤害之深。一个"厌"字运用拟人的修辞写出了当时百姓对战争的厌恶,也从侧面点出了南宋朝廷的无所作为,这两句更含蓄地表达了作者内心的痛恨悲愤,对当地百姓的同情。真是物犹如此,人何以堪!

渐黄昏、清角吹寒,都在空城。

到这里,词人内心的悲戚又深重了一层。眼前的景象已让词人内心震惊,悲痛之情无法溢于言表,本来黄昏时刻就给人一种衰败之感,此时耳边却偏偏传来凄清的号角声。这号角声打破了空城的寂静,让词人觉得寒气逼人,渲染了悲凉、空寂的氛围,表达了词人内心的悲痛之情。此句运用通感的修辞,化听觉为触觉,让本来抽象的号角声更加具体可感。"空城"二字是全词的词眼,高度概括了今日扬州城的特点:空寂、荒凉、破败。

词的下阕,词人看到了二十四桥边孤寂凄冷的明月,想到了桥边年年盛开的芍药,内心的悲怆感又深一层。

二十四桥仍在,波心荡,冷月无声。

二十四桥仍然存在着,可是繁华却早已不存,只见月影在水波中荡漾,凄清的夜中,月亮清冷无声。"二十四桥"化用杜牧《寄扬州韩绰判官》中"青山隐隐水迢迢,秋尽江南草未凋。二十桥明月夜,玉人何处教吹箫",此诗是杜牧离开扬州后所作,描绘了扬州二十四桥月夜仍然歌声悠扬的情形,表达自己对扬州生活的怀念,作者借以此表现扬州夜景的繁华热闹。现实却是二十四桥仍然存在,眼前之景却是异常冷清,物是人非。月亮本是没有声音的,也没有冷暖之感,词人运用移情及物的手法,将自己内心的悲凄感转移到景物身上,才有了这美妙的诗句。这三句以波动写月静,突显夜之凄凉,营造了凄清、冷寂的氛围,更有"此时无声胜有声"的韵味。

念桥边红药,年年知为谁生。

据记载,扬州芍药冠天下,往日芍药花开时节,赏花的人络绎不绝,而现在本是冬至时节,并不是开花的时候,词人看到眼前的景象,联想到即使芍药花盛开,大概也寂寞开无主了吧。以乐景写哀情,哀情更进一层,桥在花无人赏的悲戚之情溢于言表,在结构上紧扣上阕的"空城"二字。

从手法讲,词人运用视听结合、虚实结合的手法,融情入景,借景抒情,将眼前"空城"的荒凉破败表现得淋漓尽致。不管是凄清、空寂的氛围,还是废池乔木、冷月、清角等意象的选择,都体现了姜夔词"清空"的特点。

眼前的扬州城让词人不禁悲从中来,那杜牧笔下的扬州城呢?

词的开篇,作者就通过"淮左名都,竹西佳处"点出了扬州城昔日的繁华。宋朝时行政区域设有淮南东路与淮南西路,古人的座次面朝南时左为东,右为西,扬州是淮南东路的首府,所以称为淮左名都,足以看出扬州的历史地位之重。"竹西佳处"化用杜牧《题扬州禅智寺》中"谁知竹西路,歌吹是扬州",意即谁知道那门前的竹西路,一直通向那歌吹繁华的扬州。由此两句可以看出扬州在当时的历史地位及繁华富庶。正因为它的历史地位,词人才对它心生向往,把它作为在自己旅途的第一站。

紧接着词人说"过春风十里",此句化用杜牧的《赠别》中的"春风十里扬州路,卷上珠帘总不如",此诗本是杜牧当时与歌姬分别时所作,意即看遍扬州城十里长街青春佳丽,卷起珠帘卖俏粉黛都比不上她,由此也能看出当时的扬州城富丽豪华气派,舞榭歌台,美女如云。然而此时却是"过春风十里"了,繁华早已成为过去,不禁让作者心生悲意。

下阕中,词人想到了唐代大诗人杜牧,杜牧曾在扬州担任淮南节度使掌书记,负责节度使的公务往来,他特别喜欢宴游并写下了很多有关扬州的诗。"杜郎俊赏,算而今重到须惊,纵豆蔻词工,青楼梦好,难赋深情。""豆蔻词工"化用杜牧《赠别》"娉娉袅袅十三余,豆蔻梢头二月初",杜牧此句是用花来形容女子的青春娇小之态,词人在这里化用杜牧的诗句是想表达杜牧高超的写作艺术,"青楼梦好"化用杜牧《遣怀》中"十年一觉扬州梦,赢得青楼薄幸名",杜牧此诗是抒发自己当年在扬州生活的感慨,在扬州快活的日子,让杜牧觉得如梦一样瞬间即逝,词人化用此诗是借以书写当时扬州城的繁华热闹。然而词人看到眼前的景色让词人心生悲意,于是才说如果杜牧重游此地,一定会被眼前的景象惊吓到,即使杜牧笔下的扬州城再华丽、杜牧写诗的本领再高,也表达不出当年对扬州城的深情厚谊了。

词人运用典故写出了昔日扬州城的繁华热闹,通过昔日繁华热闹反衬今日扬州城的荒凉破败。昔日景色愈繁华作者内心的伤痛也愈加深重,"黍离之悲"的感情也得到进一步深化。

然而这一切都是"自胡马窥江去后"造成的。南宋建炎三年(1129),金兵大举南侵,曾攻破扬州,烧杀掳掠。绍兴三十一年(1161),金人十万铁骑破扬州,大肆掳掠,"横尸二十里",破坏极其惨重。金兵的两次洗劫,让扬州城的繁华荡然无存。虽然词人作此词时距金兵第二次洗劫已15年之久,可是扬州城仍然没有从伤痛中走出来,所以才有了词人眼前的一番"空城"景象。

姜夔的整首词,浑然一体,手法鲜明,感情真挚,词法清空,这也是它能于80多首词中脱颖而出的重要原因。

(作者　青岛市城阳第三高级中学　王晓萍)

原文

扬州慢[①]
姜夔

淳熙丙申至日,予过维扬。夜雪初霁,荠麦弥望。入其城,则四顾萧条,寒水自碧,暮色渐起,戍角悲吟。予怀怆然,感慨今昔,因自度此曲。千岩老人以为有《黍离》之悲也。

淮左名都,竹西佳处,解鞍少驻初程。过春风十里,尽荠麦青青。自胡马窥江去后,废池乔木,犹厌言兵。渐黄昏、清角吹寒,都在空城。

杜郎俊赏,算而今重到须惊。纵豆蔻词工,青楼梦好,难赋深情。二十四桥仍在,波心荡、冷月无声。念桥边红药,年年知为谁生?

[①] 文本选自山东省教学研究室.普通高中新课程实验教科书·语文(选修)唐诗宋词选读[M].济南:山东人民出版社,2008.

"金陵怀古"之绝唱

——《桂枝香·金陵怀古》评点细读

《桂枝香·金陵怀古》是王安石在北宋治平四年秋，入京主持熙宁变法前写下的一首著名怀古词。当时，宋王朝表面上太平盛世、歌舞升平，其实在繁华背后却隐藏着种种危机。正是在这种情形之下，作者登金陵有感而作。

金陵因其独特的政治命运和历史遭遇，成为频繁出现于古代诗歌中一个意象。特别是历经沧桑、面目已非的六朝遗迹常使诗人抚今追昔，感时伤怀，所作诗词往往传达出历史兴亡的沧桑感，怀古之情悲凉感伤。

登临送目，正故国晚秋，天气初肃。

起句点明时间、地点、季节。"送目"一词表达新颖，比起"远望"等更给人以由近及远的动态感，"故国"即历史上有名的六朝古都金陵，此处不称"金陵"而称"故国"，一个"故"字，"既见河山之可亲，又存兴亡之可鉴"，且正值肃杀的深秋，作者迎着飒飒秋风登高远眺。开篇大气磅礴，笼罩全篇。

千里澄江似练，翠峰如簇。

一幅壮丽的景色呈现在眼前，"千里澄江似练"化用谢朓的"澄江净如练"句。视野中，绵延千里的江水澄澈如白色绸缎，翠绿的山峰高耸如突起的箭头。此句笔力遒劲，气象开阔，"澄江似练"与"翠峰如簇"对仗工整，并且"白练"与"翠峰"在色泽上相互映衬，给人以鲜明的视觉感受。山之雄伟、水之柔美，山清水秀，不禁令人起故国之思。

归帆去棹残阳里，背西风，酒旗斜矗。

作者目光收回，关注到更为具体的景色。"归帆去棹"泛指江上来来往往的船只。残阳下，酒旗随风飘荡，透露出生活闲逸的一面，"斜矗"二字写得真实而充满意趣。整幅画面背映一轮残阳，在感受到作者对故国的浓浓热爱之情同时，也让人顿生苍凉之感。

彩舟云淡，星河鹭起，画图难足。

这是写作者极目远眺之所见。"彩舟"是对船的美称，远望一叶叶彩舟，像是从天边淡淡的云雾里穿过，惊起的白鹭在水面翩翩起舞。在这里既有对静景的描写，也有对"鹭起"等动景的描写，一动一静，使景物描写更为生动。祖国山河的壮丽美景在作者笔下美不胜收，只能用一句"画图难足"来收束。上阕在修辞上采用了比喻，如将长江比作"星河"；在写法上，远近交错、动静结合，为下文的抒情作铺垫。

上阕虽呈现出祖国山河之壮丽，然而，作者对故国山河的赞美并不是激情澎湃，而是深沉凝重的，景物的描写始终笼罩在夕阳残照与秋风衰飒之中。爱之深，痛之切，作者一面饱含对祖国山河的无限深情，一面不禁想到如此大好河山却成为陈后主荒淫奢靡、寻欢作乐、昏庸误国的地方，此时"江山依旧，物是人非"，词人由一个"念"字，转入深沉的情感抒发之中。

念往昔，繁华竞逐，叹门外楼头，悲恨相续。

一个"念"、一个"叹"，包含王安石对金陵往昔的沉重感慨。故国为何而亡？统治者"繁华竞逐"荒淫奢靡、不理朝政是主要原因。"门外楼头"化用杜牧《台城曲》中"门外韩擒虎，楼头张丽华"一句，隋朝大将韩擒虎已兵临门外，陈后主却在结绮楼与张丽华纵情歌舞。而这样的事又何止陈后主一人，"六朝"无不如此，在这片"繁华竞逐"的土地上演绎了多少"悲恨相续"的故事，读之令人悲叹。

千古凭高对此，谩嗟荣辱。

"谩"的意思是"徒然的"，一个"谩"字表达了作者鲜明的批判态度。自古以来，人们面对金陵古都壮丽山河凭高怀远，想到六朝的兴盛与衰亡，只是徒然发出感慨罢了，并未接受教训，改革图强。否则，此悲恨相续之事便不会一件接着一件吧？正如杜牧《阿房宫赋》中所言："后人哀之而不鉴之，亦使后人而复哀后人也。"

六朝旧事随流水，但寒烟衰草凝绿。

"寒烟衰草"描绘出的衰飒景象，给人凄凉悲怆之感，六朝如流水般逝去，留下的景象也如此令人悲怆；同时还有一层意思，寒烟衰草依然"凝绿"，而朝代更替、物是人非，也给人以世事沧桑的悲凉之感。但与之相比，更为可悲的是"至今商女时时犹唱后庭遗曲"，"商女"即"歌女"。《后庭遗曲》是陈后主作的《玉树后庭花》，中有"玉树后庭花，花开不复久"句，后人视之为亡国之音。此句作者化用杜牧诗"商女不知亡国恨，隔江犹唱后庭花"句。表面看似批判歌女，实则是借批判六朝统治者贪图享乐、荒淫误国，来告诫当朝统治者：国家已面临"财力日以困穷，风俗日以衰坏"的危机，当有所作为。此句也是全篇思想艺术的聚焦，是为词眼。

纵览怀古诗词，一般文人墨客，在登高怀远之后，大多空自嗟叹，黯然神伤，而王安石不但批评了"谩嗟荣辱"这一作为，并借古讽今，给统治者当头棒喝。从感情而言，有对六朝统治者荒淫奢靡而误国的悲叹，有对后人忘却历史教训的批判，更有对北宋王朝不励精图治的不满，表现出了一位政治家的阔大境界。后来王安石上万言书向仁宗表达自己"矫世变俗之志"，其目的就是要富民强兵。

《古今词话》载：金陵怀古，诸公寄调于《桂枝香》者30余家，独介甫最为绝唱。东坡见之叹曰："此老乃野狐精也！"可见，王安石不仅具有非凡的政治才能，更有卓越的文学才华。

(作者　青岛市城阳第一高级中学　周宁)

原文

桂枝香·金陵怀古[①]
(宋)王安石

登临送目，正故国晚秋，天气初肃。千里澄江似练，翠峰如簇。归帆去棹残阳里，背

---

① 文本选自教育部组织编写.普通高中教科书语文必修下册[M].北京：人民教育出版社，2020.

西风,酒旗斜矗。彩舟云淡,星河鹭起,画图难足。　念往昔,繁华竞逐,叹门外楼头,悲恨相续。千古凭高对此,漫嗟荣辱。六朝旧事随流水,但寒烟衰草凝绿。至今商女,时时犹唱,后庭遗曲。

散文部分

一花一叶，潇洒超脱

——《故都的秋》评点细读

　　郁达夫对故都的秋一腔情感都在这"清"、"静"和"悲凉"里了。向往之情无以复加，想"饱尝一尝"。深入骨髓的精神盛宴才可以谓之"饱"，"尝"则是可以散开胸襟怀抱畅快地体味的，饱含无尽的向往之情，不知故都秋有多少人间况味。

　　我倒是喜欢江南之秋，"润""淡""一点点清凉"，这样的江南是温润的，婉约而淡雅的，有小家碧玉的秀气。然而在郁达夫心中却是索然寡味了。这"半开半醉"的状态，着实不够酣畅淋漓，尽兴洒脱。

　　只有故都的秋，"秋的味，秋的色，秋的意境与姿态，总看不饱，尝不透"，故都之秋到底有怎样不同于江南的意蕴呢？陶然亭的芦花，北京城里最平淡朴素的花了吧，秋天的芦花，想是枯黄灰暗的；钓鱼台的柳影，幽静而柔美；西山的虫唱，是最自然最平常的野趣；玉泉的夜月，必是清幽而朦胧的；或淡雅或萧索，亦清静亦自然，皆是自然之境。潭柘寺的钟声，古老、宁静而悠远，和这些一起成为郁达夫在南方每年都要惦念的北国之秋。隐隐的，悠悠的，萧索中透着深沉，闲适苍凉中透着超脱世俗、物我两忘的禅意。这里营造的故都之美超越了大都市的繁华，更具乡野的宁静和自然，可谓"清"和"静"了。

　　然而，这些还不足以满足作者对故都之秋的酣畅淋漓的体悟，还要在聒噪繁华的皇城人海中"租一椽破屋"，必是一椽破屋才好，"破屋"饱经沧桑，俨然一个有故事的人，一段有回忆的生命，正如"故都"才有更丰厚的历史和文化的积淀。"泡一碗浓茶"，苦到甘甜，必有喝浓茶时的悠闲心态，和向院子一坐的姿态，才能品到深处。

　　从槐树叶底，朝东细数着一丝一丝漏下来的日光，或在破壁腰中，静对着像喇叭似的牵牛花（朝荣）的蓝朵，自然而然地也能够感觉到十分的秋意。

　　于此种境界中品茶听歌、细数阳光、静对破壁腰中的蓝朵，闲适中带几分落寞，沧桑，淡远，忧郁，沉静。那破壁腰中的蓝朵，那很高很高的碧绿的天色，就如达夫很深很深的禅意的愉悦。

　　与之相契合的还有对冷色调的偏爱。郁达夫对色彩的欣赏是逃避鲜艳的，陶然亭的芦花、槐树的落蕊，皆是白色。喇叭花，蓝色和白色自是最佳的，紫黑色次之，淡红色最下。甚至是没有色彩，没有声音，也没有气味，只是那一点点极微细极柔软的触觉感受。

　　像花而又不是花的那一种落蕊，早晨起来，会铺得满地。脚踏上去，声音也没有，气味也没有，只能感出一点点极微细极柔软的触觉。

　　这感觉，没有深邃的情致怕是感觉不到的，这是落蕊的私语，也是郁达夫对生命的独特感受。心浮气躁的人，尘世匆匆的人，谁会感受到"条条扫帚的丝纹"里的细腻、清闲和潜意识里的那点落寞？作者将这用心所感触到的秋称为"深沉"。这样的深沉，只有在"清"、"静"与"悲凉"的故都之秋才展现得淋漓尽致。"人闲桂花落，夜静春山空。"拥有超凡脱俗的心境才能体会到这超凡脱俗的秋意,况且这意境还是潜藏在聒噪纷纭的大都市中。

可是这样的秋味又不是高高在上的,它是深入生活的每一个角落的。

秋蝉的衰弱的残声,更是北国的特产;因为北平处处全长着树,屋子又低,所以无论在什么地方,都听得见它们的啼唱。在南方是非要上郊外或山上去才听得到的。这嘶叫的秋蝉,在北平可和蟋蟀耗子一样,简直像是家家户户都养在家里的家虫。

眼里见的,耳朵里听的满是的,是家家户户养在家里的家虫,是浸润到空气中的,深入到骨髓里的,是物我合一的了。这高雅的茗茶和秋蝉、蟋蟀相结合,就是把雅趣和俗趣合而为一了,高雅的意趣中透露着平民的色彩。又来得随性,一阵凉风足矣,去也潇洒,说晴便晴。这秋雨,还必是要"凉",秋味才够足,才像样。

着着很厚的青布单衣或夹袄的"都市闲人","咬着烟管","去一立","用了缓慢悠闲的声调","贵族"气质尚存,活脱脱一位皇城根下的遗老遗少。一叶而知天下秋,他大概就是大清江山封建王朝的那一叶了。

无论是自然之秋,人事社会之秋,都在郁达夫的眼中呈现出浓浓的缓缓的悠然的意蕴。这平平仄仄的歧韵,让秋更加意蕴悠长了。故都的秋是凝重的,清静悲凉的,更是超然的。沉浸清秋中的郁达夫,让人感受到的不是悲苦,而是一种享受,是一种经历了春夏的繁盛之后趋于平静和深沉的生命的坦然,是于衰退的生命中显出的深沉的思考,是对自然的关照中体悟到的自我的真实的灵魂感触,没有深厚的文化修养和高雅脱俗的心境如何能体悟得出他们的韵味。

郁达夫所追求的趣味是淡、是雅,淡雅中蕴含着高雅,是内在的意蕴和涵养,有历史的沉淀,有深沉的境界,有悠远的哲思。春日生命的勃勃生机固然值得赞叹,秋日苍凉而富有禅意的衰亡何尝不是生命必经的历程?每一段历程都有它自身的意味和价值,都值得欣赏和珍藏。只有有着丰厚文化修养的睿智深刻的智者才能体会到它的美。直面生命的衰败,沉思深沉,触发幽远、严厉、萧索的生命感触,体会到生命存在的"深沉"和"悲凉",这生命感受的深邃,也是美学意义上的美。

(作者　青岛市城阳第三高级中学　李静)

原文

故都的秋[①]

郁达夫

秋天,无论在什么地方的秋天,总是好的;可是啊,北国的秋,却特别地来得清,来得静,来得悲凉。我的不远千里,要从杭州赶上青岛,更要从青岛赶上北平来的理由,也不过想饱尝一尝这"秋",这故都的秋味。

江南,秋当然也是有的;但草木凋得慢,空气来得润,天的颜色显得淡,并且又时常多

[①] 文本选自教育部组织编写.普通高中教科书语文必修上册[M].北京:人民教育出版社,2019.

雨而少风；一个人夹在苏州上海杭州，或厦门香港广州的市民中间，混混沌沌地过去，只能感到一点点清凉，秋的味，秋的色，秋的意境与姿态，总看不饱，尝不透，赏玩不到十足。秋并不是名花，也并不是美酒，那一种半开、半醉的状态，在领略秋的过程上，是不合适的。

不逢北国之秋，已将近十年了。在南方每年到了秋天，总要想起陶然亭的芦花，钓鱼台的柳影，西山的虫唱，玉泉的夜月，潭柘寺的钟声。在北平即使不出门去吧，就是在皇城人海之中，租人家一椽破屋来住着，早晨起来，泡一碗浓茶，向院子一坐，你也能看得到很高很高的碧绿的天色，听得到青天下驯鸽的飞声。从槐树叶底，朝东细数着一丝一丝漏下来的日光，或在破壁腰中，静对着像喇叭似的牵牛花（朝荣）的蓝朵，自然而然地也能够感觉到十分的秋意。说到了牵牛花，我以为以蓝色或白色者为佳，紫黑色次之，淡红色最下。最好，还要在牵牛花底，教长着几根疏疏落落的尖细且长的秋草，使作陪衬。

北国的槐树，也是一种能使人联想起秋来的点缀。像花而又不是花的那一种落蕊，早晨起来，会铺得满地。脚踏上去，声音也没有，气味也没有，只能感出一点点极微细极柔软的触觉。扫街的在树影下一阵扫后，灰土上留下来的一条条扫帚的丝纹，看起来既觉得细腻，又觉得清闲，潜意识下并且还觉得有点儿落寞，古人所说的梧桐一叶而天下知秋的遥想，大约也就在这些深沉的地方。

秋蝉的衰弱的残声，更是北国的特产；因为北平处处全长着树，屋子又低，所以无论在什么地方，都听得见它们的啼唱。在南方是非要上郊外或山上去才听得到的。这嘶叫的秋蝉，在北平可和蟋蟀耗子一样，简直像是家家户户都养在家里的家虫。

还有秋雨哩，北方的秋雨，也似乎比南方的下得奇，下得有味，下得更像样。

在灰沉沉的天底下，忽而来一阵凉风，便息列索落地下起雨来了。一层雨过，云渐渐地卷向了西去，天又青了，太阳又露出脸来了；着着很厚的青布单衣或夹袄的都市闲人，咬着烟管，在雨后的斜桥影里，上桥头树底去一立，遇见熟人，便会用了缓慢悠闲的声调，微叹着互答着地说：

"唉，天可真凉了——"（这了字念得很高，拖得很长。）

"可不是吗？一层秋雨一层凉啦！"

北方人念阵字，总老像是层字，平平仄仄起来，这念错的歧韵，倒来得正好。

北方的果树，到秋来，也是一种奇景。第一是枣子树；屋角，墙头，茅房边上，灶房门口，它都会一株株地长大起来。像橄榄又像鸽蛋似的这枣子颗儿，在小椭圆形的细叶中间，显出淡绿微黄的颜色的时候，正是秋的全盛时期；等枣树叶落，枣子红完，西北风就要起来了，北方便是尘沙灰土的世界，只有这枣子、柿子、葡萄，成熟到八九分的七八月之交，是北国的清秋的佳日，是一年之中最好也没有的 Golden Days。

有些批评家说，中国的文人学士，尤其是诗人，都带着很浓厚的颓废色彩，所以中国的诗文里，颂赞秋的文字特别多。但外国的诗人，又何尝不然？我虽则外国诗文念得不多，也不想开出账来，做一篇秋的诗歌散文钞，但你若去一翻英德法意等诗人的集子，或各国的诗文的 Anthology 来，总能够看到许多并于秋的歌颂与悲啼。各著名的大诗人的长篇田园诗或四季诗里，也总以关于秋的部分，写得最出色而最有味。足见有感觉的动物,有情趣的人类,对于秋,总是一样地能特别引起深沉、幽远、严厉、萧索的感触来的。不单是诗人,就是被关闭在牢狱里的囚犯,到了秋天,我想也一定会感到一种不能自已的深情;秋之于人,何尝有国别,更何尝有人种阶级的区别呢?不过在中国,文字里有一个"秋士"的成语,读本里又有着很普遍的欧阳子的《秋声》与苏东坡的《赤壁赋》等,就觉得中国的文人,与秋的关系特别深了。可是这秋的深味,尤其是中国的秋的深味,非要在北方,才感受得到底。

南国之秋,当然是也有它的特异的地方的,譬如廿四桥的明月,钱塘江的秋潮,普陀山的凉雾,荔枝湾的残荷,等等,可是色彩不浓,回味不永。比起北国的秋来,正像是黄酒之与白干,稀饭之与馍馍,鲈鱼之与大蟹,黄犬之与骆驼。

秋天,这北国的秋天,若留得住的话,我愿意把寿命的三分之二折去,换得一个三分之一的零头。

1934年8月,在北平

《荷塘月色》：
精心构建的实虚两境的心灵暂时栖息地

《荷塘月色》受到了许多研究者的关注，关于其主题有种种探究、解读，众说纷纭，尚未形成共识。我们从作者的心情角度入手，探寻一下作者的情感变化，便会发现这篇文章实际上是作者精心构建的实虚两境的心灵暂时栖息地。

这几天心里颇不宁静。

作者一开篇就表明自己的心情"颇不宁静"，一个"颇"字，表明作者的心情相当糟糕，并且是"这几天"，说明这种心情时间上的持续性，不是一天两天的事情。但是作者为什么"心里颇不宁静"呢？设置了一个悬念，引发了读者的好奇心，同时为下文到荷塘去做了铺垫。下文作者写道"想起日日走过的荷塘，在这满月的光里，总该另有一番样子吧"，"总该"一词，可以看出作者此时的内心是满怀期待之情，作者是带着期望去荷塘的，希望感受荷塘与平时不同的氛围。在第二段中作者运用对比的手法，先写没有月光的晚上，"这路上阴森森的，有些怕人"，而后接着写"今晚却很好，虽然月光也还是淡淡的"，作者不说"虽然月光也还是淡淡的，今晚却很好"，很明显，先写"今晚却很好"，突出了作者此时走在荷塘的路上内心已有了几分愉悦之情，虽然月光是淡淡的，但是正合作者的心意，一个"却"字体现了作者内心的那分欣然。

第三段，除了一开始"路上只我一个人，背着手踱着"是交代作者的行踪外，其余的语句都是作者的内心独白。我们品读一下这段独白会告诉我们哪些信息。

这一片天地好像是我的；我也像超出了平常的自己，到了另一世界里。我爱热闹，也爱冷静；爱群居，也爱独处。像今晚上，一个人在这苍茫的月下，什么都可以想，什么都可以不想，便觉是个自由的人。白天里一定要做的事，一定要说的话，现在都可不理。这是独处的妙处，我且受用这无边的荷香月色好了。

这一段独白中，作者用了"好像"和"像"两个词语，表明这更多的是作者的一种自我感觉，"好像是我的"而不说"好像我的"，用一个"是"字进行强调，这一片天地属于我的王国，在这一片天地中我可以无拘无束、自由自在；作者用"超出了平常的自己"写出了此时内心的一份超脱，读到这里，读者不禁要问：那么作者"平常的自己"是什么样子呢？作者在其后写道："白天里一定要做的事，一定要说的话，现在都可不理。"从这里可以看出，平日里作者有些事情是不情愿做的，有些话是不情愿讲的，言行是不自由的，身心是不自由的。在这里作者写自己"像今晚上，一个人在这苍茫的月下，什么都可以想，什么都可以不想，便觉是个自由的人"，作者感到自己此时是个身心完全放松、思想完全自由的人，更表明平日里的诸多方面的不自由。读到这里，我们就可以看出作者内心颇不宁静的原因之一就是平日生活里极不自由。最后作者写道"我且受用这无边的荷香月色好了"，一个"且"字，"暂且"之意，表明作者沉浸在这片"荷香月色"笼罩的世界，暂时逃避了现实，开始用现实中的"荷香月色"为自己构建一个暂时的心灵栖息地。在这个心灵栖息地中,作者此时的心情又如何呢?我们顺着作者的写作思路往下分析。

  曲曲折折的荷塘上面,弥望的是田田的叶子。叶子出水很高,像亭亭的舞女的裙。层层的叶子中间,零星地点缀着些白花,有袅娜地开着的,有羞涩地打着朵儿的;正如一粒粒的明珠,又如碧天里的星星,又如刚出浴的美人。微风过处,送来缕缕清香,仿佛远处高楼上渺茫的歌声似的。这时候叶子与花也有一丝的颤动,像闪电般,霎时传过荷塘的那边去了。叶子本是肩并肩密密地挨着,这便宛然有了一道凝碧的波痕。叶子底下是脉脉的流水,遮住了,不能见一些颜色;而叶子却更见风致了。

  这是文章的第四段,作者用充满诗意的笔触描写月下的荷塘,徜徉在字里行间,我们的头脑中会显现出一幅幅诗人在享用这月下荷塘的美景的画面:他在细观那生长的茂盛而又舒展,并且颇有几分江南"田田"风味的荷叶,好像在欣赏一场出水荷叶演出的舞蹈;他在细寻叶间的花朵,作者用一个"正如"和两个"又如",让我们感受到他发现形态各异的荷花之后溢于言表的欣喜之情;他在细嗅那若有若无、时断时续的荷香;他在细致地感受叶子与花之间的那一丝的颤动;他又在细品叶下那"脉脉"的流水。读完这段月下的荷塘,我们真真切切感受到作者已经全身心地沉浸在这片荷塘的美景之中,在静谧的充满诗意的荷塘中,作者调动全身心的感官,调动联想和想象的翅膀,充分感受到了自然中的生机(如叶子的"弥望"与"更见风致"等)与热闹(荷叶"像亭亭的舞女的裙","荷花袅娜开着的"和"羞涩打着朵的"的争相绽放);作者尽情享用这暂时的欢愉,他的内心的不宁静早已荡然无存,此时充满了愉悦、欢欣、轻松。

  我们接着品味文章的第五段,作者依然用充满诗意的笔触描写荷塘上的月色。

  月光如流水一般,静静地泻在这一片叶子和花上。薄薄的青雾浮起在荷塘里。叶子和花仿佛在牛乳中洗过一样,又像笼着轻纱的梦。虽然是满月,天上却有一层淡淡的云,所以不能朗照;但我以为这恰是到了好处——酣眠固不可少,小睡也别有风味的。月光是隔了树照过来的,高处丛生的灌木,落下参差的斑驳的黑影,峭楞楞如鬼一般;弯弯的杨柳的稀疏的倩影,却又像是画在荷叶上。塘中的月色并不均匀;但光与影有着和谐的旋律,如梵婀玲上奏着的名曲。

  "如流水一般""静静地泻在这一片叶子和花上"的月光和"薄薄的青雾"笼罩下的荷塘,在作者的笔下便拥有了一种柔和、清新、幽静、朦胧而又如诗如画般的意境之美。此时的作者内心感受是如何的呢?我们不妨品味一下作者穿插在写景之中的议论句子"但我以为这恰是到了好处——酣眠固不可少,小睡也别有风味的",天上是满月,因为"有一层淡淡的云"却不能"朗照",这种情形原本是一种遗憾,但作者的感受是恰到好处,并且用"酣眠固不可少,小睡也别有风味的"来做了解释。要表达什么意思呢?这种"恰是到了好处",好在哪里呢?作者用"酣眠"和"小睡"来阐释其中的好处。我们知道"酣睡"可以让人长时间的放松,获得身心的愉悦;而小睡虽然不及酣睡的时间长,但是同样可以让人获得片刻的放松,身心的愉悦。我想作者在这里讲此时烘云托月的"恰到好处",应该就是这样的明月朗照之下,同样也会让人获得身心的放松,身心的愉悦,并且会拥有一种梦幻般的感觉。此时的作者应该是在这清新、朦胧的美景中,内心是惬意的、舒适的,作者在尽情地欣赏着眼前的荷塘上的月色:灌木落下的黑影、"像是画在荷叶上"杨柳的稀疏的倩影,调动感官感受着塘中的并不均匀的月色,感受到了光与影却有着"和谐的旋律",犹如听到了一曲小提琴演奏的优美的乐曲。作者在现实的荷香月色中内心获得了一种平衡、一种和谐,心灵暂时获得了放飞,拥有了自由,获得了片刻的宁静。

　　作者欣赏完、感受完荷香月色之后,又将目光落在了荷塘四面的树木之上,是这些将"荷塘重重围住"的树木,成就了作者心灵的栖息地,即使是漏着的"几段空隙",也"像是特为月光留下的",然而这些树终究不能成就一个与世隔绝的"世外桃源","树缝里也漏着一两点路灯光,没精打采的,是渴睡人的眼",现实的灯光提醒作者,这个片刻的心灵栖息之地终究是要走出去的。"树上的蝉声与水里的蛙声",热闹着它们的热闹,将作者精心构建的静谧的意境打破,作者说"热闹是它们的,我什么也没有",而作者之前说"我爱热闹,也爱冷静",可见这种热闹,并不是作者所爱的那种热闹,此时的作者内心是若有所失的,是失望的,是落寞的。

　　我们再回看文章的标题《荷塘月色》,实际上行文至此,作者已将荷塘和月色写完,应该讲,照常理的话,文章也该结束了,再写下去,就离题万里了,可是作者为什么没有煞笔呢?

　　我们再接着分析文章的第七段,作者一开始很突兀的来了一句"忽然想起采莲的事情来了",是什么引起作者"忽然想起采莲的事情来了"? 联系前文,不难看出就是令作者若有所失的、并不是作者所爱的"树上的蝉声与水里的蛙声"的热闹。那么,我们不禁要问:采莲的事情与热闹有什么关系呢? 为什么会令作者"忽然想起"? 我们先看一下作者笔下所写的与采莲有关的内容。作者首先写道:"采莲是江南的旧俗","而六朝时为盛","采莲的是少年的女子,她们是荡着小船,唱着艳歌去的。采莲人不用说很多,还有看采莲的人。"作者在叙述完之后,接着写了自己的感受"那是一个热闹的季节,也是一个风流的季节",作者还引用了梁元帝的《采莲赋》来做注脚。从这或叙或引的语句中,我们可以细细品味一下作者所喜爱的热闹是一种什么样的热闹:不管是采莲的女子还是看采莲的人,不管是那些妖童还是媛女,它们所处的环境是太平盛世,他们能够自由、欢快、轻松地嬉游,是人与自然的和谐相融,精神是愉悦的,这种热闹是太平盛世之下的人们安居乐业、能够感受到欢愉、心旷神怡的热闹。从作者对梁元帝《采莲赋》中所描写的嬉游光景的评价"可见当时嬉游的光景了。这真是有趣的事",我们似乎感受到作者沉浸而神游在这嬉游的光景之中,似乎身临其境感受着其中的热闹,品味着其中的趣味,作者此时好像与那些看采莲的人一样面对这热闹而欢快的场景喝彩,内心充满了欢愉、轻松与欢快,不难看出这里是作者又为自己构建的一个想象中的心灵栖息地,这是一个拥有自己所爱的热闹的精神家园,它弥补了现实心灵栖息地所带来的不足——"热闹是它们的,我什么也没有"。作者满怀兴致地写完了这些之后,发出了深深的遗憾——"可惜我们现在早已无福消受了",那份失落、无奈之情溢于言表。为什么"我们现在早已无福消受了"? 这与当时作者写作时所处的社会背景密不可分了。我们知道这篇文章作于1927年7月,正值大革命失败,白色恐怖笼罩中国大地。这时,蒋介石叛变革命,中国处于一片黑暗之中。人人自危,为生计而奔波,为家庭而劳碌,自然无福消受这样的有趣的事情了。

由采莲作者自然又记起了《西洲曲》里写采莲的句子"采莲南塘秋,莲花过人头;低头弄莲子,莲子清如水",这自然不是一首单纯写采莲的曲子,"莲子清如水",自然也引发了作者对亲人的思念,对江南的思念,因此作者紧接着写道"这令我到底惦着江南了"。"到底"一词,表明作者内心一直在惦着江南,今晚忽然想到的采莲的事情让作者内心的这份情感终于暴露无遗。读到此处,我们终于明白正是对江南的那份思念让远离家乡的作者无处安放,一直在扰乱着他的内心,让他的内心颇不宁静。

读罢全文,我们从文本的细读中不难发现作者开头提到的"这几天心里颇不宁静"的原因有二:一是现实生活中的不自由,二是对江南的思念。为了消除内心的这种颇不宁静,作者精心构建了实虚两境的心灵暂时栖息地——现实中的拥有荷香月色的荷塘和六朝盛事的采莲嬉游光景,可惜,这一切只能让作者获得片刻的轻松与欢愉,片刻的心灵宁静,不知不觉间,发现已经走到了"自己的门前",现实中的一切又要去面对了。

(作者　青岛市城阳第三高级中学　李思衡)

原文

荷塘月色[①]

朱自清

这几天心里颇不宁静。今晚在院子里坐着乘凉,忽然想起日日走过的荷塘,在这满月的光里,总该另有一番样子吧。月亮渐渐地升高了,墙外马路上孩子们的欢笑,已经听不见了;妻在屋里拍着闰儿,迷迷糊糊地哼着眠歌。我悄悄地披了大衫,带上门出去。

沿着荷塘,是一条曲折的小煤屑路。这是一条幽僻的路;白天也少人走,夜晚更加寂寞。荷塘四面,长着许多树,蓊蓊郁郁的。路的一旁,是些杨柳,和一些不知道名字的树。没有月光的晚上,这路上阴森森的,有些怕人。今晚却很好,虽然月光也还是淡淡的。

路上只我一个人,背着手踱着。这一片天地好像是我的;我也像超出了平常的自己,到了另一世界里。我爱热闹,也爱冷静;爱群居,也爱独处。像今晚上,一个人在这苍茫的月下,什么都可以想,什么都可以不想,便觉是个自由的人。白天里一定要做的事,一定要说的话,现在都可不理。这是独处的妙处,我且受用这无边的荷香月色好了。

曲曲折折的荷塘上面,弥望的是田田的叶子。叶子出水很高,像亭亭的舞女的裙。层层的叶子中间,零星地点缀着些白花,有袅娜地开着的,有羞涩地打着朵儿的;正如一粒粒的明珠,又如碧天里的星星,又如刚出浴的美人。微风过处,送来缕缕清香,仿佛远处高楼上渺茫的歌声似的。这时候叶子与花也有一丝的颤动,像闪电般,霎时传过荷塘的那边去了。叶子本是肩并肩密密地挨着,这便宛然有了一道凝碧的波痕。叶子底下是脉脉的流水,遮住了,不能见一些颜色;而叶子却更见风致了。

月光如流水一般,静静地泻在这一片叶子和花上。薄薄的青雾浮起在荷塘里。叶子和花仿佛在牛乳中洗过一样,又像笼着轻纱的梦。虽然是满月,天上却有一层淡淡的云,

---

[①] 文本选自教育部组织编写.普通高中教科书语文必修上册[M].北京:人民教育出版社,2019.

所以不能朗照；但我以为这恰是到了好处——酣眠固不可少，小睡也别有风味的。月光是隔了树照过来的，高处丛生的灌木，落下参差的斑驳的黑影，峭楞楞如鬼一般；弯弯的杨柳的稀疏的倩影，却又像是画在荷叶上。塘中的月色并不均匀；但光与影有着和谐的旋律，如梵婀玲上奏着的名曲。

荷塘的四面，远远近近，高高低低都是树，而杨柳最多。这些树将一片荷塘重重围住；只在小路一旁，漏着几段空隙，像是特为月光留下的。树色一例是阴阴的，乍看像一团烟雾；但杨柳的丰姿，便在烟雾里也辨得出。树梢上隐隐约约的是一带远山，只有些大意罢了。树缝里也漏着一两点路灯光，没精打采的，是渴睡人的眼。这时候最热闹的，要数树上的蝉声与水里的蛙声；但热闹是它们的，我什么也没有。

忽然想起采莲的事情来了。采莲是江南的旧俗，似乎很早就有，而六朝时为盛；从诗歌里可以约略知道。采莲的是少年的女子，她们是荡着小船，唱着艳歌去的。采莲人不用说很多，还有看采莲的人。那是一个热闹的季节，也是一个风流的季节。梁元帝《采莲赋》里说得好：

于是妖童媛女，荡舟心许；鹢首徐回，兼传羽杯；棹将移而藻挂，船欲动而萍开。尔其纤腰束素，迁延顾步；夏始春余，叶嫩花初，恐沾裳而浅笑，畏倾船而敛裾。

可见当时嬉游的光景了。这真是有趣的事，可惜我们现在早已无福消受了。

于是又记起《西洲曲》里的句子：

采莲南塘秋，莲花过人头；低头弄莲子，莲子清如水。

今晚若有采莲人，这儿的莲花也算得"过人头"了；只不见一些流水的影子，是不行的。这令我到底惦着江南了。——这样想着，猛一抬头，不觉已是自己的门前；轻轻地推门进去，什么声息也没有，妻已睡熟好久了。

1927年7月，北京清华园。

感受史铁生破茧成蝶心路历程

——《我与地坛》评点细读

"生命就是这样一个过程,一个不断超越自身局限的过程,这就是命运,任何人都是一样,在这过程中我们遭遇痛苦、超越局限,从而感受幸福。所以一切人都是平等的,我们毫不特殊。"这段话出自史铁生先生的《病隙碎笔》。它很好地诠释了史铁生的生命过程,他遭受苦难,双腿残疾,消沉过、失望过,徘徊过,但最终他破茧成蝶,感受到了生命中的幸福。《我与地坛》节选,就记叙了他怎样因地坛和母亲而挺过那段艰辛岁月,破茧成蝶的,在这个过程中,他的心路历程是异常艰辛的。《我与地坛》第一部分,文章写道:

我在好几篇小说中都提到过一座废弃的古园,实际就是地坛。许多年前旅游业还没有开展,园子荒芜冷落得如同一片野地,很少被人记起。

地坛离我家很近。或者说我家离地坛很近。总之,只好认为这是缘分。地坛在我出生前四百多年就坐落在那儿了,而自从我的祖母年轻时带着我父亲来到北京,就一直住在离它不远的地方——五十多年间搬过几次家,可搬来搬去总是在它周围,而且是越搬离它越近了。我常觉得这中间有着宿命的味道:仿佛这古园就是为了等我,而历尽沧桑在那儿等待了四百多年。

文章开篇就给我们抛出来了地坛,开头直接有力,点出地坛,毫无赘言。"地坛离我家很近。或者说我家离地坛很近",这样重复的话语,意在强调我与地坛的关系——很近,地理位置的近,更是心理上的近。所以"我"会认为这是一种"缘分",是命运的安排,走进地坛是必然。"仿佛这古园就是为了等我,而历尽沧桑在那儿等待了四百多年。"是宿命,四百年的等待,更是作者与地坛物我交融的心灵默契。

它等待我出生,然后又等待我活到最狂妄的年龄上忽地残废了双腿。四百多年里,它一面剥蚀了古殿檐头浮夸的琉璃,淡褪了门壁上炫耀的朱红,坍圮了一段段高墙,又散落了玉砌雕栏,祭坛四周的老柏树愈见苍幽,到处的野草荒藤也都茂盛得自在坦荡。这时候想必我是该来了。十五年前的一个下午,我摇着轮椅进入园中,它为一个失魂落魄的人把一切都准备好了。那时,太阳循着亘古不变的路途正越来越大,也越红。在满园弥漫的沉静光芒中,一个人更容易看到时间,并看见自己的身影。

可以想象,当史铁生在"最狂妄的年龄"突然瘫痪之后,坐着轮椅,他必定会自觉不自觉地去寻求新的精神寄托,活下去的理由。他每天来到一座古代帝王荒废的祭坛——地坛,地坛就顺理成章地成为"我"精神的家园,灵魂栖息的所在。文章描写地坛的沧桑变化,"剥蚀""淡褪""坍圮""苍幽""野草""荒藤",这些词语编织在一起,当年显赫的地坛,富丽堂皇的地坛已经没了,变得衰败,变成了野草荒藤的乐园,这地坛正是作者当时极度恶劣的内心世界的外相表象,"我"也正是"活到最狂妄的年龄上忽地残废了双腿",犹如地坛由繁华变为衰败。"我"心情极差,这衰败的地坛很好地迎合了当时当境的作者的心情,我们可以从中很好地体会作者的心境。所以在作者看来"古园为了等我,等了四百年,为我准备好一切",似乎生命中注定作者与地坛,相遇、相知、相伴一生。才会有下边"自从那个下午我无意中进了这园子,就再没长久地离开过它"的描述。因为看似无意进入的园子,却成了心灵的家园,精神的栖息地。

我一下子就理解了它的意图。正如我在一篇小说中所说的:"在人口密聚的城市里,有这样一个宁静的去处,像是上天的苦心安排。"两条腿残废后的最初几年,我找不到工作,找不到去路,忽然间几乎什么都找不到了,我就摇了轮椅总是到它那儿去,仅为着那儿是可以逃避一个世界的另一个世界。我在那篇小说中写道:"没处可去我便一天到晚耗在这园子里。跟上班下班一样,别人去上班我就摇了轮椅到这儿来。""园子无人看管,上下班时间有些抄近路的人们从园中穿过,园子里活跃一阵,过后便沉寂下来。"

"像是上天的苦心安排",其实是作者在自我救赎的道路上自己找到了情感宣泄地,找到了精神家园。在最狂妄的年纪遭遇厄运,任谁都会心情跌入低谷,失去生活的希望,看不到方向。作者也不例外。好在作者寻到了地坛,找到了重新点燃生命之火的光源。

"园墙在金晃晃的空气中斜切下一溜阴凉,我把轮椅开进去,把椅背放倒,坐着或是躺着,看书或者想事,撅一枝树枝左右拍打,驱赶那些和我一样不明白为什么要来这世上的小昆虫。""蜂儿如一朵小雾稳稳地停在半空;蚂蚁摇头晃脑捋着触须,猛然间想透了什么,转身疾行而去;瓢虫爬得不耐烦了,累了,祈祷一回便支开翅膀,忽悠一下升空了;树干上留着一只蝉蜕,寂寞如一间空屋;露水在草叶上滚动,聚集,压弯了草叶'轰然坠地'摔开万道金光。""满园子都是草木竞相生长弄出的响动,窸窸窣窣窸窸窣窣片刻不息。"这都是真实的记录,园子荒芜但并不衰败。

这段景物描写,在作者心路历程转变过程中是不可或缺的。作者在景物描写上,毫不吝啬自己的笔墨。"斜切下一溜阴凉"读罢似乎能让人感受到那"一溜"阴凉带来的凉爽。"切"字极其传神,加之"一溜",让这阴凉富有一种动态的美感。"蜂儿如一朵小雾","蚂蚁摇头晃脑捋着触须",瓢虫"祈祷一回便支开翅膀,忽悠一下升空了",如此渺小的生灵,在作者笔下却如此的灵动。可见作者观察得多细致多用心。"露水在草叶上滚动,聚集,压弯了草叶,轰然坠地,摔开万道金光。"这小小的露珠,作者在其身上颇费一番心思,"滚动""聚集""轰然""坠地""摔开""万道金光",在作者笔下,小露珠拥有了律动的生命。

"园子荒芜但并不衰败。"园子无疑是荒芜而冷落的,但是园子里的这些小生命不在意古园荒芜与否,都展现出一种积极向上的生活状态,它们使得园子不再衰败。这些无疑给了作者以生命的启示:在如此荒芜之地,如此渺小的生命,仍然如此激情盎然的活着,那正处于青春美好年华的"我",是否也该如这些小生命般展现出生命原有的激情呢?"我"虽残废了双腿,但却不应该颓废了"我"的意志。

也正因为如此,作者流连于地坛,痴迷于地坛,正如下文所言:

除去几座殿堂我无法进去,除去那座祭坛我不能上去而只能从各个角度张望它,地坛的每一棵树下我都去过,差不多它的每一平米草地上都有过我的车轮印。无论是什么季节,什么天气,什么时间,我都在这园子里待过。有时候待一会儿就回家,有时候就待到满地上都亮起月光。记不清都是在它的哪些角落里了。我一连几小时专心致志地想关于死的事,也以同样的耐心和方式想过我为什么要出生。这样想了好几年,最后事情终于弄明白了:一个人,出生了,这就不再是一个可以辩论的问题,而只是上天交给他的一个事实;上天在交给我们这个事实的时候,已经顺便保证了它的结果,所以死是一件不必急于求成的事,死是一个必然会降临的节日。这样想过之后我安心多了,眼前的一切不再那么可怕。比如你起早熬夜准备考试的时候,忽然想起有一个长长的假期在前面等待你,你会不会觉得轻松一点?并且庆幸并且感激这样的安排?

古老的地坛,春华秋实,一草一木,飞虫舞蝶。一切有生命的、无生命的,在史铁生的笔下,都有了温度,他用富有温情的笔深情地描绘着这个充满生机的世界。史铁生不能走路了,这对于正处于狂妄的年纪的他无疑是致命的,在生与死的边缘徘徊的他,幸运地走进了地坛,与地坛结下了不解之缘。沉静的地坛接纳了这个失魂落魄的人,为他把一切都准备好了。让他能在这片净土思索着历代哲学家都苦苦思索的问题——生与死的问题,思索怎样活着的问题。是地坛给了他启迪:一个人的出生与死亡不由自己决定,这是自然法则。我们要做的,只是在法则允许的时限和条件下自然生存。既然如此,轻生的想法便毫无道理,也毫无必要了。倒不如乐观、豁达地把死看作"节日"。这样,作者将自己从死亡的边缘拉了回来。历经磨难的作者因地坛感受到了生命的可贵,找到了生存下去的理由。

剩下的就是怎样活的问题了。这却不是在某一个瞬间就能完全想透的,不是能够一次性解决的事,怕是活多久就要想它多久了,就像是伴你终生的魔鬼或恋人。所以,十五年了,我还是总得到那古园里去,去它的老树下或荒草边或颓墙旁,去默坐,去呆想,去推开耳边的嘈杂理一理纷乱的思绪,去窥看自己的心魂。

地坛这片净土成了作者的精神家园,15年,时间说长不长,说短也不短,但在15年间作者总是去地坛默坐、呆想、理顺思绪、窥看心魂,很显然地,在地坛,作者是心安的,地坛是作者心灵的归宿。

十五年中,这古园的形体被不能理解它的人肆意雕琢,幸好有些东西是任谁也不能改变它的。譬如祭坛石门中的落日,寂静的光辉平铺的一刻,地上的每一个坎坷都被映照得灿烂;譬如在园中最为落寞的时间,一群雨燕便出来高歌,把天地都叫喊得苍凉;譬如冬天雪地上孩子的脚印,总让人猜想他们是谁,曾在哪儿做过些什么,然后又都到哪儿去了;譬如那些苍黑的古柏,你忧郁的时候它们镇静地站在那儿,你欣喜的时候它们依然镇静地站在那儿,它们没日没夜地站在那儿,从你没有出生一直站到这个世界上又没了你的时候;譬如暴雨骤临园中,激起一阵阵灼烈而清纯的草木和泥土的气味,让人想起无数个夏天的事件;譬如秋风忽至,再有一场早霜,落叶或飘摇歌舞或坦然安卧,满园中播散着熨帖而微苦的味道。

这段文字,连用六个"譬如",需要我们通过语言的缝隙去触摸作者的精神世界,才能感受到文字的温度。"譬如落日"即便到了生命的尽头,也要爆发出一种美,夕阳也能把坎坷照得灿烂,那坎坷自然也就不是坎坷了,是成长,是历练,作者是从心底敢于正视苦难,才能锤炼出这样平凡中孕育着理性思索的语句。落寞的时间,雨燕高歌,天地苍凉,这个场景是多么的形象,那片天地肯定是苍凉而壮阔的。

六个"譬如",写到祭坛石门中的落日、雨燕、雪地上孩子们的脚印、苍黑的古柏、草木和泥土的气息、秋风忽至吹下的落叶,这些景物有一个共同的特征,即"任谁也不能改变",这就是地坛!虽然它的"形体被不能理解它的人肆意雕琢",但幸运的是有些东西"任谁也不能改变"。它固守着自己的本色,永不因任何人、任何原因而改变。

　　这六个"譬如"句,正是作者得到的生命的启迪的具体内容:这座历经几百年,历经沧桑的地坛的经历与自己何其相似!地坛"任人肆意雕琢","我"也是双腿残疾,历经磨难。地坛任谁也不能改变它的本色,"我"呢,也应像地坛一样,即便身体残疾,但是精神决不能残疾。

　　文章第二部分主要写"我与母亲",描述追忆中情景,"我"走进地坛,母亲送"我"与寻"我",以及"我"期盼母亲能再次寻"我"。这看似各自独立的两部分,因"我"而串联了起来,地坛就是给了"我"生命的母亲,母亲就是"我"生命中的地坛。正是地坛给遭受挫折的"我"提供了思索的空间与时间,让"我"得以重新审视生命,珍爱生命,勃发生命。正是母亲,给遭受挫折的"我"提供了亲情上的关怀,生活上的照顾,精神上的给养。史铁生是不幸的,在最好的年纪里残疾了双腿,但是他又是幸运的,他找到了他的精神家园——地坛,他有一个伟大而坚强的母亲,地坛母亲和母亲地坛共同助他走出彷徨,破茧成蝶。

(作者　青岛市城阳第三高级中学　金甜甜)

原文

我与地坛[①]

史铁生

一

　　我在好几篇小说中都提到过一座废弃的古园,实际就是地坛。许多年前旅游业还没有开展,园子荒芜冷落得如同一片野地,很少被人记起。

　　地坛离我家很近。或者说我家离地坛很近。总之,只好认为这是缘分。地坛在我出生前四百多年就坐落在那儿了,而自从我的祖母年轻时带着我父亲来到北京,就一直住在离它不远的地方——五十多年间搬过几次家,可搬来搬去总是在它周围,而且是越搬离它越近了。我常觉得这中间有着宿命的味道:仿佛这古园就是为了等我,而历尽沧桑在那儿等待了四百多年。

　　它等待我出生,然后又等待我活到最狂妄的年龄上忽地残废了双腿。四百多年里,它一面剥蚀了古殿檐头浮夸的琉璃,淡褪了门壁上炫耀的朱红,坍圮了一段段高墙,又散落了玉砌雕栏,祭坛四周的老柏树愈见苍幽,到处的野草荒藤也都茂盛得自在坦荡。这时候想必我是该来了。十五年前的一个下午,我摇着轮椅进入园中,它为一个失魂落魄的人把一切都准备好了。那时,太阳循着亘古不变的路途正越来越大,也越红。在满园弥漫的沉静光芒中,一个人更容易看到时间,并看见自己的身影。

　　自从那个下午我无意中进了这园子,就再没长久地离开过它。我一下子就理解了它

[①] 文本选自教育部组编写.普通高中教科书语文必修上册[M].北京:人民教育出版社,2019.

的意图。正如我在一篇小说中所说的:"在人口密聚的城市里,有这样一个宁静的去处,像是上天的苦心安排。"

两条腿残废后的最初几年,我找不到工作,找不到去路,忽然间几乎什么都找不到了,我就摇了轮椅总是到它那儿去,仅为着那儿是可以逃避一个世界的另一个世界。我在那篇小说中写道:"没处可去我便一天到晚耗在这园子里。跟上班下班一样,别人去上班我就摇了轮椅到这儿来。""园子无人看管,上下班时间有些抄近路的人们从园中穿过,园子里活跃一阵,过后便沉寂下来。""园墙在金晃晃的空气中斜切下一溜阴凉,我把轮椅开进去,把椅背放倒,坐着或是躺着,看书或者想事,撅一杈树枝左右拍打,驱赶那些和我一样不明白为什么要来这世上的小昆虫。""蜂儿如一朵小雾稳稳地停在半空;蚂蚁摇头晃脑捋着触须,猛然间想透了什么,转身疾行而去;瓢虫爬得不耐烦了,累了,祈祷一回便支开翅膀,忽悠一下升空了;树干上留着一只蝉蜕,寂寞如一间空屋;露水在草叶上滚动,聚集,压弯了草叶'轰然坠地'摔开万道金光。""满园子都是草木竞相生长弄出的响动,窸窸窣窣窸窸窣窣片刻不息。"这都是真实的记录,园子荒芜但并不衰败。

除去几座殿堂我无法进去,除去那座祭坛我不能上去而只能从各个角度张望它,地坛的每一棵树下我都去过,差不多它的每一平米草地上都有过我的车轮印。无论是什么季节,什么天气,什么时间,我都在这园子里待过。有时候待一会儿就回家,有时候就待到满地上都亮起月光。记不清都是在它的哪些角落里了。我一连几小时专心致志地想关于死的事,也以同样的耐心和方式想过我为什么要出生。这样想了好几年,最后事情终于弄明白了:一个人,出生了,这就不再是一个可以辩论的问题,而只是上天交给他的一个事实;上天在交给我们这个事实的时候,已经顺便保证了它的结果,所以死是一件不必急于求成的事,死是一个必然会降临的节日。这样想过之后我安心多了,眼前的一切不再那么可怕。比如你起早熬夜准备考试的时候,忽然想起有一个长长的假期在前面等待你,你会不会觉得轻松一点?并且庆幸并且感激这样的安排?

剩下的就是怎样活的问题了,这却不是在某一个瞬间就能完全想透的,不是能够一次性解决的事,怕是活多久就要想它多久了,就像是伴你终生的魔鬼或恋人。所以,十五年了,我还是总得到那古园里去,去它的老树下或荒草边或颓墙旁,去默坐,去呆想,去推开耳边的嘈杂理一理纷乱的思绪,去窥看自己的心魂。十五年中,这古园的形体被不能理解它的人肆意雕琢,幸好有些东西是任谁也不能改变它的。譬如祭坛石门中的落日,寂静的光辉平铺的一刻,地上的每一个坎坷都被映照得灿烂;譬如在园中最为落寞的时间,一群雨燕便出来高歌,把天地都叫喊得苍凉;譬如冬天雪地上孩子的脚印,总让人猜想他们是谁,曾在哪儿做过些什么,然后又都到哪儿去了;譬如那些苍黑的古柏,你忧郁的时候它们镇静地站在那儿,你欣喜的时候它们依然镇静地站在那儿,它们没日没夜地站在那儿,从你没有出生一直站到这个世界上又没了你的时候;譬如暴雨骤临园中,激起一阵阵灼烈而清纯的草木和泥土的气味,让人想起无数个夏天的事件;譬如秋风忽至,再有一场早霜,落叶或飘摇歌舞或坦然安卧,满园中播散着熨帖而微苦的味道。味道是最说不清楚的,味道不能写只能闻,要你身临其境去闻才能明了。味道甚至是难于记忆的,只有你又闻到它你才能记起它的全部情感和意蕴。所以我常常要到那园子里去。

语言形式上的突破

——《听听那冷雨》评点细读

《听听那冷雨》的语言有一种诗歌的美感和音乐的节奏。在这里,文字好像不是被动的排列,它们从形式到灵魂都在随着余光中先生的情韵而舞蹈,顾盼生辉,富有灵性。

该文的文风很像苏轼所说的"大略如行云流水,初无定质,但常行于所当行,常止于所不可不止,文理自然,姿态横生"(《答谢民师书》)。这种自由舒畅、多姿多彩的特点得益于余光中先生对语言形式的突破。

余光中使用标点常常出其不意。"杏花。春雨。江南。"三个名词本可以用顿号,按照后面所说的"六个方块字"来看,也是可以不用标点的,但是作者却让三个词独词成句,这是为什么呢?

我们联系上下文来看。上文第二段尾句说:"然则他日思夜梦的那片土地,究竟在哪里呢?"第三段是这样的:"在报纸的头条标题里吗?还是香港的谣言里?还是傅聪的黑键白键马思聪的跳弓拨弦?还是安东尼奥尼的镜底勒马洲的望中?还是呢,故宫博物院的壁头和玻璃柜内,京戏的锣鼓声中太白和东坡的韵里?"上一段全是问号,紧接着第四段开头就是"杏花。春雨。江南。"显然作者经过了长时间的思考回忆和品味,无论是看报纸听新闻还是欣赏音乐观赏历史剧参观博物馆等等,都不足以抚慰他的日思夜梦。最终,作者坚定地将自己的情感寄托在方块字里。用句号有突出强调的作用,在前面问号的对比之下,这三个短短的句子和突兀的句号从形式上就向读者展示了一种自信与坚定,突出了作者对中国文字的独特情感。另外,这种视觉的冲击力也会刺激读者的联想与思考。表达对中国文字的情感,为什么单单是这六个字呢?这当然和上文作者的故乡及下文的听雨有密切联系。

还有一处很突兀地用了句号:"前尘隔海。古屋不再。听听那冷雨。"三个短句都用了句号,正常来说,前两个句号的地方应该可以用逗号的,可是作者用了句号。句号和逗号的情韵显然是不一样的。

句号停顿时间长,有一种回味的感觉,能读出回忆的绵长、心情的沉重和疼痛。有一种一切都已经过去,一切都无法挽回的感觉,在视觉上就有一种决绝感,读到这儿的时候心中就有一种钝痛感。逗号感觉还有回旋的余地,而且语气短促,不利于表达作者沉重复杂的心情。

"如行云流水,初无定质",作者使用标点自由无拘束,用与不用由心情由情境决定,而不太受语法的牵制。少了标点捆绑的语言也就自然流畅,活泼生动充满了张力,既文理自然,又姿态横生,达到了一种言有尽意无穷的效果。

"听听,那冷雨。看看,那冷雨。嗅嗅闻闻,那冷雨,舔舔吧那冷雨。雨在他的伞上这城市百万人的伞上雨衣上屋上天线上,雨下在基隆港在防波堤海峡的船上,清明这季雨。"这段话的标点常规用法可能会是这样的：

"听听那冷雨,看看那冷雨,嗅嗅闻闻那冷雨,舔舔吧那冷雨。雨在他的伞上,这城市百万人的伞上,雨衣上,屋上,天线上,雨下在基隆港,在防波堤海峡的船上,清明这季雨。"

作者在"听听""看看""嗅嗅闻闻"之后加上逗号,有了停顿,好像更突出了动作行为,就是要停下来,静下心来去听听看看闻闻,这样既有画面感,又充分调动了读者的感官,让读者进入情境,跟着作者去感受这冷雨。紧接着作者写"舔舔吧那冷雨"不用逗号而用了一个语气词,体现了句式的灵活变化,慢慢延伸到下面两个更长的句子。

"雨在他的伞上这城市百万人的伞上雨衣上屋上天线上,雨下在基隆港在防波堤海峡的船上"这两句话,可以用逗号的地方又没用,这样两个长长的句子,给人一种镜头由一个点向外慢慢拉长的效果,视野开阔,有一种雨势连绵不断、铺天盖地的视觉效果。另外,它和前后的句子组合在一起,整个文段语言的形式上有一种参差错落之美,短短长长短短,长短句结合的语言形式,给人一种参差错落、珠落玉盘的节奏感。短句珠落玉盘、干净利落;长句文字稠密、意象繁复,句子的长短组合变化,给人一种错落有致的节奏感。

余光中先生不仅在标点上不顾"法规",他也时常打破语法结构规则,让文字在灵魂深处自由绽放它的魅力,造成了语言的奇异陌生效果,赋予了读者新的审美感受。

"也许地上的地下的生命也许古中国层层叠叠的记忆皆蠢蠢而蠕,也许是植物的潜意识和梦吧,那腥气。"像这样的句子,我们很难用严格的语法规则去划分它的结构层次,"与山石曲折,随物赋形,而不可知也。"完全形成了一种陌生化效果。作者在写雨中的那腥气,这里有他想象的驰骋和思维的跳跃,由地上地下的生命跳跃到古中国层层叠叠的记忆,他想象植物的潜意识和梦,那里面是什么,是生命力,是作者的潜意识和梦,还有过去几十年走过的路,听过的雨。为什么是腥气？

最复杂最细秘的情感是无法言说的,不可言,无法言,就是这样的心境,就像"湿黏黏的苔藓从石阶下一直侵到他舌底,心底。"新鲜、奇怪、陌生,也或许作者就是要用陌生化的语言提醒读者去品味去思考。

即使用叠音词,他也一定是不落窠臼。该文的叠词不仅在形式上多变,比如"时而淋淋漓漓,时而淅淅沥沥""天潮潮地湿湿""轻轻重重轻轻""走入霏霏令人更想入非非"在内涵和审美体验上也有创新。"清清爽爽新新""细细琐琐屑屑"这些叠词里都综合了多种感官,将感觉描写得非常细腻。还有这样的句子"滔天的暴雨滂滂沛沛扑来,强劲的电琵琶忐忐忑忑忐忐忑忑,弹动屋瓦的惊悸腾腾欲掀起",余光中先生擅长用一些非常规的字词组合给读者带来独特的审美感受,这样的语言有画面有声音有情境。这种表达不仅在形式上让读者感觉酣畅淋漓,在意境上,在情感的表达上都能将读者带到心情最真实的角落。好像任何词语也无法代替"忐忑忑忐忐忑忑"这七个字所表达的惊悸。

当一种固有的语言模式,已经无法满足情感意趣的表达的时候,余光中先生做了很漂亮的艺术突破,他自由地打破了一些语言规范和形式的常规框架,反而形成了一种陌生而新奇的效果。

(作者　青岛市城阳第一高级中学　魏凤莲)

原文

听听那冷雨[①]

余光中

　　惊蛰一过,春寒加剧。先是料料峭峭,继而雨季开始,时而淋淋漓漓,时而淅淅沥沥,天潮潮地湿湿,即连在梦里,也似乎把伞撑着。而就凭一把伞,躲过一阵潇潇的冷雨,也躲不过整个雨季。连思想也都是潮润润的。每天回家,曲折穿过金门街到厦门街迷宫式的长巷短巷,雨里风里,走入霏霏令人更想入非非。想这样子的台北凄凄切切完全是黑白片的味道,想整个中国整部中国的历史无非是一张黑白片子,片头到片尾,一直是这样下着雨的。这种感觉,不知道是不是从安东尼奥尼那里来的。不过那一块土地是久违了,二十五年,四分之一的世纪,即使有雨,也隔着千山万山,千伞万伞。二十五年,一切都断了,只有气候,只有气象报告还牵连在一起,大寒流从那块土地上弥天卷来,这种酷冷吾与古大陆分担。不能扑进她怀里,被她的裙边扫一扫吧也算是安慰孺慕之情。

　　这样想时,严寒里竟有一点温暖的感觉了。这样想时,他希望这些狭长的巷子永远延伸下去,他的思路也可以延伸下去,不是金门街到厦门街,而是金门到厦门。他是厦门人,至少是广义的厦门人,二十年来,不住在厦门,住在厦门街,算是嘲弄吧,也算是安慰。不过说到广义,他同样也是广义的江南人,常州人,南京人,川娃儿,五陵少年。杏花春雨江南,那是他的少年时代了。再过半个月就是清明。安东尼奥尼的镜头摇过去,摇过去又摇过来。残山剩水犹如是。皇天后土犹如是。纭纭黔首纷纷黎民从北到南犹如是。那里面是中国吗?那里面当然还是中国永远是中国。只是杏花春雨已不再,牧童遥指已不再,剑门细雨渭城轻尘也都已不再。然则他日思夜梦的那片土地,究竟在哪里呢?

　　在报纸的头条标题里吗?还是香港的谣言里?还是傅聪的黑键白键马思聪的跳弓拨弦?还是安东尼奥尼的镜底勒马洲的望中?还是呢,故宫博物院的壁头和玻璃柜内,京戏的锣鼓声中太白和东坡的韵里?

　　杏花。春雨。江南。六个方块字,或许那片土就在那里面。而无论赤县也好神州也好中国也好,变来变去,只要仓颉的灵感不灭,美丽的中文不老,那形象,那磁石一般的向心力当必然长在。因为一个方块字是一个天地。太初有字,于是汉族的心灵他祖先的回忆和希望便有了寄托。譬如凭空写一个"雨"字,点点滴滴,滂滂沱沱,淅沥淅沥淅沥,一切云情雨意,就宛然其中了。视觉上的这种美感,岂是什么 rain 也好 pluie 也好所能满足?翻开一部《辞源》或《辞海》,金木水火土,各成世界,而一入"雨"部,古神州的天颜千变万化,便悉在望中,美丽的霜雪云霞,骇人的雷电霹雹,展露的无非是神的好脾气与坏脾气,气象台百读不厌门外汉百思不解的百科全书。

　　听听,那冷雨。看看,那冷雨。嗅嗅闻闻,那冷雨,舔舔吧那冷雨。雨在他的伞上这城市百万人的伞上雨衣上屋上天线上,雨下在基隆港在防波堤海峡的船上,清明这季雨。雨是女性,应该最富于感性。雨气空濛而迷幻,细细嗅嗅,清清爽爽新新,有一点点薄荷

[①] 文本选自山东省教学研究室.普通高中新课程实验教科书语文(必修·第二册)[M].济南:山东人民出版社,2008.

的香味,浓的时候,竟发出草和树沐发后特有的淡淡的土腥气,也许那竟是蚯蚓和蜗牛的腥气吧,毕竟是惊蛰了啊。也许地上的地下的生命也许古中国层层叠叠的记忆皆蠢蠢而蠕,也许是植物的潜意识和梦吧,那腥气。

第三次去美国,在高高的丹佛他山居了两年。美国的西部,多山多沙漠,千里干旱。天,蓝似安格罗萨克逊人的眼睛;地,红如印第安人的肌肤;云,却是罕见的白鸟,落基山簇簇耀目的雪峰上,很少飘云牵雾。一来高,二来干,三来森林线以上,杉柏也止步,中国诗词里"荡胸生层云",或是"商略黄昏雨"的意趣,是落基山上难睹的景象。落基山岭之胜,在石,在雪。那些奇岩怪石,相叠互倚,砌一场惊心动魄的雕塑展览,给太阳和千里的风看。那雪,白得虚虚幻幻,冷得清清醒醒,那股皑皑不绝一仰难尽的气势,压得人呼吸困难,心寒眸酸。不过要领略"白云回望合,青霭入看无"的境界,仍须回来中国。台湾湿度很高,最饶云气氤氲雨意迷离的情调。两度夜宿溪头,树香沁鼻,宵寒袭肘,枕着润碧湿翠苍苍交叠的山影和万籁都歇的岑寂,仙人一样睡去。山中一夜饱雨,次晨醒来,在旭日未升的原始幽静中,冲着隔夜的寒气,踏着满地的断柯折枝和仍在流泻的细股雨水,一径探入森林的秘密,曲曲弯弯,步上山去。溪头的山,树密雾浓,蓊郁的水汽从谷底冉冉升起,时稠时稀,蒸腾多姿,幻化无定,只能从雾破云开的空处,窥见乍现即隐的一峰半堑,要纵览全貌,几乎是不可能的。至少入山两次,只能在白茫茫里和溪头诸峰玩捉迷藏的游戏。回到台北,世人问起,除了笑而不答心自闲、故作神秘之外,实际的印象,也无非山在虚无之间罢了。云缭烟绕、山隐水迢的中国风景,由来予人宋画的韵味。那天下也许是赵家的天下,那山水却是米家的山水。而究竟,是米氏父子下笔像中国的山水,还是中国的山水上只像宋画,恐怕是谁也说不清楚了吧?

雨不但可嗅,可亲,更可以听。听听那冷雨。听雨,只要不是石破天惊的台风暴雨,在听觉上总是一种美感。大陆上的秋天,无论是疏雨滴梧桐,或是骤雨打荷叶,听去总有一点凄凉,凄清,凄楚,于今在岛上回味,则在凄楚之外,再笼上一层凄迷了。饶你多少豪情侠气,怕也经不起三番五次的风吹雨打。一打少年听雨,红烛昏沉;再打中年听雨,客舟中,江阔云低;三打白头听雨在僧庐下,这便是亡宋之痛,一颗敏感心灵的一生:楼上,江上,庙里,用冷冷的雨珠子串成。十年前,他曾在一场摧心折骨的鬼雨中迷失了自己。雨,该是一滴湿漓漓的灵魂,窗外在喊谁。

雨打在树上和瓦上,韵律都清脆可听。尤其是铿铿敲在屋瓦上,那古老的音乐,属于中国。王禹偁在黄冈,破如椽的大竹为屋瓦。据说住在竹楼上面,急雨声如瀑布,密雪声比碎玉,而无论鼓琴,咏诗,下棋,投壶,共鸣的效果都特别好。这样岂不像住在竹筒里面,任何细脆的声响,怕都会加倍夸大,反而令人耳朵过敏吧。

雨天的屋瓦,浮漾湿湿的流光,灰而温柔,迎光则微明,背光则幽暗,对于视觉,是一种低沉的安慰。至于雨敲在鳞鳞千瓣的瓦上,由远而近,轻轻重重轻轻,夹着一股股的细流沿瓦槽与屋檐潺潺泻下,各种敲击音与滑音密织成网,谁的千指百指在按摩耳轮。"下雨了",温柔的灰美人来了,她冰冰的纤手在屋顶拂弄着无数的黑键啊灰键,把响午一下子奏成了黄昏。

在古老的大陆上,千屋万户是如此。二十多年前,初来这岛上,日式的瓦屋亦是如此。先是天暗了下来,城市像罩在一块巨幅的毛玻璃里,阴影在户内延长复加深。然后凉凉的水意弥漫在空间,风自每一个角落里旋起,感觉得到,每一个屋顶上呼吸沉重都覆着灰云。雨来了,最轻的敲打乐敲打这城市,苍茫的屋顶,远远近近,一张张敲过去,古老的琴,那细细密密的节奏,单调里自有一种柔婉与亲切,滴滴点点滴滴,似幻似真,若孩时在摇篮里,一曲耳熟的童谣摇摇欲睡,母亲吟哦鼻音与喉音。或是在江南的泽国水乡,一大筐绿油油的桑叶被啮于千百头蚕,细细琐琐屑屑,口器与口器咀咀嚼嚼。雨来了,雨来的时候瓦这么说,一片瓦说千亿片瓦说,说轻轻地奏吧沉沉地弹,徐徐地叩吧挞挞地打,间间歇歇敲一个雨季,即兴演奏从惊蛰到清明,在零落的坟上冷冷奏挽歌,一片瓦吟千亿片瓦吟。

  在日式的古屋里听雨,听四月,霏霏不绝的黄梅雨,朝夕不断,旬月绵延,湿黏黏的苔藓从石阶下一直侵到他舌底,心底。到七月,听台风台雨在古屋顶上一夜盲奏,千嶂海底的热浪沸沸被狂风挟来,掀翻整个太平洋只为向他的矮屋檐重重压下,整个海在他的蜗壳上哗哗泻过。不然便是雷雨夜,白烟一般的纱帐里听羯鼓一通又一通,滔天的暴雨滂滂沛沛扑来,强劲的电琵琶忐忑忐忐忑忑,弹动屋瓦的惊悸腾腾欲掀起。不然便是斜斜的西北雨斜斜,刷在窗玻璃上,鞭在墙上打在阔大的芭蕉叶上,一阵寒濑泻过,秋意便弥漫日式的庭院了。

  在日式的古屋里听雨,从春雨绵绵听到秋雨潇潇,从少年听到中年,听听那冷雨。雨是一种单调而耐听的音乐是室内乐是室外乐,户内听听,户外听听,冷冷,那音乐。雨是一种回忆的音乐,听听那冷雨,回忆江南的雨下得满地是江湖,下在桥上和船上,也下在四川,在秧田和蛙塘,下肥了嘉陵江,下湿布谷咕咕的啼声。雨是潮潮润润的音乐,下在渴望的唇上,舐舐那冷雨。

  因为雨是最最原始的敲打乐从记忆的彼端敲起。瓦是最最低沉的乐器,灰蒙蒙的温柔覆盖着听雨的人,瓦是音乐的雨伞撑起。但不久公寓的时代来临,台北你怎么一下子长高了,瓦的音乐竟成了绝响。千片万片的瓦翩翩,美丽的灰蝴蝶纷纷飞走,飞入历史的记忆。现在雨下下来下在水泥的屋顶和墙上,没有音韵的雨季。树也砍光了,那月桂,那枫树,柳树和擎天的巨椰,雨来的时候不再有丛叶嘈嘈切切,闪动湿湿的绿光迎接。鸟声减了啾啾,蛙声沉了咯咯,秋天的虫吟也减了唧唧。七十年代的台北不需要这些,一个乐队接一个乐队便遣散尽了。要听鸡叫,只有去诗经的韵里寻找。现在只剩下一张黑白片,黑白的默片。

  正如马车的时代去后,三轮车的时代也去了。曾经在雨夜,三轮车的油布篷挂起,送她回家的途中,篷里的世界小得多可爱,而且躲在警察的辖区以外。雨衣的口袋越大越好,盛得下他的一只手里握一只纤纤的手。台湾的雨季这么长,该有人发明一种宽宽的双人雨衣,一人分穿一只袖子,此外的部分就不必分得太苛。而无论工业如何发达,一时似乎还废不了雨伞。只要雨不倾盆,风不横吹,撑一把伞在雨中仍不失古典的韵味。任雨点敲在黑布伞或是透明的塑胶伞上,将骨柄一旋,雨珠向四方喷溅,伞缘便旋成了一圈飞檐。跟女友共一把雨伞,该是一种美丽的合作吧。最好是初恋,有点兴奋,更有点不好意思,若即若离之间,雨不妨下大一点。真正初恋,恐怕是兴奋得不需要伞的,手牵手在雨中狂奔而去,把年轻的长发和肌肤交给漫天的淋淋漓漓,然后向对方的唇上颊上尝凉凉甜甜的雨水。不过那要非常年轻且激情,同时,也只能发生在法国的新潮片里吧。

　　大多数的雨伞想不会为约会张开。上班下班,上学放学,菜市来回的途中,现实的伞,灰色的星期三。握着雨伞。他听那冷雨打在伞上。索性更冷一些就好了,他想。索性把湿湿的灰雨冻成干干爽爽的白雨,六角形的结晶体在无风的空中回回旋旋地降下来。等须眉和肩头白尽时,伸手一拂就落了。二十五年,没有受故乡白雨的祝福,或许发上下一点白霜是一种变相的自我补偿吧。一位英雄,经得起多少次雨季?他的额头是水成岩削成还是火成岩?他的心底究竟有多厚的苔藓?厦门街的雨巷走了二十年与记忆等长,一座无瓦的公寓在巷底等他,一盏灯在楼上的雨窗子里,等他回去,向晚餐后的沉思冥想去整理青苔深深的记忆。

　　前尘隔海。古屋不再。听听那冷雨。

文言文部分

《劝学》比喻论证的特点

荀子是战国时期儒家的重要代表人物，提倡"性恶论"。《劝学》是荀子的代表作品，课文只节选其中的几个部分，但也逻辑严密，堪为经典。文章以"学不可以已"为中心论点，既论述了学习的重要性，也论述学习的方法、途径等有关问题。在写法上擅长把深奥的道理寓于大量浅显贴切的比喻之中，用多样化的比喻阐明深刻的道理。总体来看，文章比喻论证的方法有如下特点。

一、选取生活中的常见事物设喻，将论点阐释得通晓易懂

为了透彻明了地阐明观点，文章选取的喻体都是人们熟悉的事物。文章提出"学不可以已"中心论点后，用"青，取之于蓝，而青于蓝；冰，水为之，而寒于水"设喻，靛青这种颜料，是从蓝草中提取的，比蓝草更蓝，更有用。冰，是水在寒冷时形成的，却比水更冷了。事物似乎还是那个事物，但经过加工提取与冷的锤炼，变成了另外一种物质。这样一比喻，很容易就理解了：人，没学知识前是混沌的，就像蓝草和水一样，但通过学习，内在发生了变化，变成懂礼明智的了。后边的"木受绳则直，金就砺则利"也是人们生活中的常见事物，木头经过墨线比量（加工成木料）就是直的了，金属制的刀斧等拿到磨刀石上去磨就会锋利了。人也是同样道理，学习的人脱离了混沌状态，可能会有迷惑、不足，需要像木头与刀斧一样接受墨线比量和磨刀石的磨砺。要广泛地学习加上每天对自己检查省察，才能做到智慧明达，行为没有过失。其后段落的"假舆马致千里，假舟楫绝江河"论证借助学习提高自我以及"积土成山，风雨兴焉""积水成渊，蛟龙生焉"论证积累的重要性等，无一不是从生活中常见的事物入手，巧设比喻，让深奥的观点更通俗易懂。

二、比喻论证之间逻辑严密，或深入或对比，巧妙灵活

比喻论证的事例之间不是简单的排列，而是为每一段的观点服务的。同是一个段落，论证同一个观点，其事例之间也是严格按照逻辑选取的。如第三段"登高而招""顺风而呼"的比喻，登上高处招手，远处的人也能看到。顺着风呼喊，人们听得更清楚。如何实现的？就是借助外物——高处与风。而紧接的一组比喻，"假舆马者"和"假舟楫者"，借助车马和借助船的人，能够"致千里"或"绝江河"，实现了持续的远行。明显更强调可持续性，暗中呼应中心论点的"不可以已"，在逻辑上就比上一组更深一层，严密地论证了借助外物，善于向良师益友持续不断地学习，才能实现由一般人到君子的跨越。

第四段中"骐骥一跃，不能十步"与"驽马十驾，功在不舍"是巧用了对比，骏马、劣马先天资质差别很大，但前者只跳越一下，后者走个不停，结果却反差更大。紧跟着的"锲而舍之，朽木不折"对比"锲而不舍，金石可镂"；以及"无爪牙之利，筋骨之强"的蚯蚓，竟

能"上食埃土,下饮黄泉"地上地下来去自如,而"六跪而二螯"的螃蟹,却连一个容身的小洞也挖掘不出,这些鲜明的对比,很清楚表明"积"与"不积"所产生的效果是截然相反的,因此,要学有所成,必须坚持不懈地进行积累。很显然,用被比喻事物间的对比巧妙灵活地阐释了作者观点,增强了说理的分量。

三、比喻或阐释观点,或引出观点,使行文既严谨,又富于变化

以比喻阐释观点,能将道理说得浅显易懂。如第一段提出中心论点"学不可以已",第二段紧接着用"青,取之于蓝,而青于蓝""冰,水为之,而寒于水""木受绳则直""金就砺则利"等四个比喻,从不同的角度和层面阐述"学不可以已"的道理,易于读者理解学习是不可以停止的,需要持续不断地学习。

以比喻引出论点,更加强了论点的语势,使论点一出现就具有一定的说服力。如第四段则是用"积土成山,风雨兴焉""积水成渊,蛟龙生焉"的比喻引出了"积善成德,而神明自得,圣心备焉"的观点,对一个人来说,"积善"要达到了"成德"的境界,才能改变气质,具备圣人的思想感情。水到渠成,便于理解。比喻的灵活性,也增加了文章的可读性。

总之,《劝学》中的比喻论证,形式多样,运用自如,使句式整齐又富于变化,使文章显得错落有致。荀子这种用比喻来说理的写法,使得他的作品在先秦诸子散文中独树一帜。

(作者　青岛市城阳第三高级中学　纪彩霞)

原文

劝学①
《荀子》

君子曰:学不可以已。

青,取之于蓝,而青于蓝;冰,水为之,而寒于水。木直中绳,輮以为轮,其曲中规。虽有槁暴,不复挺者,輮使之然也。故木受绳则直,金就砺则利,君子博学而日参省乎己,则知明而行无过矣。

吾尝终日而思矣,不如须臾之所学也;吾尝跂而望矣,不如登高之博见也。登高而招,臂非加长也,而见者远;顺风而呼,声非加疾也,而闻者彰。假舆马者,非利足也,而致千里;假舟楫者,非能水也,而绝江河。君子生非异也,善假于物也。

积土成山,风雨兴焉;积水成渊,蛟龙生焉;积善成德,而神明自得,圣心备焉。故不积跬步,无以至千里;不积小流,无以成江海。骐骥一跃,不能十步;驽马十驾,功在不舍。锲而舍之,朽木不折;锲而不舍,金石可镂。蚓无爪牙之利,筋骨之强,上食埃土,下饮黄泉,用心一也。蟹六跪而二螯,非蛇鳝之穴无可寄托者,用心躁也。

---

① 文本选自教育部组织编写.普通高中教科书语文必修上册[M].北京:人民教育出版社,2019.

直面风雪见盛景

——评点细读《登泰山记》的风雪与日出

姚鼐,被盛誉为"中国古文第一人""中国古文的高峰",他与桐城派创始人方苞、刘大櫆并称为"桐城三祖"。高中必修课本中选取的《登泰山记》体现出了姚鼐的人生态度:直面风雪见盛景。

一、如"自京师乘风雪",科举之路非坦途

姚鼐自幼嗜好经文,他先是跟从伯父姚范学习经文,后来又跟从桐城名士刘大櫆学习古文,刘大櫆对姚鼐特别器重,称赞他"时甫冠带,已具垂天翼","后来居上待子耳"。乾隆十五年(1750),姚鼐20岁考中举人后,五次礼部会试均名落孙山,直到乾隆二十八年(1763)30岁第六次应礼部试,才中进士,授庶吉士,3年以后,逐步升迁。后历任山东、湖南乡试副考官,会试同考官和刑部广东司郎中等职。

即使有超凡的天资,读书进学之路也非坦途。后人读到的只是史料中的只言片语,本身的辛苦付出又能从哪里得知呢?《登泰山记》第二段中提到:"余以乾隆三十九年十二月,自京师乘风雪,历齐河、长清,穿泰山西北谷,越长城之限,至于泰安。"可见人生长辛苦。农历十二月,正是天酷寒人相聚之时,而姚鼐却走上了辛苦的朝圣路。"乘""历""穿""越""至"五字掷地有声,轻描淡写之下掩不住一路的辛苦奔波,苦寒摧人。但是,不管是科举还是朝圣,"砌石为磴,其级七千有余",姚鼐这种面对风雪的坚忍注定他能登上自己的顶峰。

二、一心向学如登山

登上泰山有几条路?人生的路径又有几条?捷径和远道,你将如何选择?《登泰山记》中说:"泰山正南面有三谷。中谷绕泰安城下,郦道元所谓环水也。余始循以入,道少半,越中岭,复循西谷,遂至其巅。古时登山,循东谷入,道有天门。东谷者,古谓之天门溪水,余所不至也。"天门溪水,一路美景,寻常路径,人多而景繁,但这条路并不是姚鼐想选择的,他循中谷,复循西谷,遂至其巅。何必多此辛劳?何必避开寻常风景?也许姚鼐的人生选择就是如此。

乾隆三十八年(1773),清廷开四库全书馆,姚鼐被破格当选。这本是一条繁花似锦的人生路,但他却选择了人迹罕至的另一条路:《四库全书》成,姚鼐辞官归故里,从此不入仕途,当时他44岁。即使大学士于敏中、梁国治等惜才之人先后以高官厚禄劝他留在朝堂,但都被已经坚定自己本心的姚鼐辞却。

《登泰山记》中姚鼐与知己朱子颍追求的盛景是冬日日出,而姚鼐自己的人生愿景就是一心向学、致力于教育和古文。这一路几多曲折,姚鼐先后辗转主讲扬州梅花书院、安

庆敬敷书院、歙县紫阳书院、南京钟山书院,而文中也有"道中迷雾冰滑,磴几不可登"的困难描述,但是坚定自己的道路,终会"及既上",等迈过去了就会沉醉于"苍山负雪,明烛天南;望晚日照城郭,汶水、徂徕如画"的美丽景色。姚鼐的弟子遍及南方各省。桐城派古文之传,自方苞以文章称海内,上接震川,同邑刘大櫆继之益振,传至姚鼐则集大成。后人称赞:"天下文章其在桐城乎!"

"苍山负雪,明烛天南"用坚定的信念承受选择后带来的艰辛之重量,终会有照亮天地的时刻!

三、人生的豁然开朗:直面风雪见盛景

"戊申晦,五鼓,与子颍坐日观亭,待日出。大风扬积雪击面。"面对黎明前的黑暗,姚鼐选择等待。即使过程中需要直面狂风暴雪!"大风扬积雪击面"又怎样?终于,"极天云一线异色,须臾成五彩。日上,正赤如丹,下有红光,动摇承之。或曰,此东海也。"人生的豁然开朗也许和这日出一样,之前没有预兆,转机就在一瞬间,直面风雪才能见到盛景,那份心里满满的收获和喜悦,让姚鼐多了一分从容:"回视日观以西峰,或得日,或否,绛皓驳色,而皆若偻。"回首向来萧瑟处,狂风暴雪也好,艰难困苦也好,都会向过去勇敢坚持的那个自己鞠躬致敬!

"冰雪,无瀑水,无鸟兽音迹。至日观数里内无树,而雪与人膝齐。"原来日出前的雪已经下得那么大,厚得同人的膝盖平齐。

(作者　青岛市城阳第一高级中学　苟璐)

原文

登泰山记[①]
姚鼐

泰山之阳,汶水西流;其阴,济水东流。阳谷皆入汶,阴谷皆入济。当其南北分者,古长城也。最高日观峰,在长城南十五里。

余以乾隆三十九年十二月,自京师乘风雪,历齐河、长清,穿泰山西北谷,越长城之限,至于泰安。是月丁未,与知府朱孝纯子颍由南麓登。四十五里,道皆砌石为磴,其级七千有余。

泰山正南面有三谷。中谷绕泰安城下,郦道元所谓环水也。余始循以入,道少半,越中岭,复循西谷,遂至其巅。古时登山,循东谷入,道有天门。东谷者,古谓之天门溪水,余所不至也。今所经中岭及山巅,崖限当道者,世皆谓之天门云。道中迷雾冰滑,磴几不可登。及既上,苍山负雪,明烛天南;望晚日照城郭,汶水、徂徕如画,而半山居雾若带然。

戊申晦,五鼓,与子颍坐日观亭,待日出。大风扬积雪击面。亭东自足下皆云漫。稍见云中白若摴蒱数十立者,山也。极天云一线异色,须臾成五采。日上,正赤如丹,下有

[①] 文本选自教育部组织编写.普通高中教科书语文必修上册[M].北京:人民教育出版社,2019.

红光,动摇承之,或曰,此东海也。回视日观以西峰,或得日或否,绛皓驳色,而皆若偻。

亭西有岱祠,又有碧霞元君祠。皇帝行宫在碧霞元君祠东。是日观道中石刻,自唐显庆以来;其远古刻尽漫失。僻不当道者,皆不及往。

山多石,少土。石苍黑色,多平方,少圜。少杂树,多松,生石罅,皆平顶。冰雪,无瀑水,无鸟兽音迹。至日观数里内无树,而雪与人膝齐。

桐城姚鼐记。

孔门言志中的"礼治"思想

——《子路、曾皙、冉有、公西华侍坐》评点细读

《侍坐》是孔夫子的一次以政治理想为主题的讨论课,从只言片语中可窥见孔子"以礼治国"的政治思想。

子路、曾皙、冉有、公西华侍坐。

四弟子的顺序按照由长及幼排列,符合儒家长幼有序的礼仪。"侍坐",即在尊长近旁陪坐。既点明弟子对老师的尊敬,也表明孔子以自由讨论、交流为主的教学方式,师生关系民主、融洽。

子曰:"以吾一日长乎尔,毋吾以也。居则曰:'不吾知也!'如或知尔,则何以哉?"

孔子说不要因为"一日长乎尔"而不畅所欲言,作为老师并未提及"学问""长乎尔",表面对年龄的"谦虚",其实是对学识的谦虚,可见孔子言谈中的随和、不好为人师。"不吾知也"是学生平日的满腹牢骚,也是周游列国、屡遭失败后的孔子内心产生的共鸣。既得不到君王赏识,师生共谈理想抱负、情操志趣也未尝不是乐事一桩。

子路率尔而对曰:"千乘之国,摄乎大国之间,加之以师旅,因之以饥馑;由也为之,比及三年,可使有勇,且知方也。"夫子哂之。

"率尔"可理解为"急忙的样子",也有人理解为"轻率的样子"。子路回答过于着急,不够谦让、稳重,与儒家倡导的"礼让"背道而驰,从后文孔子哂之"为国以礼,其言不让"一"礼"、一"让"可见一斑,理解为"轻率"并不妥当。

春秋时代"千乘之国"并非大国。"一个小国夹在大国之间,且经受内忧外患",此处强调其国"难治"。如此难治之国三年之后百姓有勇且知礼,可见子路雄心壮志,并非过度轻率、狂妄之语。

"求,尔何如?"对曰:"方六七十,如五六十,求也为之,比及三年,可使足民。如其礼乐,以俟君子。"

在"率尔而对——夫子哂之"之后,其他三位弟子均在孔子点名之后回答。在不明夫子"何哂由也"的情况下,言辞一个比一个谦虚谨慎。

比较冉有与子路的回答,几乎相同的句式,更使二人形成鲜明对比。比起千乘之国,冉有用"方圆六七十、五六十的小国"来比拟自己的才能;相对于"可使有勇,且知方也",冉有只言自己的经济专长——"可使足民",至于"知方",则谦虚地表示,要等待君子来实现。

"赤,尔何如?"对曰:"非曰能之,愿学焉。宗庙之事,如会同,端章甫,愿为小相焉。"

一个"愿"、一个"学"、一个"小"刻画出公西华极度谦虚的姿态,然而学习复杂的礼仪制度也并非易事,以礼参政是儒家更为理想的治国方式。至此,三人从不同角度阐述了自己的治国方略。

"点！尔何如？"鼓瑟希，铿尔，舍瑟而作，对曰："异乎三子者之撰。"

孔子最后点的是曾皙。听到点名，曾皙并未立即停止鼓瑟，而是由"希"到"铿尔"，将曲子自然结束。动作由"鼓"到"舍"再到"作"，不急不躁，动作舒缓、神态悠闲。"异"字表明曾皙在鼓瑟之时一直在倾听、思考、比较、选择，内心沉静而思想活跃。比起前三位的安邦治国之志，曾皙谈的是社会清明、逍遥自在的生活理想，此为"异乎三子者之撰"之"异"的内容，境界超越三人。

子曰："何伤乎？亦各言其志也！"曰："莫春者，春服既成，冠者五六人，童子六七人，浴乎沂，风乎舞雩，咏而归。"夫子喟然叹曰："吾与点也！"

曾皙描述的是春天求雨的一场祭祀礼："暮春祭祀的礼服已经完成，冠者、童子等参与祭祀之人，涉过沂水，往舞雩台祭祀，在舞雩台上唱祭歌，献祭品。""浴""风""归"并非字面所理解"沐浴""吹风""唱着歌回家"之意。"浴"为洁净身体、驱除污秽之意；"风"，唱祭歌；"归"通"馈"，献祭品。

在"礼崩乐坏"的春秋时期，曾皙描述的这场按照礼制进行的祭祀活动，正是孔子所崇尚的"周礼"所具体化了的行为，符合儒家"礼乐"治国的追求；乱世中的太平景象，触及孔子的内心情怀，使其不由发出"吾与点也"的感慨。

三子者出，曾皙后。曾皙曰："夫三子者之言何如？"

子曰："亦各言其志也已矣！"

曾皙走在三人之后，想通过老师对三人志向的评价得到进一步教导。而孔子未置可否，此时作评价不符合君子的道德品格。

曰："夫子何哂由也？"

曰："为国以礼，其言不让，是故哂之。"

"唯求则非邦也与？"

"安见方六七十如五六十而非邦也者？"

"唯赤则非邦也与？"

"宗庙会同，非诸侯而何？赤也为之小，孰能为之大？"

孔子笑的是子路的"不谦让"，并非对其志向加以否定。从最后五个反问句，也可见孔子对三人志向的肯定。三人各有专长，分别从"治军""富民""学礼"角度给出了治理国家的具体做法，谈的都是治国之宏图伟志。而曾皙将"治国为政"和"道德理想"结合在一起，描绘的是一幅"美美与共，天下大同"的理想社会，这正是儒家"礼乐治国"的最高理想。

总之，《子路、曾皙、冉有、公西华侍坐》篇从个人的道德修养到治国方略，均体现出儒家"克己复礼""为国以礼"的思想。

孔子态度随和、循循善诱；弟子谦和礼让、委婉含蓄。这都体现出儒家言谈礼仪的规范和要求。从子路强调的"勇"，到冉有强调的"富"，到公西华强调的"礼"，再到曾皙描述的天下大同的理想社会，四人的志向逐层推进。最后，曾皙将治国为政和道德理想结合在一起，描绘的是清明社会中的一场完备的祭祀活动，这正是儒家"礼乐治国"的最高理想。

（作者　青岛市城阳第一高级中学　周宁）

原文

子路、曾皙、冉有、公西华侍坐[①]

子路、曾皙、冉有、公西华侍坐。

子曰:"以吾一日长乎尔,毋吾以也。居则曰:'不吾知也!'如或知尔,则何以哉?"

子路率尔而对曰:"千乘之国,摄乎大国之间,加之以师旅,因之以饥馑;由也为之,比及三年,可使有勇,且知方也。"

夫子哂之。

"求!尔何如?"

对曰:"方六七十,如五六十,求也为之,比及三年,可使足民。如其礼乐,以俟君子。"

"赤!尔何如?"

对曰:"非曰能之,愿学焉。宗庙之事,如会同,端章甫,愿为小相焉。"

"点!尔何如?"

鼓瑟希,铿尔,舍瑟而作,对曰:"异乎三子者之撰。"

子曰:"何伤乎?亦各言其志也。"

曰:"莫春者,春服既成,冠者五六人,童子六七人,浴乎沂,风乎舞雩,咏而归。"

夫子喟然叹曰:"吾与点也!"

三子者出,曾皙后。曾皙曰:"夫三子者之言何如?"

子曰:"亦各言其志也已矣。"

曰:"夫子何哂由也?"

曰:"为国以礼,其言不让,是故哂之。"

"唯求则非邦也与?"

"安见方六七十如五六十而非邦也者?"

"唯赤则非邦也与?"

"宗庙会同,非诸侯而何?赤也为之小,孰能为之大?"

[①] 文本选自教育部组织编写.普通高中教科书语文必修下册[M].北京:人民教育出版社,2020.

叙事有波澜　妙语退秦师

——《烛之武退秦师》评点细读

《烛之武退秦师》是《左传》中的名篇,《春秋》对这件事情的记载只有六个字:"晋人、秦人围郑。"《左传》将这六个字扩展成一个波澜起伏、惊心动魄的故事。这篇文章很好地体现了《左传》用词精准严密,叙事简洁曲折的特点,文章波澜起伏、曲折有致,是先秦历史散文的典范之作。

晋侯、秦伯围郑,以其无礼于晋,且贰于楚也。

这句话告诉了我们故事发生的背景,晋、秦两国实力雄厚,而且政治上联姻。郑国的敌人是很强大的,突出了烛之武能智退强敌又是何等不易。讨伐郑国的原因是"以其无礼于晋,且贰于楚也",说明与郑国有矛盾的只是晋国,为"秦伯说"的结局埋下了伏笔。

晋军函陵,秦军氾南。

佚之狐言于郑伯曰:"国危矣,若使烛之武见秦君,师必退。"公从之。辞曰:"臣之壮也,犹不如人;今老矣,无能为也已。"公曰:"吾不能早用子,今急而求子,是寡人之过也。然郑亡,子亦有不利焉。"

虽然只有短短八个字,我们仍可以读出大军压境,国家危在旦夕的紧张感。在这样的情形下,佚之狐推荐了烛之武:"若使烛之武见秦君,师必退。"一个"必"字,非常肯定与自信,烛之武是何许人?吊足了读者的胃口。未见其人,先闻其名。"辞曰:'臣之壮也,犹不如人;今老矣,无能为也已!'"文章出现了波折,受人推举,在国家危难面前,烛之武应该义不容辞,可为什么推辞呢?烛之武的话里透露出不满,原来烛之武是个郁郁不得志之人,这样一位智者做养马官数十载,年至古稀未尝实现理想怎能不抱怨?郑伯承认了自己的过错,"吾不能早用子,今急而求子,是寡人之过也。然郑亡,子亦有不利焉。"而郑伯亦为智者,先承认己过,动之以情;再陈述现实,晓之以理。

许之。夜缒而出。

"许之"仅仅两个字,文章再起波澜,烛之武从不同意到同意。在危难面前以国家利益为先,深明大义,不计前嫌。人物形象越来越清晰。"夜缒而出"这四个字读来让人感动不已。在形势十分紧迫的情况下,一位老者在夜晚孤身一人前往敌军大营,等待他的是莫测的命运,是未知的危险。为了国家,他在黑夜里踟蹰前行,留给人们的身影里写满了勇与义。看似简单的句子,为塑造人物添彩。

烛之武见到秦伯,接下来进入文章核心部分,也是最精彩的环节。

曰:"秦、晋围郑,郑既知亡矣。若亡郑而有益于君,敢以烦执事。越国以鄙远,君知其难也。焉用亡郑以陪邻?邻之厚,君之薄也。若舍郑以为东道主,行李之往来,共其乏困,君亦无所害。且君尝为晋君赐矣,许君焦、瑕,朝济而夕设版焉,君之所知也。夫晋,何厌之有?既东封郑,又欲肆其西封,若不阙秦,将焉取之?阙秦以利晋,唯君图之。"秦伯说，与郑人盟。使杞子、逢孙、杨孙戍之，乃还。

烛之武一开口就指出现实，"秦、晋围郑，郑既知亡矣。若亡郑而有益于君，敢以烦执事。"能够主动示弱，让秦伯放松了警惕。这种"让步"，表面上看似乎是烛之武放弃了己方利益，其实是以退为进。

越国以鄙远，君知其难也。焉用亡郑以陪邻？邻之厚，君之薄也。

抓住矛盾，从秦自身的利益出发。一个"邻"字，将秦与晋的关系表露了出来，邻，是秦之邻，秦国的邻居晋国强大了肯定不是好事。不说晋而说邻，耐人寻味。指出了亡郑之弊。

若舍郑以为东道主，行李之往来，共其乏困，君亦无所害。

用了假设句，更有说服力。替秦着想，以利相诱。指出了存郑之利，从心理上也拉近了秦郑之间的关系。"且君尝为晋君赐矣，许君焦、瑕，朝济而夕设版焉，君之所知也。"在秦伯有所思量，有所动摇之际，及时拿出一实例，也是一猛药。妙哉！事实胜于雄辩，不露痕迹的挑拨离间。

夫晋，何厌之有？既东封郑，又欲肆其西封，若不阙秦，将焉取之？阙秦以利晋，唯君图之。

"何厌之有"用了反问来加强语气。指出晋的欲望无边，秦伯的危机感更强了。步步逼近，层层深入，外交辞令功夫，可见了得。最后水到渠成，落在秦、晋两国关系上。这几句话非常有力量，摧毁了秦伯最后的心理防线。这一部分通过正面的语言描写，充分展露了烛之武的高超智慧和说话艺术，围绕"趋利避害"做足了文章。一位勇赴国难、善于辞令的外交家形象跃然纸上。

秦伯说，与郑人盟。使杞子、逢孙、杨孙戍之，乃还。

秦伯悦。郑国悦，读者悦。读到此不禁松了一口气，烛之武成功瓦解了秦晋联盟，照应了"若使烛之武见秦军，师必退"。

子犯请击之。公曰："不可。微夫人之力不及此。因人之力而敝之，不仁；失其所与，不知；以乱易整，不武。吾其还也。"亦去之。

晋文公会如何对待这件事情，文章再次出现了波折。此时的晋文公没有恼羞成怒，大军进犯，理性地认识到只有撤军才是最有利于晋国的万全之策。这种胸怀和谋略，也正是其日后成就霸业的原因。这场虚惊也平息了。文章曲折有致。

这篇文章不足300字，却在简约含蓄的语言中读出历史的波诡云谲。文章语言简练，用词细密，含蓄深远。在材料的安排上时时伏笔，处处照应，跌宕起伏，一波三折，运笔巧妙。烛之武的说辞先是示之以弱，动之以情，晓之以理，后又诱之以利，最后离之以间，环环相扣，滴水不漏。作者用精练的语言为我们展现了一位才华横溢、深明大义的爱国志士，一位知难而上、义无反顾的勇士，一位不卑不亢、机智善辩的辩士。达到了较高的艺术境界。

(作者　青岛市城阳第一高级中学　张红琳)

原文

烛之武退秦师[①]
《左传》

　　晋侯、秦伯围郑,以其无礼于晋,且贰于楚也。晋军函陵,秦军氾南。

　　佚之狐言于郑伯曰:"国危矣,若使烛之武见秦君,师必退。"公从之。辞曰:"臣之壮也,犹不如人;今老矣,无能为也已。"公曰:"吾不能早用子,今急而求子,是寡人之过也。然郑亡,子亦有不利焉。"许之。

　　夜缒而出,见秦伯,曰:"秦、晋围郑,郑既知亡矣。若亡郑而有益于君,敢以烦执事。越国以鄙远,君知其难也。焉用亡郑以陪邻?邻之厚,君之薄也。若舍郑以为东道主,行李之往来,共其乏困,君亦无所害。且君尝为晋君赐矣,许君焦、瑕,朝济而夕设版焉,君之所知也。夫晋,何厌之有?既东封郑,又欲肆其西封,若不阙秦,将焉取之?阙秦以利晋,唯君图之。"秦伯说,与郑人盟。使杞子、逢孙、杨孙戍之,乃还。

　　子犯请击之。公曰:"不可。微夫人之力不及此。因人之力而敝之,不仁;失其所与,不知;以乱易整,不武。吾其还也。"亦去之。

[①] 文本选自教育部组织编写.普通高中教科书语文必修下册[M].北京:人民教育出版社,2020.

品读对话,让细节照亮人物

——《鸿门宴》评点细读

一部《史记》洋洋洒洒记载了上至黄帝下至汉武帝共 3000 多年的历史,浸透了司马迁的辛酸和血泪,寄托了司马迁"究天人之际,通古今之变,成一家之言"的深远理想。学习《史记》,我们既要重视"言"的理解,亦不能忽略对"文"的细读。司马迁对人物的细腻刻画,仿佛这些历史人物正在我们眼前上演历史的画卷。《鸿门宴》作为《史记》脍炙人口的名篇,有许多值得我们品味咀嚼的细节,尤其是人物对话部分。整个鸿门宴中张良的角色不可或缺,是他的任侠使得危急时刻有项伯的相助,可以说一定程度上是他促使刘邦战胜了这场鸿门宴。宴会前,他与刘邦的对话精彩绝伦。刘邦也正是在这一谋臣的助力下,才能够安全地脱离险境。我们管中窥豹,通过二人的对话细节,来品读他们丰富的性格特征。

一、鸿门宴前智慧对话

历史的车轮就是这样浩浩荡荡的前行,它的发展有时候并不顺应人意,约定的不可预期,环境的瞬息万变,人物的命运结局可能就这样被瞬间改写。历史回归到秦朝末年,刘邦与项羽分别攻打秦朝的部队,"怀王与诸将约曰:'先破秦入咸阳者王之。'"刘邦"不自意先入关破秦",先入咸阳,沛公的左司马曹无伤派人告诉项羽:"沛公欲王关中,使子婴为相,珍宝尽有之。"项羽大为愤怒,"为击破沛公军",这一消息一出,让"素善留侯张良"的项伯,这个关键时候拎不清轻重的人物迅速警觉,"乃夜驰之沛公军"。司马迁善于通过细节刻画人物,也善于通过人物之间的关系来揭示人物的性格特征。正是项伯的这些敏捷的举动,成就了鸿门宴这场历史盛宴。下面笔者就项伯告密后的行为展开张、刘二人的对话。

沛公大惊,曰:"为之奈何?"张良曰:"谁为大王为此计者?"曰:"鲰生说我曰:'距关,毋内诸侯,秦地可尽王也。'故听之。"良曰:"料大王士卒足以当项王乎?"沛公默然,曰:"固不如也。且为之奈何?"张良曰:"请往谓项伯,言沛公不敢背项王也。"

项伯为报答知遇之恩突然夜访张良,张良本可以一逃了之,远离这是非之所,可是一句"沛公今事有急,亡去不义,不可不语"道出了谋臣的真正设身处地、出生入死。他也是有远见卓识的,关键时刻看清局势,刘邦才是真正靠得住的。沛公得知事情的第一反应是"大惊","大惊"的是事情发生得突然,令他手足无措。"为之奈何"的举动也昭然若揭,但是张良并没有立刻给出答案,他如果贸然给出建议,沛公未必立刻就能接受,他需要掌握情况,循循善诱,问:

"谁为大王为此计者?"

这句看似转移话题的询问,张良要得到的恐怕不仅仅是"谁"到底是哪位的答案,实则他要证实的是项伯所言曹无伤告密之事的真假,要知晓出这主意的人在刘邦心目中的分量,让刘邦意识到自己当下危险处境的同时,也认识到自己的决策(距关,毋内诸侯,秦地可尽王也)的失误①,真正的决策者恐怕不是"鲰生"吧?张良适时地提醒刘邦对自己草率决策失误的思考。此处我们还可以看到刘邦处事的谨慎机智,并没有正面直接回答张良的问话,将"鲰生"的名字讲出来。这难道不是刘邦他自己的主意吗?

正如苏轼在《留侯论》所言:"古之所谓豪杰之士者,必有过人之节。人情有所不能忍者,匹夫见辱,拔剑而起,挺身而斗,此不足为勇也。天下有大勇者,卒然临之而不惊,无故加之而不怒。此其所挟持者甚大,而其志甚远也。"作为谋臣,"临之而不惊",张良认为应该全面掌握情况才能给出建议,实际上也是让刘邦意识到他张良也是不可或缺的一重要角色。

继而追问"料大王士卒足以当项王乎",沛公默然的神情和"固不如也"的简短语言已经让张良心中有了分寸。张良不可能不知刘邦的底细,刘邦与项羽实力的悬殊,思考的疏漏,使得这场战争处于被动地位,刘邦打不起,也输不起。这正点醒了刘邦,与项羽决一死战不是最好的决策。此时沛公第二次发问:

"且为之奈何?"

如此急促而密切的再次发问,司马迁将刘邦心里的急切与圆滑的性格刻画得淋漓尽致。其实刘邦是明白自己的处境的,实际上他早已清楚,这场战争他没能力打赢,他只是更想听张良的建议。此时的张良证实了刘邦的实力,顺势给出自己的建议,那就是刘邦否认自己"欲王关中"之事,这场战争也就可以避免了。有项伯这个中间人的价值,张良的建议显得合理又合情。

作为谋臣,张良真的是处处谨慎,决策周全,谨司其职,不敢越雷池一步。苏东坡说:"观夫高祖之所以胜,而项籍之所以败者,在能忍与不能忍之间而已矣。项籍唯不能忍,是以百战百胜而轻用其锋;高祖忍之,养其全锋而待其弊,此子房教之也。"高祖的忍得益于张良的功劳。刘邦说:"夫运筹帷幄之中,决胜千里之外,吾不如子房。"忍众人之不能忍,运筹帷幄,这也正是张良能够善终的缘由吧!

作为主子的刘邦可谓善用人才,危急时刻无助时,懂得虚心纳谏。但是,张良的建议他并没有立刻采纳:

"君安与项伯有故?"

一句简单的发问,蕴藏着很深的学问,"君"是对对方的尊称,且常用于平辈之间,刘邦是主子,张良是属下,此处刘邦对张良的称谓很显然是屈尊讨好,拉拢张良,关键时刻他希望张良能够为他鞠躬尽瘁,建言献策。同时,他在揣摩这个项伯的来历以及项伯与张良的关系,以此来确定张良的主意是否可以采纳,项伯又会不会是关键的一个棋子。这位主子审慎的智慧可谓跃然纸上。下文其善于展开外交、能屈能伸的性格也可见一斑,"君为我呼入,吾得兄事之""沛公奉卮酒为寿,约为婚姻"。项伯的身份特殊,他是项羽的叔父,自然会帮助项羽夺取江山,如果只是见面畅谈,恐怕不会有更深的交情,刘邦

---

① 赵清芳,邓彦玲.审敌察势,攻心为上[J].中学语文教学参考,2017(6).

能够抓住讨好项伯约为儿女亲家的机会，争取自己的优势，项伯就能在关键时刻均衡自己的情感的天平，更倾向于自己这一方。既然不能战胜对方，那就只能甘拜下风，拿出低姿态来认错，这样来日方长的计策方能立于不败之地。项伯"旦日不可不蚤自来谢项王"的意见他能自然而然地接受，这种临危的胆识和魄力，这种高超的用人技巧，恐怕非刘邦莫属吧？

刘邦与张良宴会前简短的对话，不乏细腻、周全，有机智，有谋略，有猜疑，对鸿门宴会胜利有重要的铺垫作用。

二、逃脱话部署

赴鸿门宴，刘邦是有多个保驾护航的将领。尽管张良也精心策划了樊哙的入场，樊哙也果然没有辜负众望，但是这也没能扭转宴会的局面，最后还是三十六计走为上。

于是遂去。乃令张良留谢。良问曰："大王来何操？"曰："我持白璧一双，欲献项王，玉斗一双，欲与亚父。会其怒，不敢献。公为我献之。"张良曰："谨诺。"

生死危急的关键时刻，刘邦想到走为上计，谁来善后呢？非张良莫属。"谨诺"二字看出张良的胆识，要知道留下来很可能是要被杀头的，剑拔弩张的形势，张良早已领教，可是却有如此的魄力留下来善后，这种忠肝义胆足以使其立于不败之地。正如谢灵运所言："韩亡子房奋，秦帝鲁连耻。本自江海人，忠义动君子。"另一角度思考，张良在刘邦的心目中是极有分量的，关键时刻委以重任，他了解张良的忍耐，深信张良的巧舌如簧定能将项羽说服，还有关键的一个棋子——项伯，假如张良真的会有危险，那项伯岂能对自己的救命恩人袖手旁观？他相信这是正确的选择。这也正是司马迁《史记》善于抓住紧张冲突的局面来凸显人物的胆识、临危不乱。说的正是刘邦和张良吧。稳妥的决策部署还不止这些。

沛公谓张良曰："从此道至吾军，不过二十里耳。度我至军中，公乃入。"

刘邦对张良的一番叮咛，危急关头，拖延时间，"不过""度""乃"三个词语看得出刘邦的谨慎，思维缜密，既能让自己安全地到达军营，又可以给项羽缓冲的时间，等到项羽的情绪缓和下来，献礼道歉这一系列的事情恐怕就顺理成章了。

刘邦、张良的智慧对话，为鸿门宴胜利做铺垫，逃脱时简短而知礼的对话，让他们都得以保全。太史公司马迁没有太多的外貌塑造，对话细节中却蕴藏着极大的学问。

（作者　青岛市城阳第三高级中学　尚随洁）

原文

鸿门宴[①]

司马迁

沛公军霸上，未得与项羽相见。沛公左司马曹无伤使人言于项羽曰："沛公欲王关

[①] 文本选自教育部组织编写.普通高中教科书语文必修下册[M].北京：人民教育出版社，2020.

中，使子婴为相，珍宝尽有之。"项羽大怒，曰："旦日飨士卒，为击破沛公军！"当是时，项羽兵四十万，在新丰鸿门；沛公兵十万，在霸上。范增说项羽曰："沛公居山东时，贪于财货，好美姬。今入关，财物无所取，妇女无所幸，此其志不在小。吾令人望其气，皆为龙虎，成五采，此天子气也。急击勿失！"

楚左尹项伯者，项羽季父也，素善留侯张良。张良是时从沛公，项伯乃夜驰之沛公军，私见张良，具告以事，欲呼张良与俱去，曰："毋从俱死也。"张良曰："臣为韩王送沛公，沛公今事有急，亡去不义，不可不语。"良乃入，具告沛公。沛公大惊，曰："为之奈何？"张良曰："谁为大王为此计者？"曰："鲰生说我曰：'距关，毋内诸侯，秦地可尽王也。'故听之。"良曰："料大王士卒足以当项王乎？"沛公默然，曰："固不如也。且为之奈何？"张良曰："请往谓项伯，言沛公不敢背项王也。"沛公曰："君安与项伯有故？"张良曰："秦时与臣游，项伯杀人，臣活之；今事有急，故幸来告良。"沛公曰："孰与君少长？"良曰："长于臣。"沛公曰："君为我呼入，吾得兄事之。"张良出，要项伯。项伯即入见沛公。沛公奉卮酒为寿，约为婚姻，曰："吾入关，秋毫不敢有所近，籍吏民，封府库，而待将军。所以遣将守关者，备他盗之出入与非常也。日夜望将军至，岂敢反乎！愿伯具言臣之不敢倍德也。"项伯许诺，谓沛公曰："旦日不可不蚤自来谢项王。"沛公曰："诺。"于是项伯复夜去，至军中，具以沛公言报项王，因言曰："沛公不先破关中，公岂敢入乎？今人有大功而击之，不义也。不如因善遇之。"项王许诺。

沛公旦日从百余骑来见项王，至鸿门，谢曰："臣与将军戮力而攻秦，将军战河北，臣战河南，然不自意能先入关破秦，得复见将军于此。今者有小人之言，令将军与臣有郤。"项王曰："此沛公左司马曹无伤言之。不然，籍何以至此？"项王即日因留沛公与饮。项王、项伯东向坐；亚父南向坐，——亚父者，范增也；沛公北向坐；张良西向侍。范增数目项王，举所佩玉玦以示之者三，项王默然不应。范增起，出，召项庄，谓曰："君王为人不忍。若入前为寿，寿毕，请以剑舞，因击沛公于坐，杀之。不者，若属皆且为所虏！"庄则入为寿。寿毕，曰："君王与沛公饮，军中无以为乐，请以剑舞。"项王曰："诺。"项庄拔剑起舞，项伯亦拔剑起舞，常以身翼蔽沛公，庄不得击。

于是张良至军门见樊哙。樊哙曰："今日之事何如？"良曰："甚急！今者项庄拔剑舞，其意常在沛公也。"哙曰："此迫矣！臣请入，与之同命。"哙即带剑拥盾入军门。交戟之卫士欲止不内，樊哙侧其盾以撞，卫士仆地。哙遂入，披帷西向立，瞋目视项王，头发上指，目眦尽裂。项王按剑而跽曰："客何为者？"张良曰："沛公之参乘樊哙者也。"项王曰："壮士！赐之卮酒。"则与斗卮酒。哙拜谢，起，立而饮之。项王曰："赐之彘肩。"则与一生彘肩。樊哙覆其盾于地，加彘肩上，拔剑切而啖之。项王曰："壮士！能复饮乎？"樊哙曰："臣死且不避，卮酒安足辞！夫秦王有虎狼之心，杀人如不能举，刑人如恐不胜，天下皆叛之。怀王与诸将约曰：'先破秦入咸阳者王之。'今沛公先破秦入咸阳，毫毛不敢有所近，封闭官室，还军霸上，以待大王来。故遣将守关者，备他盗出入与非常也。劳苦而功高如此，未有封侯之赏，而听细说，欲诛有功之人，此亡秦之续耳。窃为大王不取也！"项王未有以应，曰："坐。"樊哙从良坐。坐须臾，沛公起如厕，因招樊哙出。

沛公已出，项王使都尉陈平召沛公。沛公曰："今者出，未辞也，为之奈何？"樊哙曰：

"大行不顾细谨,大礼不辞小让。如今人方为刀俎,我为鱼肉,何辞为?"于是遂去。乃令张良留谢。良问曰:"大王来何操?"曰:"我持白璧一双,欲献项王,玉斗一双,欲与亚父。会其怒,不敢献。公为我献之。"张良曰:"谨诺。"当是时,项王军在鸿门下,沛公军在霸上,相去四十里。沛公则置车骑,脱身独骑,与樊哙、夏侯婴、靳强、纪信等四人持剑盾步走,从郦山下,道芷阳间行。沛公谓张良曰:"从此道至吾军,不过二十里耳。度我至军中,公乃入。"

沛公已去,间至军中。张良入谢,曰:"沛公不胜桮杓,不能辞。谨使臣良奉白璧一双,再拜献大王足下,玉斗一双,再拜奉大将军足下。"项王曰:"沛公安在?"良曰:"闻大王有意督过之,脱身独去,已至军矣。"项王则受璧,置之坐上。亚父受玉斗,置之地,拔剑撞而破之,曰:"唉!竖子不足与谋。夺项王天下者必沛公也。吾属今为之虏矣!"

沛公至军,立诛杀曹无伤。

悲喜交织,促织所致?

——《促织》评点细读

在志怪小说中,《聊斋志异》堪称之最,《促织》是我最喜欢的一篇。如果按照现代人的眼光,《促织》还算不上短篇小说,这只能算微型小说而已,但是其情节之曲折,悲悲喜喜,交汇夹杂,令我们读来酣畅淋漓,情动于衷。

咱们先看第一段:"宣德间,宫中尚促织之戏,岁征民间。此物故非西产;有华阴令欲媚上官,以一头进,试使斗而才,因责常供。令以责之里正。市中游侠儿得佳者笼养之,昂其直,居为奇货。里胥猾黠,假此科敛丁口,每责一头,辄倾数家之产。"小说的主人公虽没有出现,但是我们能猜得到主人公的悲哀命运。

请看关键词"故非西产",说明这个地方不产促织,但是还要为了宫中的促织之戏而不停地寻找促织。《诗经·北山》有云:"溥天之下,莫非王土;率土之滨,莫非王臣。"王,皇帝,九五至尊,手握生杀予夺的特权,有道是"天子之怒,伏尸百万,流血千里"。于是,封建社会的一切几乎都是围绕着君王展开的,这就是悲剧的开始。促织的悲喜,首先应该是王朝的悲喜。《促织》虽是明王朝宣德间的故事,却实写作者所处的清王朝。历史上有"康乾盛世"的佳话,而康熙晚年好声色犬马、喜斗鸡戏虫是实有考证的。康熙执政后期出现诸多弊政,吏治败坏,贪风炽盛,冤案丛生,百姓贫苦。宫殿的夜夜笙歌,难掩百姓戴着镣铐生活的哀怨。

"华阴令欲媚上官"中的"媚"字就是"谄媚"的意思,从根本上说,这就是奴性。现实社会亦是如此,讨好、谄媚上司,成了被默认的生存法则。而且这种奴性是从一开始就主动地、自觉地、心平气和地接受了奴性,它成了文化心理、行为、习惯的逻辑出发点。封建文化说到底就是皇帝的文化,皇帝的文化说到底就是奴性的文化,奴性的文化说到底就是"欲媚"的文化。这种奴性使"里胥猾黠"进而"每责一头,辄倾数家之产"。这种谄媚的奴性就是民族的劣根性,也是悲剧原因之一。学者柏杨曾说中国自古以来是个"大酱缸":"夫酱缸者,腐蚀力和凝聚力极强的混沌社会也,也是一种被奴才政治、畸形道德、个体人生观和势力眼主义长期斫丧,使人类特有的灵性僵化和泯灭的混沌社会也。"中国文化中最能代表"酱缸"特色的是"官场",就是这个看不见摸不着的"场"。用谄媚所追求的一切浮于表面的欢纵享乐都是虚有的,而缥缈腾空笼罩的却是来自贫穷百姓的悲泣。

接着主人公出场了,"邑有成名者,操童子业,久不售"。成名为人迂讷,肯定也是长久没能考取秀才的原因之一,但凡一个灵活猾黠的人不至于如斯。如果说第一段交代的是悲剧的客观原因,那么"为人迂讷"就是成名悲剧的主观原因,当"迂讷"遇见了"猾黠",性格就必须是命运,而且是悲剧命运。请看"旬余,杖至百,两股间脓血流离,并虫亦不能行捉矣。转侧床头,惟思自尽"。当成名无法交差时的结局就是如此,心里想的只有自杀。

但是，文学就是文学，讲究一波三折，到了低谷，会出现一丝希望。是谁带来了希望，当然是亲人，他的妻子。妻子请来了驼背巫，大概上天让知道天机的人都不是正常的吧。"见红女白婆，填塞门户。"可见现实没法满足百姓的需求，只能求助于神灵的人不在少数。巫婆"唇吻翕辟"，可见作者的高明之处一定让真正的巫婆中人少说话，多解忧的。成名根据驼背的巫婆给的一幅画，捉到了一只品相上佳的促织——"巨身修尾，青项金翅"，事情终于有了缓冲，成名看到了希望。

所有的希望都是为毁灭所修建的高速公路，一路下去，通向了悲伤。"窥父不在，窃发盆"，突出成名的儿子调皮和好奇，结果扑入手时"斯须就毙"。"怒索儿"，此时这是成名的第一反应。一个"怒"字看出不是悲伤，而是愤怒，因为促织是他的命根子。"化怒为悲，抢呼欲绝"，这是等他从井里头把孩子的尸体捞上来之后，那就此转为悲伤，这一家人做错了什么了吗？否也，竟为了一只促织，把儿子都搭进去了，让人心痛至极。请看"夫妻向隅，茅舍无烟，相对默然，不复聊赖"。作者于无声中胜有声，通过夫妻对着墙角，默然相对来表达。茅舍，说明贫穷；无烟，炉膛里根本就没火，说明妻子连做饭的心情都没有了，而且无火让人感觉寒冷。一丁点烟火气都没有了，一丁点的人气都没有。这是绝望的，冰冷的悲伤，让人欲哭无泪，欲罢不能。

蒲松龄没有让悲剧继续发展，他笔锋突转，进行了反弹，这个反弹的内部其实还有一个小小的抑和扬。儿子气息尚存——这是小小的扬；孩子傻了——这是小小的抑。成名的儿子变成了一只"短小，黑赤色"的促织，我们就能看出小促织是儿子变得，因为小促织"一鸣辄跃去，行且速""超忽而跃，急趋之""折过墙隅，迷其所在"，三个动作可以看出小促织很调皮可爱，这就是孩子的天性，最能感觉反常识的是"壁上小虫忽跃落襟袖间"。常识告诉我们，促织都是害怕人的，你去捉它，它只会逃避。但是，这只小促织很特别，当它发现成名对自己没兴趣的时候，它急了，多么通人性，向成名套近乎了。这又有一丝丝希望。

我们看一下第七段用的称谓是"小虫"，如"小虫伏不动，蠢若木鸡"，其他地方称谓都是"虫"，这也看出作者在有意识地告诉大家这是成名的儿子。为了父亲，孩子变成了"小虫"，真是让人感动万分，父子情深暖人心，但这仅仅是孩子的行为，孩子懂得父亲的辛苦。张爱玲说，因为"懂得"，所以慈悲。孩子这样的慈悲会让大家心软，甚至一不小心能让大家心碎。

小说第七段写得很精彩："屡撩之，虫暴怒，直奔，遂相腾击，振奋作声。俄见小虫跃起，张尾伸须，直龁敌领。少年大骇，急解令休止。虫翘然矜鸣，似报主知。"斗蟋蟀少不了运用恰当的动词来表现，如"腾击""振奋""跃起""张尾伸须""翘然矜鸣"等表现了小虫的自信厉害之处。这只小虫先是击败了一只"常胜将军蟹壳青"，真正的高手就是"呆若木鸡"型的。但这样还不够，为了造势，请看："鸡健进，逐逼之，虫已在爪下矣。成仓猝莫知所救，顿足失色。旋见鸡伸颈摆扑，临视，则虫集冠上，力叮不释。成益惊喜，掇置笼中。"这里又写了符合实际情况的最具有攻击性和战斗性的鸡与小虫一斗，但是小虫"虫集冠上，力叮不释"，何其厉害！当然作者还用了成名"顿足失色"与"益惊喜"前后神色对比来写小虫的异常勇猛，也为下文"试与他虫斗，虫尽靡。又试之鸡，果如成言"做铺垫。

成名将小虫献给县官,接着县官献给巡抚,再一路往上到了皇帝的手里。皇帝大喜,"不数年,田百顷,楼阁万椽,牛羊蹄躈各千计;一出门,裘马过世家焉"。成名的好日子就此到来。蒲松龄曾言:"仕途黑暗,公道不彰,非袖金输璧,不能自达于圣明,真令人愤气填胸,欲望望然哭向南山而去。"或许"成名"就是蒲松龄,蒲松龄就是"成名"。"操童子业,久不售"的成名,一直没有办法获得自己应该拥有的价值认同,而在成名的身上,最终是通过儿子成虫,他才能够一举成名,这样的结尾才真是一个莫大的"讽刺"。统治者的意愿可以主宰一个人的命运,最可悲的是强调了人不如虫的时代悲哀。这正应了郭沫若评蒲松龄及其《聊斋志异》:"写鬼写妖高人一等,刺贪刺虐入骨三分。"鲁迅也说:"描写委曲,叙次井然,用传奇法,而以志怪。"确实如此。

毕飞宇说:"小说是公器。阅读小说和研究小说从来就不是为了印证作者,相反,好作品的价值在激励想象,在激励认知。"是的,该文悲喜交织,喜只是陪衬,更重要的是表达悲哀,让更多的读者去反思,去想象。我们想象一下,这篇文章的悲哀有三层:从"更大的悲哀——投井",到"最大的悲哀——成虫",一直到"最大最大的悲哀——平庸之恶"。"平庸之恶"虽然最初是用来指责意识形态下的无条件服从、"二战"中沉默的人们,但已经广泛用来阐释现代生活中的"恶",这种恶是不思考,无判断,默认社会本身隐含的不道德甚至反道德的行为,盲目服从权威而犯下的罪恶。

这一点任何一个社会都要反思。这就是悲哀给大家最大的启迪。我们总是重复苏格拉底的那句"未经审视的人生不值得一过",相对于眼睛所观察到的世界,往往是肤浅的表象。只有用内心去体验和反思才会审查到事物本来的面目。但是要达到自我"审查"的生命自觉意识,既需要认知,也需要勇气。

悲喜交织,是促织所致?我相信大家早已明知。

(作者　青岛市城阳第一高级中学　范丽丽)

原文

促织[①]

宣德间,宫中尚促织之戏,岁征民间。此物故非西产;有华阴令欲媚上官,以一头进,试使斗而才,因责常供。令以责之里正。市中游侠儿得佳者笼养之,昂其直,居为奇货。里胥猾黠,假此科敛丁口,每责一头,辄倾数家之产。

邑有成名者,操童子业,久不售。为人迂讷,遂为猾胥报充里正役,百计营谋不能脱。不终岁,薄产累尽。会征促织,成不敢敛户口,而又无所赔偿,忧闷欲死。妻曰:"死何裨益?不如自行搜觅,冀有万一之得。"成然之。早出暮归,提竹筒丝笼,于败堵丛草处,探石发穴,靡计不施,迄无济。即捕得三两头,又劣弱不中于款。宰严限追比,旬余,杖至百,两股间脓血流离,并虫亦不能行捉矣。转侧床头,惟思自尽。

时村中来一驼背巫,能以神卜。成妻具资诣问。见红女白婆,填塞门户。入其舍,则

[①] 文本选自教育部组织编写.普通高中教科书语文必修下册[M].北京:人民教育出版社,2020.

密室垂帘，帘外设香几。问者爇香于鼎，再拜。巫从旁望空代祝，唇吻翕辟，不知何词。各各竦立以听。少间，帘内掷一纸出，即道人意中事，无毫发爽。成妻纳钱案上，焚拜如前人。食顷，帘动，片纸抛落。拾视之，非字而画：中绘殿阁，类兰若。后小山下，怪石乱卧，针针丛棘，青麻头伏焉。旁一蟆，若将跃舞。展玩不可晓。然睹促织，隐中胸怀。折藏之，归以示成。

　　成反复自念，得无教我猎虫所耶？细瞻景状，与村东大佛阁真逼似。乃强起扶杖，执图诣寺后，有古陵蔚起。循陵而走，见蹲石鳞鳞，俨然类画。遂于蒿莱中侧听徐行，似寻针芥。而心目耳力俱穷，绝无踪响。冥搜未已，一癞头蟆猝然跃去。成益愕，急逐趁之，蟆入草间。蹑迹披求，见有虫伏棘根。遽扑之，入石穴中。掭以尖草，不出；以筒水灌之，始出，状极俊健。逐而得之。审视，巨身修尾，青项金翅。大喜，笼归，举家庆贺，虽连城拱璧不啻也。上于盆而养之，蟹白栗黄，备极护爱，留待限期，以塞官责。

　　成有子九岁，窥父不在，窃发盆。虫跃掷径出，迅不可捉。及扑入手，已股落腹裂，斯须就毙。儿惧，啼告母。母闻之，面色灰死，大骂曰："业根，死期至矣！而翁归，自与汝覆算耳！"儿涕而去。

　　未几，成归，闻妻言，如被冰雪。怒索儿，儿渺然不知所往。既而得其尸于井，因而化怒为悲，抢呼欲绝。夫妻向隅，茅舍无烟，相对默然，不复聊赖。日将暮，取儿藁葬。近抚之，气息惙然。喜置榻上，半夜复苏。夫妻心稍慰，但蟋蟀笼虚，顾之则气断声吞，亦不敢复究儿，自昏达曙，目不交睫。东曦既驾，僵卧长愁。忽闻门外虫鸣，惊起觇视，虫宛然尚在。喜而捕之，一鸣辄跃去，行且速。覆之以掌，虚若无物；手裁举，则又超忽而跃。急趋之，折过墙隅，迷其所往。徘徊四顾，见虫伏壁上。审谛之，短小，黑赤色，顿非前物。成以其小，劣之。惟彷徨瞻顾，寻所逐者。壁上小虫忽跃落襟袖间。视之，形若土狗，梅花翅，方首，长胫，意似良。喜而收之。将献公堂，惴惴恐不当意，思试之斗以觇之。

　　村中少年好事者，驯养一虫，自名"蟹壳青"，日与子弟角，无不胜。欲居之以为利，而高其直，亦无售者。径造庐访成，视成所蓄，掩口胡卢而笑。因出己虫，纳比笼中。成视之，庞然修伟，自增惭怍，不敢与较。少年固强之。顾念蓄劣物终无所用，不如拼博一笑，因合纳斗盆。小虫伏不动，蠢若木鸡。少年又大笑。试以猪鬣毛撩拨虫须，仍不动。少年又笑。屡撩之，虫暴怒，直奔，遂相腾击，振奋作声。俄见小虫跃起，张尾伸须，直龁敌领。少年大骇，解令休止。虫翘然矜鸣，似报主知。成大喜。方共瞻玩，一鸡瞥来，径进以啄。成骇立愕呼。幸啄不中，虫跃去尺有咫。鸡健进，逐逼之，虫已在爪下矣。成仓猝莫知所救，顿足失色。旋见鸡伸颈摆扑，临视，则虫集冠上，力叮不释。成益惊喜，掇置笼中。

　　翼日进宰，宰见其小，怒呵成。成述其异，宰不信。试与他虫斗，虫尽靡。又试之鸡，果如成言。乃赏成，献诸抚军。抚军大悦，以金笼进上，细疏其能。既入宫中，举天下所贡蝴蝶、螳螂、油利挞、青丝额一切异状遍试之，出其右者。每闻琴瑟之声，则应节而舞。益奇之。上大嘉悦，诏赐抚臣名马衣缎。抚军不忘所自，无何，宰以卓异闻，宰悦，免成役。又嘱学使俾入邑庠。后岁余，成子精神复旧，自言身化促织，轻捷善斗，今始苏耳。抚军亦厚赉成。不数年，田百顷，楼阁万椽，牛羊蹄躈各千计；一出门，裘马过世家焉。

异史氏曰:"天子偶用一物,未必不过此已忘;而奉行者即为定例。加以官贪吏虐,民日贴妇卖儿,更无休止。故天子一跬步,皆关民命,不可忽也。独是成氏子以蠹贫,以促织富,裘马扬扬。当其为里正、受扑责时,岂意其至此哉?天将以酬长厚者,遂使抚臣、令尹,并受促织恩荫。闻之:一人飞升,仙及鸡犬。信夫!"

曲尽其妙的劝谏

——《谏太宗十思疏》评点细读

讽谏帝王,是冒险的事,是批"龙鳞",逆"圣听",稍有不慎,轻则被斥责、贬黜,重则有性命之忧。面对无比威严的唐太宗,魏征敢于直言抗争,婉曲讽谏,可以说是一位有胆有识的"诤臣"。

魏征(580—643),唐初政治家。字玄成,馆陶(今属河北)人。少年出家。曾参加隋末农民起义。后入唐为太子洗马。太宗即位后,被擢为谏议大夫,历任秘书监、侍中等职。参与朝政,先后向太宗陈谏200余事,是历史上有名的敢谏之臣。后以修史功,进位光禄大夫,封郑国公。曾提出"兼听则明,偏听则暗"、"居安思危,戒奢以俭",主张"薄赋敛"、"轻租税"、"息末敦本"、"宽仁治天下"等。他死后,唐太宗亲写碑文,并对侍臣说:"以铜为镜,可以正衣冠;以古为镜,可知兴替;以人为镜,可明得失。魏征殁,吾失一镜矣。"由此可见魏征在唐太宗心目中的地位之重。

该文是唐太宗贞观十一年(637)魏征写给唐太宗的奏章。唐太宗即位之初,生活俭朴,实行了不少有利于国计民生的政策。经过十几年的治理,经济得到发展,百姓生活也富裕起来,加上边防巩固,内外无事,唐太宗逐渐骄奢忘本,大修庙宇宫殿,广求珍宝,四处巡游,劳民伤财。魏征对此极为忧虑,他清醒地看到了繁荣昌盛的后面隐藏着危机,就在贞观十一年的三月到七月,"频上四疏,以陈得失",该文就是其中第二疏,因此也称"论时政第二疏"。唐太宗看了猛然警醒,写了《答魏征手诏》,表示从谏改过,这篇文章被太宗置于案头,奉为座右铭。

魏征的谏言之所以被采纳,一方面与唐太宗的从谏如流有关,另一方面跟魏征的劝谏艺术也有着极大的关系。

下面我们就通过《谏太宗十思疏》来了解魏征的劝谏艺术。

一、善用比喻,平易自然

刘勰在《文心雕龙·比兴》中说:"比类虽繁,以切至为贵。"比喻运用的"切",就是喻体与本意要相切合,要抓住重点,选最集中、最深刻、最精彩的喻体来表现本意。该文开篇作者用树木、泉源这两种人们十分熟悉的自然界中的事物作比,"求木长,必固其根本;欲流远,必浚其泉源",引出治国理政的道理"国安,必积其德义",使抽象的道理形象化、具体化,使深奥的问题通俗化,增强了说服力而又平易自然。

臣闻求木之长者,必固其根本;欲流之远者,必浚其泉源;思国之安者,必积其德义。

作者还引用了古圣先哲的至理名言,并将君和民的关系比作水与舟的关系,用水可以载舟覆舟来比喻人民力量的重要性,简洁而传神,切中要害,直接明了地向唐太宗表明其中的利害关系,令人警醒。

怨不在大，可畏惟人；载舟覆舟，所宜深慎。奔车朽索，其可忽乎！

君为舟民为水，民可拥戴有德之君，也能推翻暴虐之主，因此国君应以民为本，尊重民意。君臣、军民的关系经魏征加以阐发，浅显易懂而又更加生动形象，可以说是哲理剀切，言语婉转。

二、正反对比，曲尽其妙

作者不仅在喻体的选择上精当巧妙，而且在说理的方式上与众不同。"源不深而望流之远，根不固而求木之长，德不厚而思国之理"，作者以三个否定式排比句从反面申述了不居安思危的危害，并且强调这是连自己这样愚笨的人都明白的道理，何况英明圣哲的皇帝。然后作者从正面明确地向唐太宗指出，"人君当神器之重，居域中之大"，人君处于崇高地位担负重大责任，必须"居安思危，戒奢以俭"，这是历代统治者创业后守成的历史经验。不然的话就像伐根而求树茂，塞水而望流长，恰恰适得其反。

源不深而望流之远，根不固而求木之长，德不厚而思国之理，臣虽下愚，知其不可，而况于明哲乎！人君当神器之重，居域中之大，将崇极天之峻，永保无疆之休。不念居安思危，戒奢以俭，德不处其厚，情不胜其欲，斯亦伐根以求木茂，塞源而欲流长者也。

第二段中也从正、反两方面进行对比论证。"善始者实繁，克终者盖寡"，历代君主开创帝业者多，能守成者实在少，这是一个普遍规律。所以，不要"纵情傲物，骄奢淫逸"。一繁一寡，一易一难，一取一守，从历史现象入手，分析现象背后的原因。因为统治者创业时的殷忧、竭诚与得天下后的得志、傲物的做法不同，产生了截然不同的结果。通过一系列的对比，分析原因，阐明危害，不需要太多的事例，聪明如唐太宗，一定会明白其中的道理。

凡百元首，承天景命，莫不殷忧而道著，功成而德衰，有善始者实繁，能克终者盖寡。岂取之易而守之难乎？昔取之而有余，今守之而不足，何也？夫在殷忧，必竭诚以待下；既得志，则纵情以傲物。竭诚则吴越为一体，傲物则骨肉为行路。虽董之以严刑，振之以威怒，终苟免而不怀仁，貌恭而不心服。

结构上，又前呼后应、环环紧扣，充分体现了作者高超的规劝艺术。

三、为君分忧，切中肯綮

列举现象阐明危害引起了太宗极大的兴趣，却不足以使他下定决心。要真正打动人心，还需要进一步分析说明如何做到"居安思危"。于是，作者提出十条建议，即"十思"，可以概括为"五戒"：见到能引起自己喜爱的东西，就想到用知足来警诫自己，将要大兴土木时，就想到适可而止，这是"戒奢侈"；考虑到身居高位，就要时时想到谦虚谨慎地修养自己的品德，惧怕自己骄傲自满，就要想到胸襟宽广像能容纳滔滔江水的大海，这是"戒骄傲"；外出游猎要网开一面，适度而行，担心做事懈怠，就要时时想着善始善终，这是"戒放纵"；虚心接纳臣下的意见，严格要求自己而疏远斥退那些邪恶之人，这是"戒奸佞"；不要因个人的情绪变化而谬加奖赏或滥施刑罚，这是"戒不公"。"十思"的角度不同，但都贯穿着"积其德义"的主线。

君人者，诚能见可欲则思知足以自戒，将有作则思知止以安人，念高危则思谦冲而自牧，惧满溢则思江海下百川，乐盘游则思三驱以为度，忧懈怠则思慎始而敬终，虑壅蔽则思虚心以纳下，想谗邪则思正身以黜恶，恩所加则思无因喜以谬赏，罚所及则思无因怒而滥刑。

孔子曰："其身正，不令而行；其身不正，虽令不行。"君主做到了这"十思"，臣民就会拥戴君主，君臣和谐，百姓安居乐业，离开创出一片盛世繁荣也就不远了。"十思"的提出，切中肯綮，体现了一个为君分忧、心怀苍生的臣子的一片忠心热忱，也极具触动人心的力量。

四、绘制蓝图，愿景可期

每个人的努力行动都需要别人的鼓励与引导，身为帝王也不例外。如果要让他放弃眼前的安逸享乐，就必须有更加值得期待的东西来打动他，而未来的美好蓝图就是吸引太宗"居安思危，戒奢以俭"的最好的理由。作者在提出了"十思"之后这样说：

总此十思，弘兹九德，简能而任之，择善而从之，则智者尽其谋，勇者竭其力，仁者播其惠，信者效其忠。文武争驰，在君无事，可以尽豫游之乐，可以养松、乔之寿，鸣琴垂拱，不言而化。何必劳神苦思，代下司职，役聪明之耳目，亏无为之大道哉！

未来是美好的，值得期待的，它是这样一幅美丽图景：有智慧的人能充分献出他们的谋略；勇敢的人能完全尽到他的力量；仁爱的人能洒播他的恩惠；诚信的能献出他的忠诚；文臣武将争着做好自己的事情；君主没有多少烦扰的事，可以尽情享受出巡游玩的快乐，享有神仙一样的长寿，或演奏琴瑟或垂衣拱手；不必多说，百姓就可得到教化。这是世外桃源一样的美好场景啊，如此愿景怎能不令人心动呢？所以，唐太宗最终接受了魏征的劝谏。

"兼听则明，偏听则暗"，也就因为唐太宗听取了魏征的意见，约束自己，勤政爱民，"居安思危，戒奢以俭"，才建立起强盛的唐王朝，使中国进入历史的鼎盛时期。

清代李扶九《古文笔法百篇》中对此文如此评价："评解以文论，总冒总收，有埋伏，有发挥，有线索，反正宕跌，不使直笔，排奡雄厚，不尚单行，最合时墨；以理论，忧盛明危，善始虑终，虽古大臣谟诰，不过如此。疏上，太宗即纳，此魏公所以称贤相，而贞观之治，亦几于古也。"可见此文的文笔之妙，价值之高了。

(作者　青岛市城阳第一高级中学　王莉梅)

原文

谏太宗十思疏[①]
魏征

臣闻求木之长者，必固其根本；欲流之远者，必浚其泉源；思国之安者，必积其德义。

---

① 文本选自教育部组织编写.普通高中教科书语文必修下册[M].北京：人民教育出版社，2020.

源不深而望流之远,根不固而求木之长,德不厚而思国之理,臣虽下愚,知其不可,而况于明哲乎!人君当神器之重,居域中之大,将崇极天之峻,永保无疆之休。不念居安思危,戒奢以俭,德不处其厚,情不胜其欲,斯亦伐根以求木茂,塞源而欲流长者也。

  凡百元首,承天景命,莫不殷忧而道著,功成而德衰。有善始者实繁,能克终者盖寡。岂取之易而守之难乎?昔取之而有余,今守之而不足,何也?夫在殷忧,必竭诚以待下;既得志,则纵情以傲物。竭诚则吴越为一体,傲物则骨肉为行路。虽董之以严刑,振之以威怒,终苟免而不怀仁,貌恭而心不服。怨不在大,可畏惟人;载舟覆舟,所宜深慎。奔车朽索,其可忽乎!

  君人者,诚能见可欲则思知足以自戒,将有作则思知止以安人,念高危则思谦冲而自牧,惧满溢则思江海下百川,乐盘游则思三驱以为度,忧懈怠则思慎始而敬终,虑壅蔽则思虚心以纳下,想谗邪则思正身以黜恶,恩所加则思无因喜以谬赏,罚所及则思无因怒而滥刑。总此十思,弘兹九德,简能而任之,择善而从之,则智者尽其谋,勇者竭其力,仁者播其惠,信者效其忠。文武争驰,在君无事,可以尽豫游之乐,可以养松、乔之寿,鸣琴垂拱,不言而化。何必劳神苦思,代下司职,役聪明之耳目,亏无为之大道哉!

天上人间阿房宫

——《阿房宫赋》评点细读

　　六王毕,四海一,蜀山兀,阿房出。

　　短短12个字,斩钉截铁,铿锵有力,道出了阿房宫建立的背景。其中一个"兀"字极言阿房宫的劳民伤财。一座宫殿的建设,让整个蜀地的山秃了,用木材之多侧面写了宫殿之大。同时,木材由蜀地运出运到咸阳,这样阿房宫才能"出"来,李白的《蜀道难》虽有夸张成分,但不可否认,蜀地路途遥远而又艰险,在当时交通不发达的情况下,一个"兀"字、一个"出"字暗含了百姓多少的血泪辛酸。《史记》记载"隐宫徒刑者七十余万人……乃写蜀、荆地材皆至",可见阿房宫的建筑史是一部老百姓的悲辛史。

　　覆压三百余里,隔离天日。骊山北构而西折,直走咸阳。二川溶溶,流入宫墙。

　　阿房宫规模有多大呢?看看吧,"三百余里,隔离天日"。"覆压"给人一种压迫感,"隔离"暗含楼宇高耸、遮天蔽日之意。两句连在一起就是巍巍峨峨的阿房宫高耸入云,占地面积又极其广泛,在阿房宫边上,给人一种压迫之感。它的具体位置在哪里呢?"骊山而北构而西折,直走咸阳"。如果这个空间还有点抽象的话,那么再具体一点,渭水、樊川流入宫墙,成了阿房宫的一条景观河,真是无法想象其大。

　　接着对阿房宫的宫宇做了粗笔勾勒:

　　五步一楼,十步一阁;廊腰缦回,檐牙高啄;各抱地势,钩心斗角。盘盘焉,囷囷焉,蜂房水涡,矗不知其几千万落。

　　"缦"从偏旁看,应该是跟布帛有关,原意是丝织品,这里是说连接建筑物的走廊像丝织品一样飘逸萦绕。"各抱":随地形起伏,紧贴,暗合上文的"骊山北构西折"。"钩心":互相交错,如兵刃相加,言其险。"蜂房水涡":细绘一笔,用比喻说明建筑物实在太多了!建筑物如此之多,高高低低,走在里面直接让人分不清方向。

　　一日之内,一宫之间,而气候不齐。

　　鲁教版教材,"气候"做"天气"讲,部编本教材课下并没有注释。天气是一日之内的变化,而气候是四季的变化,我个人觉得理解为四季的变化更好一些。歌台上,乐人们唱歌呼出的气息让人似乎置身于春日,有春光和暖之感;舞殿里,舞女们水袖飞舞,带起的一阵阵凉风像秋日的风雨一样凄冷。在阿房宫的不同宫殿里,你可以体味四季的生活,其奢靡豪华更进一步。阿房宫真可谓是美轮美奂的人间仙境。

　　接下来写了阿房宫的美女。阿房宫里的美女从哪儿来呢?

　　妃嫔媵嫱,王子皇孙,辞楼下殿,辇来于秦。朝歌夜弦,为秦宫人。

　　失去了国家的王子皇孙,天潢贵胄,只能放弃自己的尊严,"尽态极妍"地打扮自己,谋求生存。美女们早上起来,打开镜子,然后梳发、洗脸、熏香,运用了夸张和比喻的手法极言其多。美女们打扮完了干什么呢?"缦立远视,而望幸焉"等待天子的到来,然而宫殿太多，宫殿里的女人也太多，甚至大多数人连皇帝去哪儿了都不知道，远远地只能听到车声越走越远。其中有六个"也"字，传达的情感也是不一样的。前面四个，是女子打扮的动作，行云流水一般，有对自己美好青春的欣赏，有对未来的憧憬，或许还应该有对过去奢华生活的怀念，读的时候应该有一种美好的轻盈之感，一种陶醉之感。而"雷霆乍惊，宫车过也"，天子的出现打破了平静的生活，荡开了女子们心内的涟漪，此处一个"也"字透露出内心的激动，而"杳不知其所之也"的"也"字是不得见天子的失望之感。"有不见者，三十六年"，有的女子甚至一辈子都没见到秦始皇。《三辅旧事》中记载："始皇……后宫列女万余人。"皇帝的一言一行影响着官员，后宫和统治阶级所占女子众多，直接影响下层人民的婚嫁，许多劳动家庭只有男耕而无女织，传统的经济结构被破坏。后宫女子规模的扩大，与之相适应的宫廷开销也日益增长。于是六国的珍宝相继输入秦国，而珍宝从哪里来的？"剽掠其人"得来的。司马光曾言："天地所生财货百物，不在民，则在官，彼设法争民，其害乃甚于加赋。"何况秦国的各种赋税并不低。然而秦人对待这些珍宝的态度是"弃掷逦迤"、"亦不甚惜"。

嗟乎！一人之心，千万人之心也。

什么是"心"呢？心思、想法、欲望、追求，每个人追求美好生活的心思都是一样的，秦朝统治者的奢靡无度，盘剥苛刻，必然引起百姓的愤怒。第三段一个"使"字领起的六组句子，对比强烈，极言统治者沉溺享乐、醉生梦死，百姓生存艰难、痛苦不堪。六个句子构成了排比，层层推进，燃起了百姓愤怒的情绪，最终形成一句怒吼"戍卒叫，函谷举，楚人一炬，可怜焦土"，统治者横征暴敛，民不堪命，最终楚人"一"炬，阿房宫化为烟尘。阿房宫耗费之糜，历时之久，珍宝之多与这"一"字形成了一种强烈的对比，用夸张的手法写出了失去民心的秦王朝的不堪一击。短短14个字写出了一部秦朝灭亡史。简洁利落，掷地有声。正如《古文观止》编选者所评："前幅极写阿房之瑰丽，不是羡慕其奢华，正以见骄横敛怨之至，而民不堪命也，便伏有不爱六国之人意在。所以一炬之后回视向来瑰丽，亦复何有！"

最后杜牧带领我们寻找秦国灭亡的原因：

灭六国者六国也，非秦也；族秦者秦也，非天下也。

内在原因是一个王朝走向没落的根本原因，它不仅适应于六国，也适应于秦，甚至是秦以后的各个走向灭亡的王朝。那么如何解决这一问题呢？那就是爱，只有仁政爱民，爱自己的百姓，才可能实现始皇帝的"递三世乃至万世而为君"。如何才能实现爱民呢？"天下熙熙，皆为利来；天下攘攘，皆为利往"，爱民的最主要的方法就是不与民争利，减少捐税。最后作者为过去，现在，以及以后的历历代代的统治者敲响了警钟："秦人不暇自哀，而后人哀之；后人哀之而不鉴之，亦使后人而复哀后人也。"我们要跳出这一个怪圈，仁政爱民，把人民放在首位，方能永葆青春，方能千秋万代！

其实在历史上，阿房宫终秦一朝都没有建成，那么杜牧这样写的目的是什么？我们不得不联系一下唐代的历史。公元825年，唐敬宗李湛继位，改元宝历。李湛继位后，广造宫室，天怒人怨。既然帝王不顾天怒人怨地造宫室，那就借宫室来劝讽帝王吧！因此，杜牧在《上知己文章启》中说："宝历大起宫室，广声色，故作《阿房宫赋》。"所以采用借古讽今的方式是该文的一大特色。"秦人无暇自哀,而后人哀之;后人哀之而不鉴之,亦使后人而复哀后人也。"这是文章的主旨,借古是方法,讽今是目的。借秦王朝的灭亡讽喻唐王朝的命运。可谓是天上人间阿房宫,兴衰荣辱唐王朝。

(作者　青岛市城阳第一高级中学　黄海英)

原文

阿房宫赋[①]

杜牧

　　六王毕,四海一,蜀山兀,阿房出。覆压三百余里,隔离天日。骊山北构而西折,直走咸阳。二川溶溶,流入宫墙。五步一楼,十步一阁;廊腰缦回,檐牙高啄;各抱地势,钩心斗角。盘盘焉,囷囷焉,蜂房水涡,矗不知其几千万落。长桥卧波,未云何龙?复道行空,不霁何虹?高低冥迷,不知西东。歌台暖响,春光融融;舞殿冷袖,风雨凄凄。一日之内,一宫之间,而气候不齐。

　　妃嫔媵嫱,王子皇孙,辞楼下殿,辇来于秦。朝歌夜弦,为秦宫人。明星荧荧,开妆镜也;绿云扰扰,梳晓鬟也;渭流涨腻,弃脂水也;烟斜雾横,焚椒兰也。雷霆乍惊,宫车过也;辘辘远听,杳不知其所之也。一肌一容,尽态极妍,缦立远视,而望幸焉;有不见者,三十六年。燕赵之收藏,韩魏之经营,齐楚之精英,几世几年,剽掠其人,倚叠如山;一旦不能有,输来其间。鼎铛玉石,金块珠砾,弃掷逦迤,秦人视之,亦不甚惜。

　　嗟乎!一人之心,千万人之心也。秦爱纷奢,人亦念其家。奈何取之尽锱铢,用之如泥沙?使负栋之柱,多于南亩之农夫;架梁之椽,多于机上之工女;钉头磷磷,多于在庾之粟粒;瓦缝参差,多于周身之帛缕;直栏横槛,多于九土之城郭;管弦呕哑,多于市人之言语。使天下之人,不敢言而敢怒。独夫之心,日益骄固。戍卒叫,函谷举,楚人一炬,可怜焦土!

　　呜呼!灭六国者六国也,非秦也。族秦者秦也,非天下也。嗟乎!使六国各爱其人,则足以拒秦;使秦复爱六国之人,则递三世可至万世而为君,谁得而族灭也?秦人不暇自哀,而后人哀之;后人哀之而不鉴之,亦使后人而复哀后人也。

[①] 文本选自教育部组织编写.普通高中教科书语文必修下册[M].北京:人民教育出版社,2020.

小说部分

战时的美好与坚守

——《百合花》评点细读

撒满美丽白色百合花的被子是这篇小说的中心意象。小说通过被子这件最朴素的物件展示出战争时期人与人之间纯洁的友谊和爱,展示出人性中的至善至美,以及对生命的敬畏和尊重。小说为我们呈现出战时困境中各种各样的美好与坚守。

清新的环境美

早上下过一阵小雨,现在虽放了晴,路上还是滑得很,两边地里的秋庄稼,却给雨水冲洗得青翠水绿,珠烁晶莹。空气里也带有一股清鲜湿润的香味。要不是敌人的冷炮,在间歇地盲目地轰响着,我真以为我们是去赶集的呢!

农村秋日的田野,空气清新,稼禾青青,富于田园生活气息。雨后更是青翠欲滴,新鲜湿润,让人似乎顺着清香回到农村的原野。小说一开头就为我们营造了一幅诗化的田园美景。

我朝他宽宽的两肩望了一下,立即在我眼前出现了一片绿雾似的竹海,海中间,一条窄窄的石级山道,盘旋而上。一个肩膀宽宽的小伙,肩上垫了一块老蓝布,扛了几枝青竹,竹梢长长的拖在他后面,刮打得石级哗哗作响。……这是我多么熟悉的故乡生活啊!

故乡绿色的竹海,曲折的山路,一级级的石阶;中秋佳节,皎洁的月色,生辉的满月。以及后文描写的故乡的中秋情景,香烛和月饼,温馨的画面,种种场景都充满了诗情画意。

战时皎洁的满月,让和平时代的人倍加珍惜和平,也更加憎恶战争。战争使人连月亮也憎恶起来:人们无法享受明亮的月夜,只能在"白夜"里躲避敌人的轰炸和攻击。战争给人类生活带来的破坏性和对人们的影响都很大。

中秋节故乡的生活场景、童谣又勾起了我对那个小同乡的担忧和牵挂。而战争让小同乡告别家乡奔赴战场走在弯弯曲曲的交通沟里,中秋佳节也无法和亲人团聚。

小说中,时时处处都是这种充满诗意的环境描写,让人回到战时农村清新的原野,更加向往和平的美好和家园的宁静。

诗意的追求美

小说告诉人们,即使在硝烟弥漫的战争年代,人对生活的热爱,对美的热爱都没有泯灭。

他的枪筒里,不知在什么时候,又多了一枝野菊花,和那些树枝一起,在他耳边抖抖地颤动着。

文中写到小通讯员插在枪口上的几根树枝,与其说是伪装,不如说是点缀装饰,"多了一枝野菊花",这些描写无不是在写小通讯员的爱美之心。

  肩上的步枪筒里,稀疏地插了几根树枝。

  "步枪筒里插上几根树枝",体现了年轻人在战时追求美好的一点小心情,艰苦中追求诗意的美。

崇高的情感美

  通过三个连姓名都没有的人物之间的关系,作者谱写了一曲"没有爱情的爱情牧歌"。在通讯员和"我"之间,作者让"我"与通讯员建立起一种比同志、比同乡更为亲切的感情。但它又不是一见钟情的男女间的爱情。"我"首先带有同乡之谊,也带有类似手足之情、战友之情的情感,带着一种女同志特有的母性柔情,来看待他,牵挂他。这是一种复杂微妙得无以言表的美好情感。至于维系在通讯员和新媳妇之间的关系纽带,同样也是一种圣洁美好的感情,正如被子的百合花图案一样纯洁无瑕。作者用一个正处于爱情的幸福之漩涡中的美神,来反衬年轻的、尚未涉足爱情的战士。他们之间的感情属于迸发式的,不是爱情,但比爱情更广博、更长远,更显纯真深挚,更能凸显人性中的至善至美的一面。

  认真、为难、可爱,人与人之间的理解,纯洁、善良、美好的同乡情谊展现得淋漓尽致。新媳妇的惊异表现出她对通讯员的关心,表明了她和通讯员之间质朴、纯真、友善的情谊,这也是战时人和人之间最朴素的情谊。

  她低着头,正一针一针地在缝他衣肩上那个破洞。

  新媳妇缝着那个破洞也是缝着通讯员活着时的遗憾和心里的愧疚。异样的表情传达出新媳妇复杂的心理:不想接受通讯员离去的现实,反映出她内心的悲痛,悲痛中表现出她对通讯员的情谊。

  "是我的——"她气汹汹地嚷了半句,就扭过脸去。

  气势汹汹表现出新媳妇对通讯员的革命情谊。

  小说通过对通讯员和新媳妇形象的塑造表现出战争时期人与人之间纯洁的友谊和崇高的情感美。

善良的人性美

  这原来是一条里外全新的花被子,被面是假洋缎的,枣红底,上面撒满白色百合花。

  全新的花被子,撒满美丽的白色百合花,这不仅仅是一条被子,更是农家女儿对未来美好生活的向往。唯一的嫁妆,贫穷年代的结婚用品,对美好新生活的期待,这条被子的珍贵由此可见。新媳妇刚开始不愿意借出来的心理也可以理解。

  这条美丽的百合花被子是这篇小说的中心意象,小说由此展开,也循此发展,更至此结束,新媳妇将撒满白色百合花的被子,将缀满象征纯洁和感情的花的被子永远地赠予了这位为战争献出了年轻的鲜活的生命的逝者。这个中心意象象征了人性的纯洁和美好:新媳妇的善与美;通讯员对美好的追求和舍己救人的美德与善良,我的同乡之谊等等。小通讯员不好意思和女同志同行,在得知向新媳妇借来的被子是人家唯一的嫁妆时的内疚不安和对新媳妇的同情,新媳妇在护理伤员时羞涩得只同意给"我"打下手以及对小通讯员舍己救人牺牲过程的叙述,表现出强烈的人性至爱。小通讯员牺牲自己的生命来保全担架员生命的英雄壮举,是至高至善的人间至爱,展现了他崇高的人格美,也流露出作者对美好人性的呼唤。小说中呈现的人性善、情感美和人与人之间的同情、怜悯和爱都是传统文明中最美好的东西,正是这份美好指引着人类永远的精神高地的方向,正是在困境中对这份美好的追求和坚守丰盈着人类最高贵的情感花园,让人们的心灵柔软、洁白,让人们的心永远有为之感动的情感和善良。

(作者　青岛市城阳第一高级中学　王艳丽)

原文

百合花[①]
茹志鹃

一九四六年的中秋。

这天打海岸的部队决定晚上总攻。我们文工团创作室的几个同志,就由主攻团的团长分派到各个战斗连去帮助工作。

大概因为我是个女同志吧!团长对我抓了半天后脑勺,最后才叫一个通讯员送我到前沿包扎所去。

包扎所就包扎所吧!反正不叫我进保险箱就行。我背上背包,跟通讯员走了。

早上下过一阵小雨,现在虽放了晴,路上还是滑得很,两边地里的秋庄稼,却给雨水冲洗得青翠水绿,珠烁晶莹。空气里也带有一股清鲜湿润的香味。要不是敌人的冷炮,在间歇地盲目地轰响着,我真以为我们是去赶集的呢!

通讯员撒开大步,一直走在我前面。一开始他就把我撩下几丈远。我的脚烂了,路又滑,怎么努力也赶不上他。我想喊他等等我,却又怕他笑我胆小害怕;不叫他,我又真怕一个人摸不到那个包扎所。我开始对这个通讯员生起气来。

嗳!说也怪,他背后好像长了眼睛似的,倒自动在路边站下了。但脸还是朝着前面,没看我一眼。等我紧走慢赶地快要走近他时,他又蹭蹭蹭地自个儿向前走了,一下又把我甩下几丈远。我实在没力气赶了,索性一个人在后面慢慢晃。不过这一次还好,他没让我撩得太远,但也不让我走近,总和我保持着丈把远的距离。我走快,他在前面大踏步向前;我走慢,他在前面就摇摇摆摆。奇怪的是,我从没见他回头看我一次,我不禁对这通讯员发生了兴趣。

刚才在团部我没注意看他,现在从背后看去,只看到他是高挑挑的个子,块头不大,但从他那副厚实实的肩膀看来,是个挺棒的小伙,他穿了一身洗淡了的黄军装,绑腿直打到膝盖上。肩上的步枪筒里,稀疏地插了几根树枝,这要说是伪装,倒不如算作装饰点缀。

[①] 文本选自教育部组织编写.普通高中教科书语文必修上册[M].北京:人民教育出版社,2019.

没有赶上他,但双脚胀痛得像火烧似的。我向他提出了休息一会儿后,自己便在做田界的石头上坐了下来。他也在远远的一块石头上坐下,把枪横搁在腿上,背向着我,好像没我这个人似的。凭经验,我晓得这一定又因为我是个女同志的缘故。女同志下连队,就有这些困难。我着恼的带着一种反抗情绪走过去,面对着他坐下来。这时,我看见他那张十分年轻稚气的圆脸,顶多有十八岁。他见我挨他坐下,立即张皇起来,好像他身边埋下了一颗定时炸弹,局促不安,掉过脸去不好,不掉过去又不行,想站起来又不好意思。我拼命忍住笑,随便地问他是哪里人。他没回答,脸涨得像个关公,讷讷半晌,才说清自己是天目山人。原来他还是我的同乡呢!

"在家时你干什么?"

"帮人拖毛竹。"

我朝他宽宽的两肩望了一下,立即在我眼前出现了一片绿雾似的竹海,海中间,一条窄窄的石级山道,盘旋而上。一个肩膀宽宽的小伙,肩上垫了一块老蓝布,扛了几枝青竹,竹梢长长的拖在他后面,刮打得石级哗哗作响。……这是我多么熟悉的故乡生活啊!我立刻对这位同乡,越加亲热起来。

我又问:"你多大了?"

"十九。"

"参加革命几年了?"

"一年。"

"你怎么参加革命的?"我问到这里自己觉得这不像是谈话,倒有些像审讯。不过我还是禁不住地要问。

"大军北撤时我自己跟来的。"

"家里还有什么人呢?"

"娘,爹,弟弟妹妹,还有一个姑姑也住在我家里。"

"你还没娶媳妇吧?"

"……"他飞红了脸,更加忸怩起来,两只手不停地数摸着腰皮带上的扣眼。半晌他才低下了头,憨憨地笑了一下,摇了摇头。我还想问他有没有对象,但看到他这样子,只得把嘴里的话,又咽了下去。

两人闷坐了一会,他开始抬头看看天,又掉过来扫了我一眼,意思是在催我动身。

当我站起来要走的时候,我看见他摘了帽子,偷偷地在用毛巾拭汗。这是我的不是,人家走路都没出一滴汗,为了我跟他说话,却害他出了这一头大汗,这都怪我了。

我们到包扎所,已是下午两点钟了。这里离前沿有三里路,包扎所设在一个小学里,大小六个房子组成品字形,中间一块空地长了许多野草,显然,小学已有多时不开课了。我们到时屋里已有几个卫生员在弄着纱布棉花,满地上都是用砖头垫起来的门板,算作病床。

我们刚到不久,来了一个乡干部,他眼睛熬得通红,用一片硬拍纸插在额前的破毡帽下,低低地遮在眼睛前面挡光。

他一肩背枪,一肩挂了一杆秤;左手拎了一篮鸡蛋,右手提了一口大锅,呼哧呼哧的走来。他一边放东西,一边对我们又道歉又诉苦,一边还喘息地喝着水,同时还从怀里掏出一包饭团来嚼着。我只见他迅速地做着这一切。他说的什么我就没大听清。好像是说什么被子的事,要我们自己去借。我问清了卫生员,原来因为部队上的被子还没发下来,但伤员流了血,非常怕冷,所以就得向老百姓去借。哪怕有一二十条棉絮也好。我这时正愁工作插不上手,便自告奋勇讨了这件差事,怕来不及就顺便也请了我那位同乡,请他帮我动员几家再走。他踌躇了一下,便和我一起去了。

我们先到附近一个村子,进村后他向东,我往西,分头去动员。不一会儿,我已写了三张借条出去,借到两条棉絮,一条被子,手里抱得满满的,心里十分高兴,正准备送回去再来借时,看见通讯员从对面走来,两手还是空空的。

"怎么,没借到?"我觉得这里老百姓觉悟高,又很开通,怎么会没有借到呢?我有点惊奇地问。

"女同志,你去借吧!……老百姓死封建。……"

"哪一家?你带我去。"我估计一定是他说话不对,说崩了。借不到被子事小,得罪了老百姓影响可不好。我叫他带我去看看。但他执拗地低着头,像钉在地上似的,不肯挪步,我走近他,低声地把群众影响的话对他说了。他听了,果然就松松爽爽地带我走了。

我们走进老乡的院子里,只见堂屋里静静的,里面一间房门上,垂着一块蓝布红额的门帘,门框两边还贴着鲜红的对联。我们只得站在外面向里"大姐、大嫂"的喊,喊了几声,不见人应,但响动是有了。一会儿,门帘一挑,露出一个年轻媳妇来。这媳妇长得很好看,高高的鼻梁,弯弯的眉,额前一溜蓬松松的刘海。穿的虽是粗布,倒都是新的。我看她头上已硬挠挠的挽了个髻,便大嫂长大嫂短的向她道歉,说刚才这个同志来,说话不好别见怪等等。她听着,脸扭向里面,尽咬着嘴唇笑。我说完了,她也不作声,还是低头咬着嘴唇,好像忍了一肚子的笑料没笑完。这一来,我倒有些尴尬了,下面的话怎么说呢!我看通讯员站在一边,眼睛一眨不眨的看着我,好像在看连长做示范动作似的。我只好硬了头皮,讪讪的向她开口借被子了,接着还对她说了一遍共产党的部队,打仗是为了老百姓的道理。这一次,她不笑了,一边听着,一边不断向房里瞅着。我说完了,她看看我,看看通讯员,好像在掂量我刚才那些话的斤两。半晌,她转身进去抱被子了。

通讯员乘这机会,颇不服气地对我说道:"我刚才也是说的这几句话,她就是不借,你看怪吧!……"

我赶忙白了他一眼,不叫他再说。可是来不及了,那个媳妇抱了被子,已经在房门口了。被子一拿出来,我方才明白她刚才为什么不肯借的道理了。这原来是一条里外全新的花被子,被面是假洋缎的,枣红底,上面撒满白色百合花。

她好像是在故意气通讯员,把被子朝我面前一送,说:"抱去吧。"

我手里已捧满了被子,就一努嘴,叫通讯员来拿。没想到他竟扬起脸,装作没看见。我只好开口叫他,他这才绷了脸,垂着眼皮,上去接过被子,慌慌张张地转身就走。不想他一步还没有走出去,就听见"嘶"的一声,衣服挂住了门钩,在肩膀处,挂下一片布来,口子撕得不小。那媳妇一面笑着,一面赶忙找针拿线,要给他缝上。通讯员却高低不肯,夹了被子就走。

刚走出门不远,就有人告诉我们,刚才那位年轻媳妇,是刚过门三天的新娘子,这条被子就是她唯一的嫁妆。我听了,心里便有些过意不去,通讯员也皱起了眉,默默地看着手里的被子。我想他听了这样的话一定会有同感吧!果然,他一边走,一边跟我嘟哝起来了。

"我们不了解情况,把人家结婚被子也借来了,多不合适呀!……"我忍不住想给他开个玩笑,便故作严肃地说:"是呀!也许她为了这条被子,在做姑娘时,不知起早熬夜,多干了多少零活,才积起了做被子的钱,或许她曾为了这条花被,睡不着觉呢。可是还有人骂她死封建。……"

他听到这里,突然站住脚,待了一会儿,说:"那!……那我们送回去吧!"

"已经借来了,再送回去,倒叫她多心。"我看他那副认真、为难的样子,又好笑,又觉得可爱。不知怎么的,我已从心底爱上了这个傻乎乎小同乡。

他听我这么说,也似乎有理,考虑了一下,便下了决心似的说:"好,算了。用了给她好好洗洗。"他决定以后,就把我抱着的被子,统统抓过去,左一条、右一条的披挂在自己肩上,大踏步地走了。

回到包扎所以后,我就让他回团部去。他精神顿时活泼起来了,向我敬了礼就跑了。走不几步,他又想起了什么,在自己挂包里掏了一阵,摸出两个馒头,朝我扬了扬,顺手放在路边石头上,说:"给你开饭啦!"说完就脚不点地地走了。我走过去拿起那两个干硬的馒头,看见他背的枪筒里不知在什么时候又多了一枝野菊花,跟那些树枝一起,在他耳边抖抖地颤动着。

他已走远了,但还见他肩上撕挂下来的布片,在风里一飘一飘。我真后悔没给他缝上再走。现在,至少他要裸露一晚上的肩膀了。

包扎所的工作人员很少。乡干部动员了几个妇女,帮我们打水,烧锅,做些零碎活儿。那位新媳妇也来了,她还是那样,笑眯眯地抿着嘴,偶然从眼角上看我一眼,但她时不时地东张西望,好像在找什么。后来她到底问我说:"那位同志弟到哪里去了?"我告诉她同志弟不是这里的,他现在到前沿去了。她不好意思地笑了一下说:"刚才借被子,他可受我的气了!"说完又抿了嘴笑着,动手把借来的几十条被子、棉絮,整整齐齐的分铺在门板上、桌子上(两张课桌拼起来,就是一张床)。我看见她把自己那条白百合花的新被,铺在外面屋檐下的一块门板上。

天黑了,天边涌起一轮满月。我们的总攻还没发起。敌人照例是忌怕夜晚的,在地上烧起一堆堆的野火,又盲目地轰炸,照明弹也一个接一个地升起,好像在月亮下面点了无数盏的汽油灯,把地面的一切都赤裸裸地暴露出来了。在这样一个"白夜"里来攻击,有多困难,要付出多大的代价啊!

我连那一轮皎洁的月亮,也憎恶起来了。

乡干部又来了,慰劳了我们几个家做的干菜月饼。原来今天是中秋节了。

啊,中秋节,在我的故乡,现在一定又是家家门前放一张竹茶几,上面供一副香烛,几碟瓜果月饼。孩子们急切地盼那炷香快些焚尽,好早些分摊给月亮娘娘享用过的东西,他们在茶几旁边跳着唱着:"月亮堂堂,敲锣买糖……"或是唱着:"月亮嬷嬷,照你照我……"我想到这里,又想起我那个小同乡,那个拖毛竹的小伙儿,也许,几年以前,他还唱过这些歌吧!

……我咬了一口美味的家做月饼,想起那个小同乡大概现在正趴在工事里,也许在团指挥所,或者是在那些弯弯曲曲的交通沟里走着哩!……

一会儿,我们的炮响了,天空划过几颗红色的信号弹,攻击开始了。不久,断断续续地有几个伤员下来,包扎所的空气立即紧张起来。

我拿着小本子,去登记他们的姓名、单位,轻伤的问问,重伤的就得拉开他们的符号,或是翻看他们的衣襟。我拉开一个重彩号的符号时,"通讯员"三个字使我突然打了个寒战,心跳起来。我定了下神才看到符号上写着×营的字样。啊!不是,我的同乡他是团部的通讯员。但我又莫名其妙地想问问谁,战地上会不会漏掉伤员。通讯员在战斗时,除了送信,还干什么——我不知道自己为什么要问这些没意思的问题。

战斗开始后的几十分钟里,一切顺利,伤员一次次带下来的消息,都是我们突破第一道鹿砦,第二道铁丝网,占领敌人前沿工事打进街了。但到这里,消息忽然停顿了,下来的伤员,只是简单地回答说"在打",或是"在街上巷战"。

但从他们满身泥泞,极度疲乏的神色上,甚至从那些似乎刚从泥里掘出来的担架上,大家明白,前面在进行着一场什么样的战斗。

包扎所的担架不够了,好几个重彩号不能及时送后方医院,耽搁下来。我不能解除他们任何痛苦,只得带着那些妇女,给他们拭脸洗手,能吃得的喂他们吃一点,带着背包的,就给他们换一件干净衣裳,有些还得解开他们的衣服,给他们拭洗身上的污泥血迹。

做这种工作,我当然没什么,可那些妇女又羞又怕,就是放不开手来,大家都要抢着去烧锅,特别是那新媳妇。我跟她说了半天,她才红了脸,同意了。不过只答应做我的下手。

前面的枪声,已响得稀落了。感觉上似乎天快亮了,其实还只是半夜。

外边月亮很明,也比平日悬得高。前面又下来一个重伤员。屋里铺位都满了,我就把这位重伤员安排在屋檐下的那块门板上。担架员把伤抬上门板,但还围在床边不肯走。一个上了年纪的担架员,大概把我当作医生了,一把抓住我的膀子说:"大夫,你可无论如何要想办法治好这位同志呀!你治好他,我……我们全体担架队员给你挂匾……"他说话的时候,我发现其他的几个担架员也都睁大了眼盯着我,似乎我点一点头,这伤员就立即会好了似的。我心想给他们解释一下,只见新媳妇端着水站在床前,短促地"啊"了一声。我急拨开他们上前一看,我看见了一张十分年轻稚气的圆脸,原来棕红的脸色,现已变得灰黄。他安详地合着眼,军装的肩头上,露着那个大洞,一片布还挂在那里。

"这都是为了我们……"那个担架员负罪地说道,"我们十多副担架挤在一个小巷子里,准备往前运动,这位同志走在我们后面,可谁知道反动派不知从哪个屋顶上撂下颗手榴弹来,手榴弹就在我们人缝里冒着烟乱转,这时这位同志叫我们快趴下,他自己就一下扑在那个东西上了……"

新媳妇又短促地"啊"了一声。我强忍着眼泪,给那些担架员说了些话,打发他们走了。我回转身看见新媳妇已轻轻移过一盏油灯,解开他的衣服,她刚才那种忸怩羞涩已经完全消失,只是庄严而虔诚地给他拭着身子,这位高大而又年轻的小通讯员无声地躺在那里。……我猛然醒悟地跳起身,磕磕绊绊地跑去找医生,等我和医生拿了针药赶来,新媳妇正侧着身子坐在他旁边。

她低着头,正一针一针地在缝他衣肩上那个破洞。医生听了听通讯员的心脏,默默地站起身说:"不用打针了。"我过去一摸,果然手都冰冷了。

新媳妇却像什么也没看见,什么也没听到,依然拿着针,细细地、密密地缝着那个破洞。我实在看不下去了,低声地说:"不要缝了。"她却对我异样地瞟了一眼,低下头,还是一针一针地缝。我想拉开她,我想推开这沉重的氛围,我想看见他坐起来,看见他羞涩的笑。但我无意中碰到了身边一个什么东西,伸手一摸,是他给我开的饭,两个干硬的馒头。……

卫生员让人抬了一口棺材来,动手揭掉他身上的被子,要把他放进棺材去。新媳妇这时脸发白,劈手夺过被子,狠狠地瞪了他们一眼。自己动手把半条被子平展展地铺在棺材底,半条盖在他身上。卫生员为难地说:"被子……是借老百姓的。"

"是我的——"她气汹汹地嚷了半句,就扭过脸去。在月光下,我看见她眼里晶莹发亮,我也看见那条枣红底色上撒满白色百合花的被子,这象征纯洁与感情的花,盖上了这位平常的、拖毛竹的青年人的脸。

《哦,香雪》评点细读

30多岁读《哦,香雪》,读出的是热情、向上和心灵的美;40多岁读《哦,香雪》,读出的是纯净、感伤和人性的善;但每次都让人热泪盈眶。

《哦,香雪》是铁凝的成名作,全篇不足8000字。小说以巧妙的构思,精练的语言,生动的人物内心描写,用诗意的笔触,抒情的表达方式,向读者呈现了改革开放初期80年代以香雪为代表的山村人的精神风貌,从而表现了偏僻山村里的人们对现代文明的向往和对美好生活的追求。这部小说在当时的文坛引起轰动,铁凝因此获得1982年度全国优秀短篇小说及首届"青年文学"创作奖,2018年这部小说还被评为中国改革开放40周年最具影响力的小说。下面是我的一些评点,浅见拙识还请批评。

如果不是有人发明了火车,如果不是有人把铁轨铺进深山,你怎么也不会发现台儿沟这个小村。它和它的十几户乡亲,一心一意掩藏在大山那深深的皱褶里,从春到夏,从秋到冬,默默地接受着大山任意给予的温存和粗暴。

然而,两根纤细、闪亮的铁轨延伸过来了。它勇敢地盘旋在山腰,又悄悄地试探着前进,弯弯曲曲,曲曲弯弯,终于绕到台儿沟脚下,然后钻进幽暗的隧道,冲向又一道山梁,朝着神秘的远方奔去。

文章的开头就出现了"火车""铁轨""台儿沟"这三个关键词,立刻让读者有了历史的纵深感。其实,作者曾在一个叫"苟各庄"的小山村体验生活,"台儿沟"就是"苟各庄"在小说中的具体形象的展现。这部三十几年前的作品,虽然在现在这个经济飞速发展、文明高度进步的即将进入5G时代的大中国,有一种不真实感,但读者又情不自禁地顺着铁轨来到这个安静闭塞的空间,来感受火车给他们带来的冲荡。

因为作者写大山,写的是它的"温存和粗暴",把大山人格化来写,无疑给大山注进了血肉和情感。在作家诗意的笔下,就连铁轨和火车都富有灵性。"两根纤细、闪亮的铁轨延伸过来了。它勇敢地盘旋在山腰,又悄悄地试探着前进,弯弯曲曲,曲曲弯弯,终于绕到台儿沟脚下,然后钻进幽暗的隧道,冲向又一道山梁,朝着神秘的远方奔去。"读者哪能不被深深吸引呢?

这短暂的一分钟,搅乱了台儿沟以往的宁静。从前,台儿沟人历来是吃过晚饭就钻被窝,他们仿佛是在同一时刻听到大山无声的命令。……如今,台儿沟的姑娘们刚把晚饭端上桌就慌了神,她们心不在焉地胡乱吃几口,扔下碗就开始梳妆打扮。她们洗净蒙受了一天的黄土、风尘,露出粗糙、红润的面色,把头发梳的乌亮,然后就比赛着穿出最好的衣裳。有人换上过年时才穿的新鞋,有人还悄悄往脸上涂点胭脂。尽管火车到站时已经天黑,她们还是按照自己的心思,刻意斟酌着服饰和容貌。然后,她们就朝村口,朝火车经过的地方跑去。香雪总是第一个出门,隔壁的凤娇第二个就跟了出来。

......

　　日久天长,这五彩缤纷的一分钟,竟变得更加五彩缤纷起来。就在这个一分钟里,她们开始挎上装满核桃、鸡蛋、大枣的长方形柳条篮子,站在车窗下,抓紧时间跟旅客和和气气地做买卖。她们踮着脚尖,双臂伸得直直的,把整筐的鸡蛋、红枣举上窗口,换回台儿沟少见的挂面、火柴,以及属于姑娘们自己的发卡、香皂。有时,有人还会冒着回家挨骂的风险,换回花色繁多的纱巾和能松能紧的尼龙袜。

　　人们常把列车比喻成一个人生的小舞台,暂停台儿沟的这列客车无疑给台儿沟的人们打开了通向五彩斑斓的大门。火车,让姑娘们看到了大山以外新奇的世界,打开了她们的视野,看到了与她们不一样的人们,同时,激发了她们对生活的热情,也改变了她们的思维方式和精神面貌。在这里作者是用"火车"来象征现代文明,姑娘们与火车一分钟的交集,揭示她们对现代文明的无限向往、对美好生活的强烈渴望以及对文化知识的追求。作者就是通过火车开通给台儿沟带来的变化暗喻改革开放初期的特征和人们心理的变化。作者完全做到了"以小题材表现大时代"这一点,而且也由此一步一步展开以香雪为代表的小山村姑娘的人物形象。

　　"香雪,过来呀,看!"凤娇拉过香雪向一个妇女头上指,她指的是那个妇女头上别着的那一排金圈圈。

　　"怎么我看不见?"香雪微微眯着眼睛。

　　"就是靠里边那个,那个大圆脸。看,还有手表哪,比指甲盖还小哩!"凤娇又有了新发现。

　　香雪不言不语地点着头,她终于看见了妇女头上的金圈圈和她腕上比指甲盖还要小的手表。但她也很快就发现了别的。"皮书包!"她指着行李架上一只普通的棕色人造革学生书包。就是那种连小城市都随处可见的学生书包。

　　车厢里的皮书包是小说的第一个"兴奋点",也为小说设下了悬念,在琳琅满目的物品中,香雪为什么独独看见了"皮书包",理由很简单,它是一个文化符号,代表山民对现代文明的渴望。香雪为什么单单对皮书包感兴趣,因为她是一个中学生,现代文明对她更有吸引力。同时作家在这里埋下了伏笔,为的是后面更精彩的"兴奋点"的出现。

　　车上一直没有人发现她,她却在一张堆满食品的小桌上,发现了渴望已久的东西。它的出现,使她再也不想往前走了,她放下篮子,心跳着,双手紧紧扒住窗框,认清了那真是一只铅笔盒,一只装有吸铁石的自动铅笔盒。它和她离得那样近,如果不是隔着玻璃她一伸手就可以摸到。

　　第二个兴奋点出现了,就是铅笔盒。铅笔盒比皮书包更加的具体。铅笔盒在文中主要出现了三次,第一次是香雪在学校看到自动铅笔盒时,意识到台儿沟的贫穷和铅笔盒的昂贵;第二次是香雪在车上想用鸡蛋换铅笔盒,但是却被留在了火车上;第三次是换到了铅笔盒时,香雪的激动和释然。铅笔盒象征着知识与文化,正是香雪浓浓的铅笔盒情节让她的形象变得高大起来。她毅然决然地用鸡蛋换了铅笔盒,哪怕代价是她得摸黑一个人走30里的山路,她还是换了。这是她对知识文化的极度渴求,表现她的积极向上。"这是一个宝盒子,谁用上它就能一切顺心如意,就能上大学、坐上火车到处跑,就能要什么有什么,就再也不会被人盘问她们每天吃几顿饭了。"这说明,铅笔盒不仅仅是香雪的勇敢和坚持,更是她的自尊与自爱。一部好的作品,是能够打动人心的,是能够令人动容的。香雪令人欣赏,也令人心疼。

一轮满月升起来了,照亮了寂静的山谷、灰白的小路,照亮了秋日的败草、粗糙的树干,还有一丛丛荆棘、怪石,还有漫山遍野那树的队伍,还有香雪手中那只闪闪发光的小盒子。

……

她站了起来,忽然感到心里很满意,风也柔和了许多。她发现月亮是这样明净。群山被月光笼罩着,像母亲庄严、神圣的胸脯;那秋风吹干的一树树核桃叶,卷起来像一树树金铃铛,她第一次听清它们在夜晚,在风的怂恿下"豁啷啷"地歌唱。

……

小溪的歌唱高昂起来了,它欢腾着向前奔跑,撞击着水中的石块,不时溅起一朵小小的浪花。香雪也要赶路了,她捧起溪水洗了把脸,又用沾着水的手抿光被风吹乱的头发。水很凉,但她觉得很精神。她告别了小溪,又回到了长长的铁路上。

作家孙犁当年曾这样评价:《哦,香雪》从头到尾都是诗,它是一泻千里,始终一致的。这是一首纯净的诗,即是清泉。它所经过的地方,也都是纯净的境界。读完之后,我就退到一个角落里,以便有更多的时间来享受一次阅读的愉快。这部小说语言清新婉丽,艺术构思精巧。作者善于诗化生活场景和自然景物,创造空灵蕴藉的艺术境界,对笔下的一切充满了宽容与厚爱,写山、写树、写小溪、写火车都充满了生命的灵性与诗情画意。这一切与香雪们微妙复杂的心理活动糅合在一起,构成了至今仍为人们所激赏的"香雪"旋律。

香雪想快点跑过去,但脚为什么变得异常沉重?她站在枕木上,回头望着笔直的铁轨,铁轨在月亮的照耀下泛着清淡的光,它冷静地记载着香雪的路程。她忽然觉得心头一紧,不知怎么的就哭了起来,那是欢乐的泪水、满足的泪水。面对严峻而又温厚的大山,她心中升起一种从未有过的骄傲。她用手背抹净眼泪,拿下插在辫子里的那根草棍儿,然后举起铅笔盒,迎着对面的人群跑去。

山谷里突然爆发了姑娘们欢乐的呐喊。她们叫着香雪的名字,声音是那样奔放,热烈;她们笑着,笑得是那样不加掩饰,无所顾忌。古老的群山终于被感动得战栗了,它发出宽亮低沉的回音,和她们共同欢呼着。

哦,香雪!香雪!

这篇小说情节简单,人物关系单纯,但是思想性和艺术性达到了完美的结合。小说赞美了以香雪为代表的山村人的纯净与淳朴,歌颂了他们的自尊自爱、积极向上,还有他们对城市文明的追求以及对新生活的热切企盼。当然还有对这种淳朴这种美好能否继续下去的担忧。特别是在台儿沟的原型成为旅游的热门景点后,这种担忧显得尤为严重了。

评论家崔道怡说:在作家蘸满关切深情的笔下,大山小村质朴而闭塞,纯洁而贫困,多么惹人怜惜。30多年来伴随着时代的前行,《哦,香雪》却不曾远去,仍不断地给读者带来审美沉淀和心灵共鸣。

（作者　青岛市城阳第三高级中学　魏金凤）

原文

哦，香雪①
铁凝

如果不是有人发明了火车，如果不是有人把铁轨铺进深山，你怎么也不会发现台儿沟这个小村。它和它的十几户乡亲，一心一意掩藏在大山那深深的皱褶里，从春到夏，从秋到冬，默默地接受着大山任意给予的温存和粗暴。

然而，两根纤细、闪亮的铁轨延伸过来了。它勇敢地盘旋在山腰，又悄悄地试探着前进，弯弯曲曲，曲曲弯弯，终于绕到台儿沟脚下，然后钻进幽暗的隧道，冲向又一道山梁，朝着神秘的远方奔去。

不久，这条线正式营运，人们挤在村口，看见那绿色的长龙一路呼啸，挟带着来自山外的陌生、新鲜的清风，擦着台儿沟贫弱的脊背匆匆而过。它走得那样急忙，连车轮碾轧钢轨时发出的声音好像都在说：不停不停，不停不停！是啊，它有什么理由在台儿沟站脚呢？台儿沟有人要出远门吗？山外有人来台儿沟探亲访友吗？还是这里有石油储存，有金矿埋藏？台儿沟，无论从哪方面讲，都不具备挽住火车在它身边留步的力量。

可是，记不清从什么时候起，列车的时刻表上，还是多了"台儿沟"这一站。也许乘车的旅客提出过要求，他们中有哪位说话算数的人和台儿沟沾亲；也许是那个快乐的男乘务员发现台儿沟有一群十七八岁的漂亮姑娘，每逢列车疾驰而过，她们就成帮搭伙地站在村口，翘起下巴，贪婪、专注地仰望着火车。有人朝车厢指点，不时能听见她们由于互相捶打而发出的一两声娇嗔的尖叫。也许什么都不为，就因为台儿沟太小了，小得叫人心疼，就是钢筋铁骨的巨龙在它面前也不能昂首阔步，也不能不停下来。总之，台儿沟上了列车时刻表，每晚七点钟，由首都方向开往山西的这列火车在这里停留一分钟。

这短暂的一分钟，搅乱了台儿沟以往的宁静。从前，台儿沟人历来是吃过晚饭就钻被窝，他们仿佛是在同一时刻听到大山无声的命令。于是，台儿沟那一小变石头房子在同一时刻忽然完全静止了，静得那样深沉、真切，好像在默默地向大山诉说着自己的虔诚。如今，台儿沟的姑娘们刚把晚饭端上桌就慌了神，她们心不在焉地胡乱吃几口，扔下碗就开始梳妆打扮。她们洗净蒙受了一天的黄土、风尘，露出粗糙、红润的面色，把头发梳的乌亮，然后就比赛着穿出最好的衣裳。有人换上过年时才穿的新鞋，有人还悄悄往脸上涂点胭脂。尽管火车到站时已经天黑，她们还是按照自己的心思，刻意斟酌着服饰和容貌。然后，她们就朝村口，朝火车经过的地方跑去。香雪总是第一个出门，隔壁的凤娇第二个就跟了出来。

七点钟，火车喘息着向台儿沟滑过来，接着一阵咔嚓乱响，车身震颤一下，才停住不

---

① 文本选自教育部组织编写.普通高中教科书语文必修上册[M].北京：人民教育出版社，2019.

动了。姑娘们心跳着涌上前去,像看电影一样,挨着窗口观望。只有香雪躲在后面,双手紧紧捂着耳朵。看火车,她跑在最前边;火车来了,她却缩到最后去了。她有点害怕它那巨大的车头,车头那么雄壮地喷吐着白雾,仿佛一口气就能把台儿沟吸进肚里。它那撼天动地的轰鸣也叫她感到恐惧。在它跟前,她简直像一棵没根的小草。

"香雪,过来呀,看!"凤娇拉过香雪向一个妇女头上指,她指的是那个妇女头上别着的那一排金圈圈。

"怎么我看不见?"香雪微微眯着眼睛。

"就是靠里边那个,那个大圆脸。看,还有手表哪,比指甲盖还小哩!"凤娇又有了新发现。

香雪不言不语地点着头,她终于看见了妇女头上的金圈圈和她腕上比指甲盖还要小的手表。但她也很快就发现了别的。"皮书包!"她指着行李架上一只普通的棕色人造革学生书包。就是那种连小城市都随处可见的学生书包。

尽管姑娘们对香雪的发现总是不感兴趣,但她们还是围了上来。

"哟,我的妈呀!你踩着我的脚啦!"凤娇一声尖叫,埋怨着挤上来的一位姑娘。她老是爱一惊一乍的。

"你咋呼什么呀,是想叫那个小白脸和你搭话了吧?"被埋怨的姑娘也不示弱。

"我撕了你的嘴!"凤娇骂着,眼睛却不由自主地朝第三节车厢的车门望去。

那个白白净净的年轻乘务员真下车来了。他身材高大,头发乌黑,说一口漂亮的北京话。也许因为这点,姑娘们私下里都叫他"北京话"。"北京话"双手抱住胳膊肘,和她们站得不远不近地说:"喂,我说小姑娘们,别扒窗户,危险!"

"哟,我们小,你就老了吗?"大胆的凤娇回敬了一句。

姑娘们一阵大笑,不知谁还把凤娇往前一搡,弄得她差点撞在他身上。这一来反倒更壮了凤娇的胆,"喂,你们老待在车上不头晕?"她又问。

"房顶子上那个大刀片似的,那是干什么用的?"又一个姑娘问。她指的是车厢里的电扇。

"烧水在哪儿?"

"开到没路的地方怎么办?"

"你们城里人一天吃几顿饭?"香雪也紧跟在姑娘们后面小声问了一句。

"真没治!""北京话"陷在姑娘们的包围圈里,不知所措地嘟囔着。

快开车了,她们才让出一条路,放他走。他一边看表,一边朝车门跑去,跑到门口,又扭头对她们说:"下次吧,下次告诉你们!"他的两条长腿灵巧地向上一跨就上了车,接着一阵叽里哐啷,绿色的车门就在姑娘门面前沉重地合上了。列车一头扎进黑暗,把她们撇在冰冷的铁轨旁边。很久,她们还能感觉到它那越来越轻的震颤。

一切又恢复了寂静,静得叫人惆怅。姑娘们走回家去,路上还要为一点小事争论不休:

"谁知道别在头上的金圈圈是几个?"

"八个。"

"九个。"

"不是!"

"就是!"

"凤娇你说哪?"

"她呀,还在想北京话哪!"

"去你的,谁说谁就想。"凤娇说着捏了一下香雪的手,意思是叫香雪帮腔。

香雪没说话,慌得脸都红了。她才十七岁,还没学会怎样在这种事上给人家帮腔。

"他的脸多白呀!"那个姑娘还在逗凤娇。

"白?还不是在那大绿屋里捂的。叫他到咱台儿沟住几天试试。"有人在黑影里说。

"可不,城里人就靠捂。要论白,叫他们和咱们香雪比比。咱们香雪,天生一副好皮子,再照火车那些闺女的样儿,把头发烫成弯弯绕,啧啧!'真没治'!凤娇姐,你说是不是?"

凤娇不接茬儿,松开了香雪的手。好像姑娘们真的在贬低她的什么人一样,她心里真有点替他抱不平呢。不知怎么的,她认定他的脸绝不是捂白的,那是天生。

香雪又悄悄把手送到凤娇手心里,她示意凤娇握住她的手,仿佛请求凤娇的宽恕,仿佛是她使凤娇受了委屈。

"凤娇,你哑巴啦?"还是那个姑娘。

"谁哑巴啦!谁像你们,专看人家脸黑脸白。你们喜欢,你们可跟上人家走啊!"凤娇的嘴巴很硬。

"我们不配!"

"你担保人家没有相好的?"

……

不管在路上吵得怎样厉害,分手时大家还是十分友好的,因为一个叫人兴奋的念头又在她们心中升起:明天,火车还要经过,她们还会有一个美妙的一分钟。和它相比,闹点小别扭还算回事吗?

哦,五彩缤纷的一分钟,你饱含着台儿沟的姑娘们多少喜怒哀乐!

日久天长,这五彩缤纷的一分钟,竟变得更加五彩缤纷起来。就在这个一分钟里,她们开始挎上装满核桃、鸡蛋、大枣的长方形柳条篮子,站在车窗下,抓紧时间跟旅客和和气气地做买卖。她们踮着脚尖,双臂伸得直直的,把整筐的鸡蛋、红枣举上窗口,换回台儿沟少见的挂面、火柴,以及属于姑娘们自己的发卡、香皂。有时,有人还会冒着回家挨骂的风险,换回花色繁多的纱巾和能松能紧的尼龙袜。

凤娇好像是大家有意分配给那个"北京话"的,每次都是她提着篮子去找他。她和他做买卖故意磨磨蹭蹭,车快开时才把整篮的鸡蛋塞给他。要是他先把鸡蛋拿走,下次见面时再付钱,那就更够意思了。如果他给她捎回一捆挂面、两条纱巾,凤娇就一定抽回一斤挂面还给他。她觉得,只有这样才对得起和他的交往,她愿意这种交往和一般的做买卖有区别。有时她也想起姑娘们的话:"你担保人家没有相好的?"其实,有没有相好的不关凤娇的事,她又没想过跟他走。可她愿意对他好,难道非得是相好的才能这么做吗?

香雪平时话不多,胆子又小,但做起买卖却是姑娘中最顺利的一个。旅客们爱买她的货,因为她是那么信任地瞧着你,那洁如水晶的眼睛告诉你,站在车窗下的这个女孩子还不知道什么叫受骗。她还不知道怎么讲价钱,只说:"你看着给吧。"你望着她那洁净得仿佛一分钟前才诞生的面孔,望着她那柔软得宛若红缎子似的嘴唇,心中会升起一种美好的感情。你不忍心跟这样的小姑娘耍滑头,在她面前,再爱计较的人也会变得慷慨大度。

有时她也抓空儿向他们打听外面的事,打听北京的大学要不要台儿沟人,打听什么叫"配乐诗朗诵"(那是她偶然在同桌的一本书上看到的)。有一回她向一位戴眼镜的中年妇女打听能自动开关的铅笔盒,还问到它的价钱。谁知没等人家回话,车已经开动了。她追着它跑了好远,当秋风和车轮的呼啸一同在她耳边鸣响时,她才停下脚步意识到,自己的行为是多么可笑啊。

火车眨眼间就无影无踪了。姑娘们围住香雪,当她们知道她追火车的原因后,便觉得好笑起来。

"傻丫头!"

"值不当的!"

她们像长者那样拍着她的肩膀。

"就怪我磨蹭,问慢了。"香雪可不认为这是一件值不当的事,她只是埋怨自己没抓紧时间。

"咳,你问什么不行呀!"凤娇替香雪拎起篮子说。

"谁叫咱们香雪是学生呢。"也有人替香雪分辩。

也许就因为香雪是学生吧,是台儿沟唯一考上初中的人。

台儿沟没有学校,香雪每天上学要到十五里以外的公社。尽管不爱说话是她的天性,但和台儿沟的姐妹们总是有话可说的。公社中学可就没那么多姐妹了,虽然女同学不少,但她们的言谈举止,一个眼神,一声轻轻的笑,好像都是为了叫香雪意识到,她是小地方来的,穷地方来的。她们故意一遍又一遍地问她:"你们那儿一天吃几顿饭?"她不明白她们的用意,每次都认真的回答:"两顿。"然后又友好地瞧着她们反问道:"你们呢?"

"三顿!"她们每次都理直气壮地回答。之后,又对香雪在这方面的迟钝感到说不出的怜悯和气恼。

"你上学怎么不带铅笔盒呀?"她们又问。

"那不是吗。"香雪指指桌角。

其实,她们早知道桌角那只小木盒就是香雪的铅笔盒,但她们还是做出吃惊的样子。每到这时,香雪的同桌就把自己那只宽大的泡沫塑料铅笔盒摆弄得嗒嗒乱响。这是一只可以自动合上的铅笔盒,很久以后,香雪才知道它所以能自动合上,是因为铅笔盒里包藏着一块不大不小的吸铁石。香雪的小木盒呢,尽管那是当木匠的父亲为她考上中学特意制作的,它在台儿沟还是独一无二的呢。可在这儿,和同桌的铅笔盒一比,为什么显得那样笨拙、陈旧?它在一阵嗒嗒声中有几分羞涩地畏缩在桌角上。

香雪的心再也不能平静了,她好像忽然明白了同学对她的再三盘问,明白了台儿沟是多么贫穷。她第一次意识到这是不光彩的,因为贫穷,同学才敢一遍又一遍地盘问她。她盯住同桌那只铅笔盒,猜测它来自遥远的大城市,猜测它的价值肯定非同寻常。三十个鸡蛋换得来吗？还是四十个、五十个？这时她的心又忽地一沉：怎么想起这些了？娘攒下鸡蛋，不是为了叫她乱打主意啊！可是，为什么那诱人的嗒嗒声老是在耳边响个没完？

深秋，山风渐渐凛冽了，天也黑得越来越早。但香雪和她的姐妹们对于七点钟的火车，是照等不误的。她们可以穿起花棉袄了，凤娇头上别起了淡粉色的有机玻璃发卡，有些姑娘的辫梢还缠上了夹丝橡皮筋。那是她们用鸡蛋、核桃从火车上换来的。她们仿照火车上那些城里姑娘的样子把自己武装起来，整齐地排列在铁路旁，像是等待欢迎远方的贵宾，又像是准备着接受检阅。

火车停了，发出一阵沉重的叹息，像是在抱怨着台儿沟的寒冷。今天，它对台儿沟表现了少有的冷漠：车窗全部紧闭着，旅客在黄昏的灯光下喝茶、看报，没有人像窗外瞥一眼。那些眼熟的、长跑这条线的人们，似乎也忘记了台儿沟的姑娘。

凤娇照例跑到第三节车厢去找她的"北京话"，香雪系紧头上的紫红色线围巾，把臂弯里的篮子换了换手，也顺着车身不停的跑着。她尽量高高地踮起脚尖，希望车厢里的人能看见她的脸。车上一直没有人发现她，她却在一张堆满食品的小桌上，发现了渴望已久的东西。它的出现，使她再也不想往前走了，她放下篮子，心跳着，双手紧紧扒住窗框，认清了那真是一只铅笔盒，一只装有吸铁石的自动铅笔盒。它和她离得那样近，如果不是隔着玻璃她一伸手就可以摸到。

一位中年女乘务员走过来拉开了香雪。香雪拎起篮子站在远处继续观察。当她断定它属于靠窗的那位女学生模样的姑娘时，就果断地跑过去敲起了玻璃。女学生转过脸来，看见香雪臂弯里的篮子，抱歉地冲她摆了摆手，并没有打开车窗的意思，不知怎么的她就朝车门跑去，当她在门口站定时，还一把扒住了扶手。如果说跑的时候她还有点犹豫，那么从车厢里送出来的一阵阵温馨的、火车特有的气息却坚定了她的信心，她学着"北京话"的样子，轻巧地跃上了踏板。她打算以最快的速度跑进车厢，以最快的速度用鸡蛋换回铅笔盒。也许，她所以能够在几秒钟内就决定上车，正是因为她拥有那么多鸡蛋吧，那是四十个。

香雪终于站在火车上了。她挽紧篮子，小心地朝车厢迈出了第一步。这时，车身忽然悸动了一下，接着，车门被人关上了。当她意识到眼前发生了什么事时，列车已经缓缓地向台儿沟告别了。香雪扑在车门上，看见凤娇的脸在车下一晃。看来这不是梦，一切都是真的，她确实离开姐妹们，站在这又熟悉又陌生的火车上了。她拍打着玻璃，冲凤娇叫喊："凤娇！我怎么办呀，我可怎么办呀！"

列车无情地载着香雪一路飞奔，台儿沟刹那间就被抛在后面了。下一站叫西山口，西山口离台儿沟三十里。

三十里，对于火车，汽车真的不算什么，西山口在旅客们闲聊之中就到了。这里上车的人不少，下车的只有一位旅客，那就是香雪，她胳膊上少了那只篮子，她把它塞到那个女学生座位下面了。

在车上，当她红着脸告诉女学生，想用鸡蛋和她换铅笔盒时，女学生不知怎么的也红了脸。她一定要把铅笔盒送给香雪，还说她住在学校吃食堂，鸡蛋带回去也没法吃。她怕香雪不信，又指了指胸前的校徽，上面果真有"矿冶学院"几个字。香雪却觉着她在哄她，难道除了学校她就没家吗？香雪一面摆弄着铅笔盒，一面想着主意。台儿沟再穷，她也从没白拿过别人的东西。就在火车停顿前发出的几秒钟的震颤里，香雪还是猛然把篮子塞到女学生的座位下面，迅速离开了。

车上，旅客们曾劝她在西山口住上一夜再回台儿沟。热情的"北京话"还告诉她，他爱人有个亲戚就住在站上。香雪没有住，更不打算去找"北京话"的什么亲戚，他的话倒更使她感到了委屈，她替凤娇委屈，替台儿沟委屈。她只是一心一意地想：赶快走回去，明天理直气壮地去上学，理直气壮地打开书包，把"它"摆在桌上。车上的人既不了解火车的呼啸曾经怎样叫她像只受惊的小鹿那样不知所措，更不了解山里的女孩子在大山和黑夜面前到底有多大本事。

列车很快就从西山口车站消失了，留给她的又是一片空旷。一阵寒风扑来，吸吮着她单薄的身体。她把滑到肩上的围巾紧裹在头上，缩起身子在铁轨上坐了下来。香雪感受过各种各样的害怕，小时候她怕头发，身上粘着一根头发择不下来，她会急得哭起来；长大了她怕晚上一个人到院子里去，怕毛毛虫，怕被人胳肢（凤娇最爱和她来这一手）。现在她害怕这陌生的西山口，害怕四周黑幽幽的大山，害怕叫人心惊肉跳的寂静，当风吹响近处的小树林时，她又害怕小树林发出的窸窸窣窣的声音。三十里，一路走回去，该路过多少大大小小的林子啊！

一轮满月升起来了，照亮了寂静的山谷，灰白的小路，照亮了秋日的败草，粗糙的树干，还有一丛丛荆棘、怪石，还有漫山遍野那树的队伍，还有香雪手中那只闪闪发光的小盒子。

她这才想到把它举起来仔细端详。她想，为什么坐了一路火车，竟没有拿出来好好看看？现在，在皎洁的月光下，它才看清了它是淡绿色的，盒盖上有两朵洁白的马蹄莲。她小心地把它打开，又学着同桌的样子轻轻一拍盒盖，"嗒"的一声，它便合得严严实实。她又打开盒盖，觉得应该立刻装点东西进去。她从兜里摸出一只盛擦脸油的小盒放进去，又合上了盖子。只有这时，她才觉得这铅笔盒真属于她了，真的。它又想到了明天，明天上学时，她多么盼望她们会再三盘问她啊！

她站了起来，忽然感到心里很满意，风也柔和了许多。她发现月亮是这样明净。群山被月光笼罩着，像母亲庄严、神圣的胸脯；那秋风吹干的一树树核桃叶，卷起来像一树树金铃铛，她第一次听清它们在夜晚，在风的怂恿下"豁啷啷"地歌唱。她不再害怕了，在枕木上跨着大步，一直朝前走去。大山原来是这样的！月亮原来是这样的！核桃树原来是这样的！香雪走着，就像第一次认出养育她长大成人的山谷。台儿沟呢？不知怎么的，她加快了脚步。她急着见到它，就像从来没有见过它那样觉得新奇。台儿沟一定会是"这样的"：那时台儿沟的姑娘不再央求别人，也用不着回答人家的再三盘问。火车上的漂亮小伙子都会求上门来，火车也会停得久一些，也许三分、四分，也许十分、八分。它会向台儿沟打开所有的门窗，要是再碰上今晚这种情况，谁都能从从容容地下车。

今晚台儿沟发生了什么事？对了，火车拉走了香雪，为什么现在她像闹着玩儿似的去回忆呢？四十个鸡蛋没有了，娘会怎么说呢？爹不是盼望每天都有人家娶媳妇、聘闺女吗？那时他才有干不完的活儿，他才能光着红铜似的脊梁，不分昼夜地打出那些躺柜、碗橱、板箱，挣回香雪的学费。想到这儿，香雪站住了，月光好像也黯淡下来，脚下的枕木变成一片模糊。回去怎么说？她环视群山，群山沉默着；她又朝着近处的杨树林张望，杨树林窸窸窣窣地响着，并不真心告诉她应该怎么做。是哪来的流水声？她寻找着，发现离铁轨几米远的地方，有一道浅浅的小溪。她走下铁轨，在小溪旁边坐了下来。她想起小时候有一回和凤娇在河边洗衣裳，碰见一个换芝麻糖的老头。凤娇劝香雪拿一件汗衫换几块糖吃，还教她对娘说，那件衣裳不小心叫河水给冲走了。香雪很想吃芝麻糖，可她到底没换。她还记得，那老头真心实意等了她半天呢。为什么她会想起这件小事？也许现在应该骗娘吧，因为芝麻糖怎么也不能和铅笔盒的重要性相比。她要告诉娘，这是一个宝盒子，谁用上它，就能一切顺心如意，就能上大学、坐上火车到处跑，就能要什么有什么，就再也不会被人盘问她们每天吃几顿饭了。娘会相信的，因为香雪从来不骗人。

小溪的歌唱高昂起来了，它欢腾着向前奔跑，撞击着水中的石块，不时溅起一朵小小的浪花。香雪也要赶路了，她捧起溪水洗了把脸，又用沾着水的手抿光被风吹乱的头发。水很凉，但她觉得很精神。她告别了小溪，又回到了长长的铁路上。

前边又是什么？是隧道，它愣在那里，就像大山的一只黑眼睛。香雪又站住了，但她没有返回去，她想到怀里的铅笔盒，想到同学们惊羡的目光，那些目光好像就在隧道里闪烁。她弯腰拔下一根枯草，将草茎插在小辫里。娘告诉她，这样可以"避邪"。然后她就朝隧道跑去。确切地说，是冲去。

香雪越走越热了，她解下围巾，把它搭在脖子上。她走出了多少里？不知道。尽管草丛里的"纺织娘""油葫芦"总在鸣叫着提醒她。台儿沟在哪儿？她向前望去，她看见迎面有一颗颗黑点在铁轨上蠕动。再近一些她才看清，那是人，是迎着她走过来的人群。第一个是凤娇，凤娇身后是台儿沟的姐妹们。

香雪想快点跑过去，但脚为什么变得异常沉重？她站在枕木上，回头望着笔直的铁轨，铁轨在月亮的照耀下泛着清淡的光，它冷静地记载着香雪的路程。她忽然觉得心头一紧，不知怎么的就哭了起来，那是欢乐的泪水、满足的泪水。面对严峻而又温厚的大山，她心中升起一种从未有过的骄傲。她用手背抹净眼泪，拿下插在辫子里的那根草棍儿，然后举起铅笔盒，迎着对面的人群跑去。

山谷里突然爆发了姑娘们欢乐的呐喊。她们叫着香雪的名字，声音是那样奔放，热烈；她们笑着，笑声是那样不加掩饰，无所顾忌。古老的群山终于被感动得战栗了，它发出宽亮低沉的回音，和她们共同欢呼着。

哦，香雪！香雪！

1982年6月

细节里,品人物,探缘由

——《祝福》评点细读

《祝福》是鲁迅先生写的一篇短篇小说,写于 1924 年 2 月 7 日,作品叙写一个离开故乡的知识分子"我"在旧历年底回到故乡后寄寓在本家四叔即鲁四老爷家里准备过"祝福"时,见证了四叔家先前的女工祥林嫂死亡的悲剧。这篇小说写得细腻,富有生活气息,作者善于运用出彩的细节描写来刻画人物,进而揭示促使小说主人公祥林嫂去世的缘由。

先来看文章中对于祥林嫂的三处细节描写。

第一次关于祥林嫂的肖像描写:

有一年的冬初,四叔家里要换女工,做中人的卫老婆子带她进来了,头上扎着白头绳,乌裙,蓝夹袄,月白背心,年纪大约二十六七,脸色青黄,但两颊却还是红的。卫老婆子叫她祥林嫂,说是自己母家的邻舍,死了当家人,所以出来做工了。四叔皱了皱眉,四婶已经知道了他的意思,是在讨厌她是一个寡妇。但看她模样还周正,手脚都壮大,又只是顺着眼,不开一句口,很像一个安分耐劳的人,便不管四叔的皱眉,将她留下了。试工期内,她整天的做,似乎闲着就无聊,又有力,简直抵得过一个男子,所以第三天就定局,每月工钱五百文。

从这段文字中可以看出鲁迅先生运用肖像描写、神态描写等细节描写,通过写"头上扎着白头绳,乌裙,蓝夹袄,月白背心,年纪大约二十六七,脸色青黄,但两颊却还是红的。模样还周正,手脚都壮大,又只是顺着眼,不开一句口,很像一个安分耐劳的人",特别是通过画眼睛的细节描写"顺着眼",可以看出此时的祥林嫂是勤劳、朴实、善良、温顺、要求极低、易于满足的。

第二次关于祥林嫂的细节描写:

但有一年的秋季,大约是得到祥林嫂好运的消息之后的又过了两个新年,她竟又站在四叔家的堂前了。桌上放着一个荸荠式的圆篮,檐下一个小铺盖。她仍然头上扎着白头绳,乌裙,蓝夹袄,月白背心,脸色青黄,只是两颊上已经消失了血色,顺着眼,眼角上带些泪痕,眼光也没有先前那样精神了。

从这段文字中可以看出鲁迅先生运用肖像描写、神态描写等细节描写,通过"头上扎着白头绳,乌裙,蓝夹袄,月白背心,脸色青黄,只是两颊上已经消失了血色,顺着眼,眼角上带些泪痕,眼光也没有先前那样精神了"这些细节描写,特别是通过画眼睛的细节描写"顺着眼,眼角上带些泪痕,眼光也没有先前那样精神了",可以看出此时的祥林嫂是精神上受到刺激,极度悲伤,精神上也不如以前。

第三次看见祥林嫂时的细节描写:

五年前的花白的头发,即今已经全白,全不像四十上下的人;脸上瘦削不堪,黄中带黑,而且消尽了先前悲哀的神色,仿佛是木刻似的;只有那眼珠间或一轮,还可以表示她是一个活物。她一手提着竹篮,内中一个破碗,空的;一手拄着一支比她更长的竹竿,下端开了裂:她分明已经纯乎是一个乞丐了。

从这段文字中可以看出鲁迅先生运用肖像描写、神态描写等细节描写,通过描写头发、脸色、眼睛、竹篮、破碗、竹竿等细节,可以看出此时的祥林嫂是遭遇悲惨,乞讨无路,陷于绝境,内心深处受到摧残,精神麻木,已经濒于死亡。

那么到底是什么促使祥林嫂一步一步走向死亡的呢?下面我们从作者运用的一系列的细节描写中去探究祥林嫂死亡之缘由。

旧历的年底毕竟最像年底,村镇上不必说,就在天空中也显出将到新年的气象来。灰白色的沉重的晚云中间时时发出闪光,接着一声钝响,是送灶的爆竹;近处燃放的可就更强烈了,震耳的大音还没有息,空气里已经散满了幽微的火药香。

文章开始的这一细节描写就颇具深意。《祝福》开头几句渲染了鲁镇年终祝福的热闹忙碌的气氛:晚云的闪光、爆竹的钝响、幽微的火药香,调动了读者的视觉、听觉和嗅觉,写得层次分明,具体形象,使人如见其景,如闻其声。如用"沉重"的晚云等语句,透露出作者对这种气氛的反感和贬抑,突出了灰白色的沉重的晚云,还有那声钝响,给蕴含着无穷祥和美好的氛围中带来压抑之感,也为祥林嫂的死作了铺垫。

再来看这一处细节描写:

我回到四叔的书房里时,瓦楞上已经雪白,房里也映得较光明,极分明的显出壁上挂着的朱拓的大"寿"字,陈抟老祖写的;一边的对联已经脱落,松松的卷了放在长桌上,一边的还在,道是"事理通达心气和平"。我又无聊赖的到窗下的案头去一翻,只见一堆似乎未必完全的《康熙字典》,一部《近思录集注》和一部《四书衬》。无论如何,我明天决计要走了。

这是对鲁四老爷书房的细节描写,从对联的内容到摆放的字典和书籍,从中可以看出鲁四老爷具有封建礼教卫道士的迂腐和顽固,同时这一细节描写也点明鲁四老爷的政治身份和思想基础,揭示主人公祥林嫂悲剧的社会环境。

再来看这几处的细节描写:我初回鲁镇后在鲁四老爷家,鲁四老爷和我寒暄,"寒暄之后说我胖了,说我胖了之后即大骂新党";当祥林嫂第一次到鲁四老爷家时,作者用了"四叔皱了皱眉"这样的细节描写;当祥林嫂被婆婆家劫去后,鲁四老爷说"既是她的婆婆要她回去,那有什么话可说呢""可恶!然而……";当祥林嫂再次来到鲁四老爷家后,鲁四老爷的表现是"四叔虽然照例皱过眉,但鉴于向来雇用女工之难,也就并不大反对,只是暗暗地告诫四婶说,这种人虽然似乎很可怜,但是败坏风俗的,用她帮忙还可以,祭祀时候可用不着她沾手,一切饭菜,只好自己做,否则,不干不净,祖宗是不吃的"。从这一系列的动作语言等细节描写中,可以看出鲁四老爷迂腐保守、自私伪善、冷酷无情、自觉维护封建制度和封建礼教。鲁四老爷是当时农村中地主阶级的代表人物,他政治上迂腐、保守,思想上守旧、反动,为人自私、冷酷。他是造成祥林嫂悲剧的一个重要人物。

可见要想分析出祥林嫂死亡的缘由,离不开分析文章中其他人物,其他人物构成祥林嫂所生活的社会环境,理清楚他们与祥林嫂的关系,对于探究祥林嫂死亡的缘由大有裨益。

先来分析祥林嫂第一个丈夫去世后,她婆家的表现:

看见的人报告说,河里面上午就泊了一只白篷船,篷是全盖起来的,不知道什么人在里面,但事前也没有人去理会他。待到祥林嫂出来淘米,刚刚要跪下去,那船里便突然跳出两个男人来,像是山里人,一个抱住她,一个帮着,拖进船去了。祥林嫂还哭喊了几声,此后便再没有什么声息,大约给用什么堵住了罢。接着就走上两个女人来,一个不认识,一个就是卫老婆子。窥探舱里,不很分明,她像是捆了躺在船板上。

"阿呀,我的太太!你真是大户人家的太太的话。我们山里人,小户人家,这算得什么?她有小叔子,也得娶老婆。不嫁了她,那有这一注钱来做聘礼?她的婆婆倒是精明强干的女人呵,很有打算,所以就将她嫁到里山去。倘许给本村人,财礼就不多;惟独肯嫁进深山野墺里去的女人少,所以她就到手了八十千。现在第二个儿子的媳妇也娶进了,财礼花了五十,除去办喜事的费用,还剩十多千。吓,你看,这多么好打算?……"

从对婆家人的动作描写和卫老婆子的语言描写中可以看出祥林嫂嫁进婆家,就没有了人身自由,丈夫死后,她还是属于婆家,婆家可以把她卖了,可见当时封建制度的夫权思想是多么的浓厚,祥林嫂虽然也有反抗,但最终还是顺服了。

再看祥林嫂第二个丈夫去世,孩子死后,她婆家的表现是:

"现在她只剩了一个光身了。大伯来收屋,又赶她。她真是走投无路了,只好来求老主人。"

从卫老婆子短短的语言描写中可见祥林嫂在丈夫、孩子死后没有一点权利,自己的家被大伯收去,还被大伯赶走,可见封建制度中的族权也是压倒祥林嫂的一个原因,身为人,却没有人的尊严。这夫权和族权是促使祥林嫂走向死亡的重要原因。

下面我们再来看看柳妈这个人物,是她让祥林嫂去捐门槛、赎罪,让祥林嫂点燃了希望,又最终彻底失去希望。

文章中对柳妈有这几处细节描写:

柳妈是善女人,吃素,不杀生的,只肯洗器皿。

柳妈的打皱的脸也笑起来,使她蹙缩得像一个核桃;干枯的小眼睛一看祥林嫂的额角,又钉住她的眼。祥林嫂似乎很局促了,立刻敛了笑容,旋转眼光,自去看雪花。

"祥林嫂,你实在不合算。"柳妈诡秘的说。"再一强,或者索性撞一个死,就好了。现在呢,你和你的第二个男人过活不到两年,倒落了一件大罪名。你想,你将来到阴司去,那两个死鬼的男人还要争,你给了谁好呢?阎罗大王只好把你锯开来,分给他们。我想,这真是……。"

她脸上就显出恐怖的神色来,这是在山村里所未曾知道的。

"我想,你不如及早抵当。你到土地庙里去捐一条门槛,当作你的替身,给千人踏,万人跨,赎了这一世的罪名,免得死了去受苦。"

从对柳妈的肖像描写、动作描写、语言描写等细节描写中可以看出柳妈是受压迫的劳动妇女,受封建礼教和封建迷信思想的毒害,头脑中受封建神权的思想毒害很深,她是同情祥林嫂的人,但也把祥林嫂推向深渊,和祥林嫂一样是旧社会中受压迫的劳动妇女,她虽然同情祥林嫂，但由于受封建礼教和封建迷信思想的毒害很深，最终也造成了祥林嫂的悲剧。

再看鲁镇除了柳妈外其他的人物，他们和祥林嫂一样也是生活在社会底层的人，他们对于祥林嫂的遭遇有什么表现呢？

品味一下下面这些细节描写：

镇上的人们也仍然叫她祥林嫂，但音调和先前很不同；也还和她讲话，但笑容却冷冷的了。

这故事倒颇有效，男人听到这里，往往敛起笑容，没趣的走了开去；女人们却不独宽恕了她似的，脸上立刻改换了鄙薄的神气，还要陪出许多眼泪来。有些老女人没有在街头听到她的话，便特意寻来，要听她这一段悲惨的故事。直到她说到呜咽，她们也就一齐流下那停在眼角上的眼泪，叹息一番，满足的去了，一面还纷纷的评论着。

她就只是反复的向人说她悲惨的故事，常常引住了三五个人来听她。但不久，大家也都听得纯熟了，便是最慈悲的念佛的老太太们，眼里也再不见有一点泪的痕迹。后来全镇的人们几乎都能背诵她的话，一听到就烦厌得头痛。

还有祥林嫂死后，"我"问短工的对话：

"刚才，四老爷和谁生气呢？"我问。

"还不是和祥林嫂？"那短工简捷的说。

"祥林嫂？怎么了？"我又赶紧的问。

"老了。"

"死了？"我的心突然紧缩，几乎跳起来，脸上大约也变了色。但他始终没有抬头，所以全不觉。我也就镇定了自己，接着问：

"什么时候死的？"

"什么时候？——昨天夜里，或者就是今天罢。——我说不清。"

"怎么死的？"

"怎么死的？——还不是穷死的？"他淡然的回答，仍然没有抬头向我看，出去了。

鲁迅先生通过语言描写、神态描写、动作描写等一系列的细节描写，写出了鲁镇的人们对于她的故事，开始是同情，很快就感到厌烦，常打断她的话，走开去，后来还故意用别的孩子去逗引她，戳她的痛处，对她进行嘲弄，对她的死淡然，从而可以看出鲁镇的人们同样是被封建思想支配，觉悟不高。社会底层人与人之间隔膜、冷漠。祥林嫂从周围的如她一样的人中得不到温暖。这也是促使祥林嫂死亡的一个因素。

鲁迅先生是语言的大家，他一系列的传神的细节描写，看似不起眼的描写恰恰起到画龙点睛之意，对于刻画人物，揭示祥林嫂死亡缘由起到了润物无声、又凸显人物、揭示缘由的作用。鲁迅先生就是通过细节描写，生动形象地刻画了一个被封建思想、封建礼教迫害的生活于社会底层的无数旧时代的妇女形象，同时又深刻揭示了封建思想、封建礼教是造成祥林嫂悲苦人生的社会历史根源。细节里，品人物，探缘由，值得我们细细琢磨。

(作者　青岛市城阳第三高级中学　郑万玲)

原文

祝福[①]

鲁迅

  旧历的年底毕竟最像年底,村镇上不必说,就在天空中也显出将到新年的气象来。灰白色的沉重的晚云中间时时发出闪光,接着一声钝响,是送灶的爆竹;近处燃放的可就更强烈了,震耳的大音还没有息,空气里已经散满了幽微的火药香。我是正在这一夜回到我的故乡鲁镇的。虽说故乡,然而已没有家,所以只得暂寓在鲁四老爷的宅子里。他是我的本家,比我长一辈,应该称之曰"四叔",是一个讲理学的老监生。他比先前并没有什么大改变,单是老了些,但也还未留胡子,一见面是寒暄,寒暄之后说我"胖了",说我"胖了"之后即大骂其新党。但我知道,这并非借题在骂我:因为他所骂的还是康有为。但是,谈话是总不投机的了,于是不多久,我便一个人剩在书房里。

  第二天我起得很迟,午饭之后,出去看了几个本家和朋友;第三天也照样。他们也都没有什么大改变,单是老了些;家中却一律忙,都在准备着"祝福"。这是鲁镇年终的大典,致敬尽礼,迎接福神,拜求来年一年中的好运气的。杀鸡,宰鹅,买猪肉,用心细细的洗,女人的臂膊都在水里浸得通红,有的还带着绞丝银镯子。煮熟之后,横七竖八的插些筷子在这类东西上,可就称为"福礼"了,五更天陈列起来,并且点上香烛,恭请福神们来享用;拜的却只限于男人,拜完自然仍然是放爆竹。年年如此,家家如此,——只要买得起福礼和爆竹之类的,——今年自然也如此。天色愈阴暗了,下午竟下起雪来,雪花大的有梅花那么大,满天飞舞,夹着烟霭和忙碌的气色,将鲁镇乱成一团糟。我回到四叔的书房里时,瓦楞上已经雪白,房里也映得较光明,极分明的显出壁上挂着的朱拓的大"寿"字,陈抟老祖写的;一边的对联已经脱落,松松的卷了放在长桌上,一边的还在,道是"事理通达心气和平"。我又无聊赖的到窗下的案头去一翻,只见一堆似乎未必完全的《康熙字典》,一部《近思录集注》和一部《四书衬》。无论如何,我明天决计要走了。

  况且,一直到昨天遇见祥林嫂的事,也就使我不能安住。那是下午,我到镇的东头访过一个朋友,走出来,就在河边遇见她;而且见她瞪着的眼睛的视线,就知道明明是向我走来的。我这回在鲁镇所见的人们中,改变之大,可以说无过于她的了:五年前的花白的头发,即今已经全白,全不像四十上下的人;脸上瘦削不堪,黄中带黑,而且消尽了先前悲哀的神色,仿佛是木刻似的;只有那眼珠间或一轮,还可以表示她是一个活物。她一手提着竹篮,内中一个破碗,空的;一手拄着一支比她更长的竹竿,下端开了裂:她分明已经纯乎是一个乞丐了。

  我就站住,豫备她来讨钱。

  "你回来了?"她先这样问。

  "是的。"

  "这正好。你是识字的,又是出门人,见识得多。我正要问你一件事——"她那没有

[①] 文本选自教育部组织编写.普通高中教科书语文必修下册[M].北京:人民教育出版社,2020.

精采的眼睛忽然发光了。

我万料不到她却说出这样的话来，诧异的站着。

"就是——"她走近两步，放低了声音，极秘密似的切切的说，"一个人死了之后，究竟有没有魂灵的？"

我很悚然，一见她的眼钉着我的，背上也就遭了芒刺一般，比在学校里遇到不及豫防的临时考，教师又偏是站在身旁的时候，惶急得多了。对于魂灵的有无，我自己是向来毫不介意的；但在此刻，怎样回答她好呢？我在极短期的踌蹰中，想，这里的人照例相信鬼，然而她，却疑惑了，——或者不如说希望：希望其有，又希望其无……。人何必增添末路的人的苦恼，为她起见，不如说有罢。

"也许有罢，——我想。"我于是吞吞吐吐的说。

"那么，也就有地狱了？"

"啊！地狱？"我很吃惊，只得支梧着，"地狱？——论理，就该也有。——然而也未必，……谁来管这等事……。"

"那么，死掉的一家的人，都能见面的？"

"唉唉，见面不见面呢？……"这时我已知道自己也还是完全一个愚人，什么踌蹰，什么计画，都挡不住三句问，我即刻胆怯起来了，便想全翻过先前的话来，"那是，……实在，我说不清……。其实，究竟有没有魂灵，我也说不清。"

我乘她不再紧接的问，迈开步便走，匆匆的逃回四叔的家中，心里很觉得不安逸。自己想，我这答话怕于她有些危险。她大约因为在别人的祝福时候，感到自身的寂寞了，然而会不会含有别的什么意思的呢？——或者是有了什么豫感了？倘有别的意思，又因此发生别的事，则我的答话委实该负若干的责任……。但随后也就自笑，觉得偶尔的事，本没有什么深意义，而我偏要细细推敲，正无怪教育家要说是生着神经病；而况明明说过"说不清"，已经推翻了答话的全局，即使发生什么事，于我也毫无关系了。

"说不清"是一句极有用的话。不更事的勇敢的少年，往往敢于给人解决疑问，选定医生，万一结果不佳，大抵反成了怨府，然而一用这说不清来作结束，便事事逍遥自在了。我在这时，更感到这一句话的必要，即使和讨饭的女人说话，也是万不可省的。

但是我总觉得不安，过了一夜，也仍然时时记忆起来，仿佛怀着什么不祥的豫感；在阴沉的雪天里，在无聊的书房里，这不安愈加强烈了。不如走罢，明天进城去。福兴楼的清炖鱼翅，一元一大盘，价廉物美，现在不知增价了否？往日同游的朋友，虽然已经云散，然而鱼翅是不可不吃的，即使只有我一个……。无论如何，我明天决计要走了。

我因为常见些但愿不如所料，以为未毕竟如所料的事，却每每恰如所料的起来，所以很恐怕这事也一律。果然，特别的情形开始了。傍晚，我竟听到有些人聚在内室里谈话，仿佛议论什么事似的，但不一会，说话声也就止了，只有四叔且走而且高声的说：

"不早不迟，偏偏要在这时候，——这就可见是一个谬种！"

我先是诧异，接着是很不安，似乎这话于我有关系。试望门外，谁也没有。好容易待到晚饭前他们的短工来冲茶，我才得了打听消息的机会。

"刚才，四老爷和谁生气呢？"我问。

"还不是和祥林嫂?"那短工简捷的说。

"祥林嫂?怎么了?"我又赶紧的问。

"老了。"

"死了?"我的心突然紧缩,几乎跳起来,脸上大约也变了色,但他始终没有抬头,所以全不觉。我也就镇定了自己,接着问:

"什么时候死的?"

"什么时候?——昨天夜里,或者就是今天罢。——我说不清。"

"怎么死的?"

"怎么死的?——还不是穷死的?"他淡然的回答,仍然没有抬头向我看,出去了。

然而我的惊惶却不过暂时的事,随着就觉得要来的事,已经过去,并不必仰仗我自己的"说不清"和他之所谓"穷死的"的宽慰,心地已经渐渐轻松;不过偶然之间,还似乎有些负疚。晚饭摆出来了,四叔俨然的陪着。我也还想打听些关于祥林嫂的消息,但知道他虽然读过"鬼神者二气之良能也",而忌讳仍然极多,当临近祝福时候,是万不可提起死亡疾病之类的话的;倘不得已,就该用一种替代的隐语,可惜我又不知道,因此屡次想问,而终于中止了。我从他俨然的脸色上,又忽而疑他正以为我不早不迟,偏要在这时候来打搅他,也是一个谬种,便立刻告诉他明天要离开鲁镇,进城去,趁早放宽了他的心。他也不很留。这样闷闷的吃完了一餐饭。

冬季日短,又是雪天,夜色早已笼罩了全市镇。人们都在灯下匆忙,但窗外很寂静。雪花落在积得厚厚的雪褥上面,听去似乎瑟瑟有声,使人更加感得沉寂。我独坐在发出黄光的菜油灯下,想,这百无聊赖的祥林嫂,被人们弃在尘芥堆中的,看得厌倦了的陈旧的玩物,先前还将形骸露在尘芥里,从活得有趣的人们看来,恐怕要怪讶她何以还要存在,现在总算被无常打扫得干干净净了。魂灵的有无,我不知道;然而在现世,则无聊生者不生,即使厌见者不见,为人为己,也还都不错。我静听着窗外似乎瑟瑟作响的雪花声,一面想,反而渐渐的舒畅起来。

然而先前所见所闻的她的半生事迹的断片,至此也联成一片了。

她不是鲁镇人。有一年的冬初,四叔家里要换女工,做中人的卫老婆子带她进来了,头上扎着白头绳,乌裙,蓝夹袄,月白背心,年纪大约二十六七,脸色青黄,但两颊却还是红的。卫老婆子叫她祥林嫂,说是自己母家的邻舍,死了当家人,所以出来做工了。四叔皱了皱眉,四婶已经知道了他的意思,是在讨厌她是一个寡妇。但看她模样还周正,手脚都壮大,又只是顺着眼,不开一句口,很像一个安分耐劳的人,便不管四叔的皱眉,将她留下了。试工期内,她整天的做,似乎闲着就无聊,又有力,简直抵得过一个男子,所以第三天就定局,每月工钱五百文。

大家都叫她祥林嫂;没问她姓什么,但中人是卫家山人,既说是邻居,那大概也就姓卫了。她不很爱说话,别人问了才回答,答的也不多。直到十几天之后,这才陆续的知道她家里还有严厉的婆婆,一个小叔子,十多岁,能打柴了;她是春天没了丈夫的;他本来也打柴为生,比她小十岁:大家所知道的就只是这一点。

日子很快的过去了，她的做工却丝毫没有懈，食物不论，力气是不惜的。人们都说鲁四老爷家里雇着了女工，实在比勤快的男人还勤快。到年底，扫尘，洗地，杀鸡，宰鹅，彻夜的煮福礼，全是一人担当，竟没有添短工。然而她反满足，口角边渐渐的有了笑影，脸上也白胖了。

　　新年才过，她从河边淘米回来时，忽而失了色，说刚才远远地看见几个男人在对岸徘徊，很像夫家的堂伯，恐怕是正为寻她而来的。四婶很惊疑，打听底细，她又不说。四叔一知道，就皱一皱眉，道：

　　"这不好。恐怕她是逃出来的。"

　　她诚然是逃出来的，不多久，这推想就证实了。

　　此后大约十几天，大家正已渐渐忘却了先前的事，卫老婆子忽而带了一个三十多岁的女人进来了，说那是祥林嫂的婆婆。那女人虽是山里人模样，然而应酬很从容，说话也能干，寒暄之后，就赔罪，说她特来叫她的儿媳回家去，因为开春事务忙，而家中只有老的和小的，人手不够了。

　　"既是她的婆婆要她回去，那有什么话可说呢。"四叔说。

　　于是算清了工钱，一共一千七百五十文，她全存在主人家，一文也还没有用，便都交给她的婆婆。那女人又取了衣服，道过谢，出去了。其时已经是正午。

　　"阿呀，米呢？祥林嫂不是去淘米的么？……"好一会，四婶这才惊叫起来。她大约有些饿，记得午饭了。

　　于是大家分头寻淘箩。她先到厨下，次到堂前，后到卧房，全不见淘箩的影子。四叔踱出门外，也不见，直到河边，才见平平正正的放在岸上，旁边还有一株菜。

　　看见的人报告说，河里面上午就泊了一只白篷船，篷是全盖起来的，不知道什么人在里面，但事前也没有人去理会他。待到祥林嫂出来淘米，刚刚要跪下去，那船里便突然跳出两个男人来，像是山里人，一个抱住她，一个帮着，拖进船去了。祥林嫂还哭喊了几声，此后便再没有什么声息，大约给用什么堵住了罢。接着就走上两个女人来，一个不认识，一个就是卫婆子。窥探舱里，不很分明，她像是捆了躺在船板上。

　　"可恶！然而……。"四叔说。

　　这一天是四婶自己煮中饭；他们的儿子阿牛烧火。

　　午饭之后，卫老婆子又来了。

　　"可恶！"四叔说。

　　"你是什么意思？亏你还会再来见我们。"四婶洗着碗，一见面就愤愤的说，"你自己荐她来，又合伙劫她去，闹得沸反盈天的，大家看了成个什么样子？你拿我们家里开玩笑么？"

　　"阿呀阿呀，我真上当。我这回，就是为此特地来说说清楚的。她来求我荐地方，我那里料得到是瞒着她的婆婆的呢。对不起，四老爷，四太太。总是我老发昏不小心，对不起主顾。幸而府上是向来宽洪大量，不肯和小人计较的。这回我一定荐一个好的来折罪……。"

　　"然而……。"四叔说。

于是祥林嫂事件便告终结,不久也就忘却了。

只有四嫂,因为后来雇用的女工,大抵非懒即馋,或者馋而且懒,左右不如意,所以也还提起祥林嫂。每当这些时候,她往往自言自语的说,"她现在不知道怎么样了?"意思是希望她再来。但到第二年的新正,她也就绝了望。

新正将尽,卫老婆子来拜年了,已经喝得醉醺醺的,自说因为回了一趟卫家山的娘家,住下几天,所以来得迟了。她们问答之间,自然就谈到祥林嫂。

"她么?"卫老婆子高兴的说,"现在是交了好运了。她婆婆来抓她回去的时候,是早已许给了贺家墺的贺老六的,所以回家之后不几天,也就装在花轿里抬去了。"

"阿呀,这样的婆婆!……"四婶惊奇的说。

"阿呀,我的太太!你真是大户人家的太太的话。我们山里人,小户人家,这算得什么?她有小叔子,也得娶老婆。不嫁了她,那有这一注钱来做聘礼?她的婆婆倒是精明强干的女人呵,很有打算,所以就将她嫁到里山去。倘许给本村人,财礼就不多;惟独肯嫁进深山野墺里去的女人少,所以她就到手了八十千。现在第二个儿子的媳妇也娶进了,财礼花了五十,除去办喜事的费用,还剩十多千。吓,你看,这多么好打算?……"

"祥林嫂竟肯依?……"

"这有什么依不依。——闹是谁也总要闹一闹的,只要用绳子一捆,塞在花轿里,抬到男家,捺上花冠,拜堂,关上房门,就完事了。可是祥林嫂真出格,听说那时实在闹得利害,大家还都说大约因为在念书人家做过事,所以与众不同呢。太太,我们见得多了:回头人出嫁,哭喊的也有,说要寻死觅活的也有,抬到男家闹得拜不成天地的也有,连花烛都砸了的也有。祥林嫂可是异乎寻常,他们说她一路只是嚎,骂,抬到贺家墺,喉咙已经全哑了。拉出轿来,两个男人和她的小叔子使劲的擒住她也还拜不成天地。他们一不小心,一松手,阿呀,阿弥陀佛,她就一头撞在香案角上,头上碰了一个大窟窿,鲜血直流,用了两把香灰,包上两块红布还止不住血呢。直到七手八脚的将她和男人反关在新房里,还是骂,阿呀呀,这真是……。"她摇一摇头,顺下眼睛,不说了。

"后来怎么样呢?"四婶还问。

"听说第二天也没有起来。"她抬起眼来说。

"后来呢?"

"后来?——起来了。她到年底就生了一个孩子,男的,新年就两岁了。我在娘家这几天,就有人到贺家墺去,回来说看见他们娘儿俩,母亲也胖,儿子也胖;上头又没有婆婆,男人所有的是力气,会做活;房子是自家的。——唉唉,她真是交了好运了。"

从此之后,四婶也就不再提起祥林嫂。

但有一年的秋季,大约是得到祥林嫂好运的消息之后的又过了两个新年,她竟又站在四叔家的堂前了。桌上放着一个荸荠式的圆篮,檐下一个小铺盖。她仍然头上扎着白头绳,乌裙,蓝夹袄,月白背心,脸色青黄,只是两颊上已经消失了血色,顺着眼,眼角上带些泪痕,眼光也没有先前那样精神了。而且仍然是卫老婆子领着,显出慈悲模样,絮絮的对四婶说：

"……这实在是叫作'天有不测风云'，她的男人是坚实人，谁知道年纪轻轻，就会断送在伤寒上？本来已经好了的，吃了一碗冷饭，复发了。幸亏有儿子；她又能做，打柴摘茶养蚕都来得，本来还可以守着，谁知道那孩子又会给狼衔去的呢？春天快完了，村上倒反来了狼，谁料到？现在她只剩了一个光身了。大伯来收屋，又赶她。她真是走投无路了，只好来求老主人。好在她现在已经再没有什么牵挂，太太家里又凑巧要换人，所以我就领她来。——我想，熟门熟路，比生手实在好得多……。"

"我真傻，真的，"祥林嫂抬起她没有神采的眼睛来，接着说，"我单知道下雪的时候野兽在山墺里没有食吃，会到村里来；我不知道春天也会有。我一清早起来就开了门，拿小篮盛了一篮豆，叫我们的阿毛坐在门槛上剥豆去。他是很听话的，我的话句句听；他出去了。我就在屋后劈柴，淘米，米下了锅，要蒸豆。我叫阿毛，没有应，出去一看，只见豆撒得一地，没有我们的阿毛了。他是不到别家去玩的；各处去一问，果然没有。我急了，央人出去寻。直到下半天，寻来寻去寻到山墺里，看见刺柴上挂着一只他的小鞋。大家都说，糟了，怕是遭了狼了。再进去；他果然躺在草窠里，肚里的五脏已经都给吃空了，手上还紧紧的捏着那只小篮呢。……"她接着但是呜咽，说不出成句的话来。

四婶起刻还踌蹰，待到听完她自己的话，眼圈就有些红了。她想了一想，便教拿圆篮和铺盖到下房去。卫老婆子仿佛卸了一肩重担似的嘘一口气，祥林嫂比初来时候神气舒畅些，不待指引，自己驯熟的安放了铺盖。她从此又在鲁镇做女工了。

大家仍然叫她祥林嫂。

然而这一回，她的境遇却改变得非常大。上工之后的两三天，主人们就觉得她手脚已没有先前一样灵活，记性也坏得多，死尸似的脸上又整日没有笑影，四婶的口气上，已颇有些不满了。当她初到的时候，四叔虽然照例皱过眉，但鉴于向来雇用女工之难，也就并不大反对，只是暗暗地告诫四婶说，这种人虽然似乎很可怜，但是败坏风俗的，用她帮忙还可以，祭祀时候可用不着她沾手，一切饭菜，只好自己做，否则，不干不净，祖宗是不吃的。

四叔家里最重大的事件是祭祀，祥林嫂先前最忙的时候也就是祭祀，这回她却清闲了。桌子放在堂中央，系上桌帏，她还记得照旧的去分配酒杯和筷子。

"祥林嫂，你放着罢！我来摆。"四婶慌忙的说。

她讪讪的缩了手，又去取烛台。

"祥林嫂，你放着罢！我来拿。"四婶又慌忙的说。

她转了几个圆圈，终于没有事情做，只得疑惑的走开。她在这一天可做的事是不过坐在灶下烧火。

镇上的人们也仍然叫她祥林嫂，但音调和先前很不同；也还和她讲话，但笑容却冷冷的了。她全不理会那些事，只是直着眼睛，和大家讲她自己日夜不忘的故事：

"我真傻，真的，"她说，"我单知道雪天是野兽在深山里没有食吃，会到村里来；我不知道春天也会有。我一大早起来就开了门，拿小篮盛了一篮豆，叫我们的阿毛坐在门槛上剥豆去。他是很听话的孩子，我的话句句听；他就出去了。我就在屋后劈柴，淘米，米下了锅,打算蒸豆。我叫,'阿毛!'没有应。出去一看,只见豆撒得满地,没有我们的阿毛了。各处去一问,都没有。我急了,央人去寻去。直到下半天,几个人寻到山墺里,看见刺柴上挂着一只他的小鞋。大家都说,完了,怕是遭了狼了;再进去;果然,他躺在草窠里,肚里的五脏已经都给吃空了,可怜他手里还紧紧的捏着那只小篮呢。……"她于是淌下眼泪来,声音也呜咽了。

这故事倒颇有效,男人听到这里,往往敛起笑容,没趣的走了开去;女人们却不独宽恕了她似的,脸上立刻改换了鄙薄的神气,还要陪出许多眼泪来。有些老女人没有在街头听到她的话,便特意寻来,要听她这一段悲惨的故事。直到她说到呜咽,她们也就一齐流下那停在眼角上的眼泪,叹息一番,满足的去了,一面还纷纷的评论着。

她就只是反复的向人说她悲惨的故事,常常引住了三五个人来听她。但不久,大家也都听得纯熟了,便是最慈悲的念佛的老太太们,眼里也再不见有一点泪的痕迹。后来全镇的人们几乎都能背诵她的话,一听到就烦厌得头痛。

"我真傻,真的,"她开首说。

"是的,你是单知道雪天野兽在深山里没有食吃,才会到村里来的。"他们立即打断她的话,走开去了。

她张着口怔怔的站着,直着眼睛看他们,接着也就走了,似乎自己也觉得没趣。但她还妄想,希图从别的事,如小篮,豆,别人的孩子上,引出她的阿毛的故事来。倘一看见两三岁的小孩子,她就说:

"唉唉,我们的阿毛如果还在,也就有这么大了。……"

孩子看见她的眼光就吃惊,牵着母亲的衣襟催她走。于是又只剩下她一个,终于没趣的也走了,后来大家又都知道了她的脾气,只要有孩子在眼前,便似笑非笑的先问她,道:

"祥林嫂,你们的阿毛如果还在,不是也就有这么大了么?"

她未必知道她的悲哀经大家咀嚼赏鉴了许多天,早已成为渣滓,只值得烦厌和唾弃;但从人们的笑影上,也仿佛觉得这又冷又尖,自己再没有开口的必要了。她单是一瞥他们,并不回答一句话。

鲁镇永远是过新年,腊月二十以后就忙起来了。四叔家里这回须雇男短工,还是忙不过来,另叫柳妈做帮手,杀鸡,宰鹅;然而柳妈是善女人,吃素,不杀生的,只肯洗器皿。祥林嫂除烧火之外,没有别的事,却闲着了,坐着只看柳妈洗器皿。微雪点点的下来了。

"唉唉,我真傻,"祥林嫂看了天空,叹息着,独语似的说。

"祥林嫂,你又来了。"柳妈不耐烦的看着她的脸,说,"我问你:你额角上的伤痕,不就是那时撞坏的么?"

"唔唔。"她含胡的回答。

"我问你:你那时怎么后来竟依了呢?"

"我么?……"

"你呀。我想:这总是你自己愿意了,不然……。"

"阿阿,你不知道他力气多么大呀。"

"我不信。我不信你这么大的力气,真会拗他不过。你后来一定是自己肯了,倒推说他力气大。"

"阿阿,你……你倒自己试试着。"她笑了。

柳妈的打皱的脸也笑起来,使她蹙缩得像一个核桃,干枯的小眼睛一看祥林嫂的额角,又钉住她的眼。祥林嫂似很局促了,立刻敛了笑容,旋转眼光,自去看雪花。

"祥林嫂,你实在不合算。"柳妈诡秘的说。"再一强,或者索性撞一个死,就好了。现在呢,你和你的第二个男人过活不到两年,倒落了一件大罪名。你想,你将来到阴司去,那两个死鬼的男人还要争,你给了谁好呢?阎罗大王只好把你锯开来,分给他们。我想,这真是……。"

她脸上就显出恐怖的神色来,这是在山村里所未曾知道的。

"我想,你不如及早抵当。你到土地庙里去捐一条门槛,当作你的替身,给千人踏,万人跨,赎了这一世的罪名,免得死了去受苦。"

她当时并不回答什么话,但大约非常苦闷了,第二天早上起来的时候,两眼上便都围着大黑圈。早饭之后,她便到镇的西头的土地庙里去求捐门槛。庙祝起初执意不允许,直到她急得流泪,才勉强答应了。价目是大钱十二千。

她久已不和人们交口,因为阿毛的故事是早被大家厌弃了的;但自从和柳妈谈了天,似乎又即传扬开去,许多人都发生了新趣味,又来逗她说话了。至于题目,那自然是换了一个新样,专在她额上的伤疤。

"祥林嫂,我问你:你那时怎么竟肯了?"一个说。

"唉,可惜,白撞了这一下。"一个看着她的疤,应和道。

她大约从他们的笑容和声调上,也知道是在嘲笑她,所以总是瞪着眼睛,不说一句话,后来连头也不回了。她整日紧闭了嘴唇,头上带着大家以为耻辱的记号的那伤痕,默默的跑街,扫地,洗菜,淘米。快够一年,她才从四婶手里支取了历来积存的工钱,换算了十二元鹰洋,请假到镇的西头去。但不到一顿饭时候,她便回来,神气很舒畅,眼光也分外有神,高兴似的对四婶说,自己已经在土地庙捐了门槛了。

冬至的祭祖时节,她做得更出力,看四婶装好祭品,和阿牛将桌子抬到堂屋中央,她便坦然的去拿酒杯和筷子。

"你放着罢,祥林嫂!"四婶慌忙大声说。

她像是受了炮烙似的缩手,脸色同时变作灰黑,也不再去取烛台,只是失神的站着。直到四叔上香的时候,教她走开,她才走开。这一回她的变化非常大,第二天,不但眼睛窈陷下去,连精神也更不济了。而且很胆怯,不独怕暗夜,怕黑影,即使看见人,虽是自己的主人,也总惴惴的,有如在白天出穴游行的小鼠,否则呆坐着,直是一个木偶人。不半年,头发也花白起来了,记性尤其坏,甚而至于常常忘却了去淘米。

"祥林嫂怎么这样了?倒不如那时不留她。"四婶有时当面就这样说,似乎是警告她。

然而她总如此,全不见有伶俐起来的希望。他们于是想打发她走了,教她回到卫老婆子那里去。但当我还在鲁镇的时候,不过单是这样说;看现在的情状,可见后来终于实行了。然而她是从四叔家出去就成了乞丐的呢,还是先到卫老婆子家然后再成乞丐的呢?那我可不知道。

我给那些因为在近旁而极响的爆竹声惊醒,看见豆一般大的黄色的灯火光,接着又听得毕毕剥剥的鞭炮,是四叔家正在"祝福"了;知道已是五更将近时候。我在蒙胧中,又隐约听到远处的爆竹声联绵不断,似乎合成一天音响的浓云,夹着团团飞舞的雪花,拥抱了全市镇。我在这繁响的拥抱中,也懒散而且舒适,从白天以至初夜的疑虑,全给祝福的空气一扫而空了,只觉得天地圣众歆享了牲醴和香烟,都醉醺醺的在空中蹒跚,豫备给鲁镇的人们以无限的幸福。

一九二四年二月七日

情动于衷，非涉于理

——《林教头风雪山神庙》评点细读

刘勰曾说:"夫缀文者,情动而辞发。"渗入了个体特殊的变动之情,写景、人与事便有了不同的形象。孙绍振教授认为,停留在康德的情趣判断(审美价值论)和传统的以情动人是不够的,他提出情的特点乃是动,变动不居,故诗大序有"情动于衷"。在我看来,很多文学亦是"情动于衷"。今天就以《林教头风雪山神庙》为例,来谈一下该文的"情动于衷,非涉于理"。

文学作品中人物的形象,大都是因为情感充沛而使其形象丰满起来的。有些时候,人物的行为未必是真与善的,但因动乎情,才有了动人心魂的力量。《林教头风雪山神庙》中的细节堪称因情动于衷,非关理也,才给人畅快淋漓、动人心魄的力量。

有人说林冲"怂",还说体现中年男人的悲哀。我不这样认为,豹子头林冲在小说中被尊为"天雄星",顾名思义是英雄中的英雄,是真英雄,是大英雄。这个特别是在火烧草料场之后,他在山神庙里听到陆谦、管营、富安的对话,顿时明白了高太尉非将其致死而朋友陆谦又下此狠手的时,才"怒从心中起,恶向胆边生",将这三人狠狠地杀死。杀死陆谦时,更有了一句非涉于理的话:"杀人可恕,情理难容!"

劈胸只一提,丢翻在雪地上,把枪搠在地里,用脚踏住胸脯,身边取出那口刀来,便去陆谦脸上阁着,喝道:"泼贼!我自来又和你无甚么冤仇,你如何这等害我!正是'杀人可恕,情理难容'!"陆虞候告道:"不干小人事;太尉差遣,不敢不来。"林冲骂道:"奸贼!我与你自幼相交,今日倒来害我!怎不干你事?且吃我一刀!"把陆谦上身衣服扯开,把尖刀向心窝里只一剜,七窍迸出血来,将心肝提在手里。

林冲杀陆谦之时,先用脚踏住胸脯,再取出刀,把那口刀搁在陆谦的脸上,来一番义正词严的训斥质问,喝道:"泼贼!我自来又和你无甚么冤仇,你如何这等害我!正是'杀人可恕,情理难容'!"这等于是正义的法庭对死有余辜的奸贼所进行的罪行判决和道德审判,"杀人可恕,情理难容"八个字,淋漓尽致地表现了这受尽奸贼迫害的英雄,举刀杀人行动的理直气壮,正义凛然;充分揭露了高俅等封建统治者及陆谦等走狗的卑鄙、狠毒和罪恶。然后,文中又写林冲骂道:"奸贼!我与你自幼相交,今日倒来害我!怎不干你事?且吃我一刀!"把陆谦上身衣服扯开,把尖刀向心窝里只一剜,七窍迸出血来;将心肝提在手里。这里写林冲不仅将其杀死,而且掏出他的心肝,处之以人世最残酷的极刑,旨在看看他是怎样的一副狼心狗肺,表明了林冲对这个趋炎附势、攀龙附凤、背亲弃友、恩将仇报的奸佞小人的切齿之痛,不如此不足以解心头之恨。

至此,感觉特别畅快淋漓,方消胸中块垒,这才是真英雄。请看之前的情节,陆谦故意引林冲喝酒,让其妻被高衙内调戏,陆谦又配合高太尉设下圈套,让林冲误入白虎堂,将其发配沧州。八十万禁军教头,落得个有冤无处申、不敢申、不能申的下场。在野猪林里,他们指使两个只有"三脚猫"功夫的差役——董超、薛霸杀死林冲,居然敢等闲欺之,幸亏被鲁智深解救。

陆谦等人又密谋烧死林冲,林冲于山神庙里隔门无意中听到三人的对话。三人在庙檐下立地看火,其中一个道:"这条计好么?"这句话本是走卒向主子表功,却道出了全部阴谋,原来假惺惺提拔林冲管草料场就是用火烧死林冲,然后再诬陷是林冲自己不慎失火所致。再看文中一个应道:"端的亏管营、差拨两位用心!回到京师,禀过太尉,都保你二位做大官。这番张教头没得推故了!"此句中林冲的岳父张教头总是以尊重女儿的意愿,等林冲回来团聚为理由推托高太尉的养子高衙内屡次威逼林冲妻子嫁他的事。再看文中一个道:"林冲今番直吃我们对付了!高衙内这病必然好了!"又一个道:"张教头那厮,三回五次托人情去说'你的女婿没了',张教头越不肯应承,因此衙内病患看看重了。太尉特使俺两个央浼二位干这件事,不想而今完备了!"又一个道:"小人直爬入墙里去,四下草堆上点了十来个火把,待走那里去!"那一个道:"这早晚烧个八分过了。"又听得一个道:"便逃得性命时,烧了大军草料场也得个死罪!"又一个道:"我们回城里去罢。"一个道:"再看一看,拾得他一两块骨头回京,府里见太尉和衙内时,也道我们也能会干事。"本段一连用了九个"一个道",字字分明,声声不漏,句句入耳,使林冲终于真相大白,猛然觉悟,一下子点燃起胸中的复仇烈火,不顾一切地挺枪杀死仇人,思想性格发生飞跃的突变,故事立即进入高潮。他和以前的逆来顺受、忍无可忍仍需忍的委曲求全的自己毅然决然地告别了,因情动于衷才有了这样的举动,若非被逼到如此,怎会如此大反转?

从法理上看,陆谦等人若犯了弥天之罪,应该由官府扣押,等待审理评判,然后由朝廷定夺生杀与否;更何况林冲明确地知道,他这样做,再也没有退路,再也没法回到那个温馨的家,再也没法回到自己的禁军教头的位置了,只能落草为寇,逼上梁山。因为情动于衷,常规不再;因为情非关理,痛快淋漓。对此,金圣叹看得非常明白,"看他算得到,熬得住,把得牢,做得彻",评价他为上上人物,是非常准确的。

另外,看看文中写钥匙的句子,文中写道:

"老军拿了钥匙,引着林冲","带了钥匙,信步投东,雪地里踏着碎琼乱玉,迤逦背着北风而行。"

"再穿了白布衫,系了搭膊,把毡笠子带上,将葫芦里冷酒都吃尽了,被与葫芦都丢了不要,提了枪,便出庙门投东去。"

我前后比较发现"钥匙没有了",这难道是钥匙丢了?不会,我想也是情动于衷,非涉于理吧。林冲就如同林黛玉一样,"步步留心,时时在意",他打酒回来看到草厅被大雪压倒,没有拽出棉被一走了之,而是"恐怕火盆内有火炭延烧起来,搬开破壁子,探半身去摸时,火盆内火种都被雪水浸灭了",这才放心离开。离开时仔细地"把被卷了,花枪挑着酒葫芦,依旧把门拽上,锁了"。如此看来,谨小慎微、心细如发的林冲,丢了钥匙是不可能的。

作者为什么不交代钥匙的下落呢?这是有意还是无意?鲍鹏山老师曾在《百家讲坛》上提到过:"这个世界对于林冲来说,不是关上了门,而是根本就没有了门,既然已经没有了门,何必还要钥匙呢?"鲍老师从象征的高度推测钥匙的去处——没用,扔了。因为"这个世界已经不需要钥匙了,要在这个世界开一扇门,靠的不是钥匙,是花枪"。此观点也是当下教学和研究中较为普遍的结论。诚然如此,确有道理,在那样的社会里钥匙确实没啥用。我认为这是情动于衷,为什么非要交代钥匙下落呢?这就是文学的力量,意象的取舍,让你去想想,引人不断地思索,留给读者无穷的想象。

　　说到象征,钥匙既是作为开锁的工具,又意味着一种权力。现代社会也是如此,这种权力,具有一定的私密性、个体性和独立性。钥匙在谁手里,权力就掌握在谁手里,权力运作需要通过钥匙才能发挥作用。管理草料场是份胜过看管天王堂的好差事,"有些常例钱钞,往常不使钱时,不能够得这个差事",老军完成交接把钥匙交给林冲,就是把一份有点权力的生活给了林冲。但是,一直被无端谋害的林冲虽然不明就里,对此也心存疑虑,毕竟有了个可休憩的停泊地,他希望好好干,希望命运会出现转机。

　　文学就是如此,讲究一波三折,必须情动于衷,让人物的情感从内心迸发出来,不是理所能说明白的。当神秘的谋杀的话语惊醒了他回到温馨家庭的梦,当残毒的陷害毁灭了他的梦想,他彻底愤怒了。尖刀剜出了陆谦的心肝,贼人的首级摆在山神面前供桌上,然后他在茫茫白雪中走向远方。就像那串下落不明的钥匙一样,留给我们无穷的遐想……

　　金圣叹多次赞叹《水浒传》文笔奇恣,为才子之书。"不读《水浒》,不知天下之奇","天下之文章,无有出《水浒》右者","无数小文字,都有一丘一壑之妙"。在对《水浒传》的评点中,金圣叹将意境分为三个层次:"心之所至,手亦至焉者,文章之圣境也;心之所不至,手亦至焉者,文章之神境也;心之所不至,手亦不至焉者,文章之化境也。"而此篇关于钥匙的"不写"处理,无疑就是金圣叹所称赞的"心之所不至,手亦不至焉"的"化境"。也就是情动于衷,非涉于理的表现,给读者留白,让读者心动于心,形成文章张力无穷的意义场,实现文章之化境的艺术效果。

　　金圣叹将《水浒传》列为第五才子书"叙一百八人,人有其性情,人有其气质,人有其形状,人有其声口",再回到情动于衷,我感觉林冲真是英雄中的英雄。"天雄星"林冲,也曲折地表达了作者的英雄观。英雄是复杂的晶体,不是单纯的白纸,不是简单的直线,不是一味的过于理性,而是通过情动于衷、非涉于理让他动态化,把林冲打出常规理性轨道,才呈现出一个晶体般的英雄人物。

(作者　青岛市城阳第一高级中学　范丽丽)

原文

林教头风雪山神庙[①]
施耐庵

　　话说当日林冲正闲走间,忽然背后人叫,回头看时,却认得是酒生儿李小二。当初在东京时,多得林冲看顾;后来不合偷了店主人家钱财,被捉住了,要送官司问罪,又得林冲主张陪话,救了他免送官司,又与他陪了些钱财,方得脱免;京中安不得身,又亏林冲赍发他盘缠,于路投奔人。不想今日却在这里撞见。林冲道:"小二哥!你如何也在这里?"李

[①] 文本选自教育部组织编写.普通高中教科书语文必修下册[M].北京:人民教育出版社,2020.

小二便拜道："自从得恩人救济，赍发小人，一地里投奔人不着，迤逦不想来到沧州，投托一个酒店主人，姓王，留小人在店中做过卖。因见小人勤谨，安排的好菜蔬，调和的好汁水，来吃的人都喝采，以此买卖顺当，主人家有个女儿，就招了小人做女婿。如今丈人丈母都死了，只剩得小人夫妻两个，权在营前开了个茶酒店，因讨钱过来，遇见恩人。恩人不知为何事在这里？"林冲指着脸上，道："我因恶了高太尉，生事陷害，受了一场官司，刺配到这里。如今叫我管天王堂，未知久后如何。不想今日在此见你。"李小二就请林冲到家里坐定，叫妻子出来拜了恩人。两口儿欢喜道："我夫妻二人正没个亲眷，今日得恩人到来，便是从天降下。"林冲道："我是罪囚，恐怕玷辱你夫妻两个。"李小二道："谁不知恩人大名？休恁地说。但有衣服，便拿来家里浆洗缝补。"当时管待林冲酒食，至夜送回天王堂，次日又来相请。自此，林冲得店小二家来往，不时间送汤送水来营里与林冲吃。林冲因见他两口儿恭敬孝顺，常把些银两与他做本钱。

且把闲话休题，只说正话。光阴迅速，却早冬来。林冲的棉衣裙袄都是李小二浑家整治缝补。忽一日，李小二正在门前安排菜蔬下饭，只见一个人闪将进来，酒店里坐下；随后又一人闪入来。看时，前面那个人是军官打扮，后面这个走卒模样，跟着也来坐下。李小二入来问道："可要吃酒？"只见那个人将出一两银子与李小二道："且收放柜上，取三四瓶好酒来。客到时，果品酒馔只顾将来，不必要问。"李小二道："官人请甚客？"那人道："烦你与我去营里请管营、差拨两个来说话。问时，你只说：'有个官人请说话，商议些事务，专等，专等。'"李小二应承了，来到牢城里，先请了差拨，同到管营家里，请了管营，都到酒店里。只见那个官人和管营、差拨两个讲了礼。管营道："素不相识，动问官人高姓大名？"那人道："有书在此，少刻便知。且取酒来。"李小二连忙开了酒，一面铺下菜蔬果品酒馔。那人叫讨副劝盘来，把了盏，相让坐了。小二独自一个撺梭也似伏侍不暇。那跟来的人讨了汤桶，自行烫酒。约计吃过数十杯，再讨了按酒铺放桌上。只见那人说道："我自有伴当烫酒。不叫，你休来。我等自要说话。"

李小二应了，自来门首叫老婆道："大姐！这两个人来得不尴尬！"老婆道："怎么的不尴尬？"小二道："这两个人，语言声音是东京人，初时又不认得管营，向后我将按酒入去，只听得差拨口里呐出一句'高太尉'三个字来。这人莫不与林教头身上有些干碍？我自在门前理会，你且去阁子背后听说甚么。"老婆道："你去营中寻林教头来，认他一认。"李小二道："你不省得，林教头是个性急的人，摸不着便要杀人放火。倘或叫得他来看了，正是前日说的甚么陆虞候，他肯便罢？做出事来，须连累了我和你。你只去听一听，再理会。"老婆道："说得是。"便入去听了一个时辰，出来说道："他那三四个交头接耳说话，正不听得说甚么。只见那一个军官模样的人去伴当怀里取出一帕子物事递与管营和差拨。帕子里面的莫不是金银？只听差拨口里说道：'都在我身上，好歹要结果他生命。'……"正说之时，阁子里叫"将汤来！"李小二急去里面换汤时，看见管营手里拿着一封书。小二换了汤，添些下饭。又吃了半个时辰，算还了酒钱，管营、差拨先去了，次后那两个低着头也去了。

转背没多时，只见林冲走将入店里来，说道："小二哥！连日好买卖？"李小二慌忙道："恩人请坐；小二却待正要寻恩人，有些要紧说话。"林冲问道："甚么要紧的事？"李小二请林冲到里面坐下，说道："却才有个东京来的尴尬人，在我这里请管营、差拨吃了半日酒。差拨口里呐出'高太尉'三个字来，小人心下疑惑。又着浑家听了一个时辰，他却交头接耳，说话都不听得。临了，只见差拨口里应道：'都在我两个身上，好歹要结果了他。'那两个把一包金银递与管营、差拨，又吃一回酒，各自散了。不知甚么样人。小人心疑，只怕在恩人身上有些妨碍。"林冲道："那人生得甚么模样？"李小二道："五短身材，白净面皮，没甚髭须，约有三十余岁。那跟的也不长大，紫棠色面皮。"林冲听了，大惊道："这三十岁的正是陆虞候。那泼贱贼敢来这里害我！休要撞着我，只教他骨肉为泥！"店小二道："只要提防他便了。岂不闻古人言'吃饭防噎，走路防跌'？"

林冲大怒，离了李小二家，先去街上买把解腕尖刀，带在身上，前街后巷一地里去寻。李小二夫妻两个捏着两把汗。当晚无事。次日天明起来，洗漱罢，带了刀，又去沧州城里城外、小街夹巷团团寻了一日，牢城营里都没动静。林冲又来对李小二道："今日又无事。"小二道："恩人，只愿如此。只是自放仔细便了。"林冲自回天王堂，过了一夜。街上寻了三五日，不见消耗，林冲也自心下慢了。

到第六日，只见管营叫唤林冲到点视厅上，说道："你来这里许多时，柴大官人面皮，不曾抬举得你。此间东门外十五里有座大军草料场，每月但是纳草纳料的，有些常例钱取觅，原是一个老军看管；如今我抬举你，去替老军来守天王堂，你在那里闲几贯盘缠。你可和差拨便去那里交割。"林冲应道："小人便去。"当时离了营中，径到李小二家，对他夫妻两个说道："今日管营拨我去大军草料场管事，却如何？"李小二道："这个差使又好似天王堂，那里收草料时，有些贯例钱钞。往常不使钱时，不能够得这差使。"林冲道："却不害我，倒与我好差使，正不知何意？……"李小二道："恩人，休要疑心。只要没事便好了。只是小人家离得远了，过几时，那工夫来望恩人。"就在家里安排几杯酒，请林冲吃了。

话不絮烦，两个相别了。林冲自来天王堂，取了包裹，带了尖刀，拿了条花枪，与差拨一同辞了管营，两个取路投草料场来。正是严冬天气，彤云密布，朔风渐起，却早纷纷扬扬卷下一天大雪来。林冲和差拨两个在路上，又没买酒吃处，早来到草料场外。看时，一周遭有些黄土墙，两扇大门。推开看里面时，七八间草屋做着仓廒，四下里都是马草堆，中间两座草厅。到那厅里，只见那老军在里面向火。差拨说道："管营差这个林冲来，替你回天王堂看守，你可即便交割。"老军拿了钥匙，引着林冲，分付道："仓廒内自有官府封记。这几堆草，一堆堆都有数目。"老军都点见了堆数，又引林冲到草厅上。老军收拾行李，临了说道："火盆、锅子、碗、碟，都借与你。"林冲道："天王堂内，我也有在那里，你要便拿了去。"老军指壁上挂一个大葫芦，说道："你若买酒吃时，只出草场投东大路去，二三里便有市井。"老军自和差拨回营里来。

只说林冲就床上放了包裹被卧，就坐下生些焰火起来。屋后有一堆柴炭，拿几块来，生在地炉里。仰面看那草屋时，四下里崩坏了，又被朔风吹撼，摇振得动。林冲道："这屋如何过得一冬？待雪晴了，去城中唤个泥水匠来修理。"向了一回火，觉得身上寒冷，寻思却才老军所说，二里路外有那市井，何不去沽些酒来吃？"便去包裹里取些碎银子，把花枪挑了酒葫芦，将火炭盖了，取毡笠子戴上，拿了钥匙出来，把草厅门拽上；出到大门首，把两扇草场门反拽上锁了；带了钥匙，信步投东，雪地里踏着碎琼乱玉，迤逦背着北风而行。

那雪正下得紧。

　　行不上半里多路,看见一所古庙,林冲顶礼道:"神明庇祐!改日来烧纸钱。"又行了一回,望见一簇人家。林冲住脚看时,见篱笆中挑着一个草帚儿在露天里。林冲径到店里。主人道:"客人那里来?"林冲道:"你认得这个葫芦么?"主人看了道:"这葫芦是草料场老军的。"林冲道:"原来如此。"店主道:"即是草料场看守大哥,且请少坐;天气寒冷,且酌三杯,权当接风。"店家切一盘熟牛肉,烫一壶热酒,请林冲吃。又自买了些牛肉,又吃了数杯。就又买了一葫芦酒,包了那两块牛肉,留下些碎银子,把花枪挑着酒葫芦,怀内揣了牛肉,叫声"相扰",便出篱笆门,仍旧迎着朔风回来。看那雪,到晚越下得紧了。

　　再说林冲踏着那瑞雪,迎着北风,飞也似奔到草场门口,开了锁,入内看时,只叫得苦。原来天理昭然,佑护善人义士,因这场大雪,救了林冲的性命:那两间草厅已被雪压倒了。林冲寻思:"怎地好?"放下花枪、葫芦在雪里;恐怕火盆内有火炭延烧起来,搬开破壁子,探半身入去摸时,火盆内火种都被雪水浸灭了。林冲把手床上摸时,只拽得一条絮被。林冲钻将出来,见天色黑了,寻思:"又没打火处,怎生安排?"想起离了这半里路上有个古庙,可以安身:"我且去那里宿一夜,等到天明,却作理会。"把被卷了,花枪挑着酒葫芦,依旧把门拽上,锁了,望那庙里来。入得庙门,再把门掩上。旁边止有一块大石头,拨将过来靠了门。入得里面看时,殿上塑着一尊金甲山神,两边一个判官,一个小鬼,侧边堆着一堆纸。团团看来,又没邻舍,又无庙主。林冲把枪和酒葫芦放在纸堆上,将那条絮被放开,先取下毡笠子,把身上雪都抖了,把上盖白布衫脱将下来,早有五分湿了,和毡笠放供桌上。把被扯来盖了半截下身,却把葫芦冷酒提来,慢慢地吃,就将怀中牛肉下酒。

　　正吃时,只听得外面必必剥剥地爆响。林冲跳起身来,就壁缝里看时,只见草料场里火起,刮刮杂杂地烧着。当时林冲便拿了花枪,却待开门来救火,只听得外面有人说将话来。林冲就伏门边听时,是三个人脚步响,直奔庙里来;用手推门,却被石头靠住了,再也推不开。三人在庙檐下立地看火。数内一个道:"这条计好么?"一个应道:"端的亏管营、差拨两位用心!回到京师,禀过太尉,都保你二位做大官。这番张教头没得推故了!"一个道:"林冲今番直吃我们对付了!高衙内这病必然好了!"又一个道:"张教头那厮!三回五次托人情去说'你的女婿没了',张教头越不肯应承,因此衙内病患看看重了。太尉特使俺两个央浼二位干这件事。不想而今完备了!"又一个道:"小人直爬入墙里去,四下草堆上点了十来个火把,待走那里去!"那一个道:"这早晚烧个八分过了。"又听得一个道:"便逃得性命时,烧了大军草料场也得个死罪!"又一个道:"我们回城里去罢。"一个道:"再看一看,拾得他一两块骨头回京,府里见太尉和衙内时,也道我们也能会干事。"

　　林冲听那三个人时,一个是差拨,一个是陆虞候,一个是富安,自思道:"天可怜见林冲!若不是倒了草厅,我准定被这厮们烧死了!"轻轻把石头掇开,挺着花枪,左手拽开庙门,大喝一声:"泼贼那里去!"三个人都急要走时,惊得呆了,正走不动。林冲举手,胳察的一枪,先搠倒差拨。陆虞候叫声:"饶命,"吓得慌了手脚,走不动。那富安走不到十来步,被林冲赶上,后心只一枪,又搠倒了。翻身回来,陆虞候却才行得三四步,林冲喝声道:"奸贼!你待那里去!"劈胸只一提,丢翻在雪地上,把枪搠在地里,用脚踏住胸脯,身边取出那口刀来,便去陆谦脸上阁着,喝道:"泼贼!我自来又和你无甚么冤仇,你如何这等害我！正是'杀人可恕,情理难容'！"陆虞候告道:"不干小人事;太尉差遣,不敢不来。"林冲骂道:"奸贼！我与你自幼相交,今日倒来害我！怎不干你事？且吃我一刀！"把陆谦上身衣服扯开,把尖刀向心窝里只一剜,七窍迸出血来,将心肝提在手里。回头看时,差拨正爬将起来要走,林冲按住喝道:"你这厮原来也恁的歹,且吃我一刀！"又早把头割下来,挑在枪上。回来把富安、陆谦头都割下来,把尖刀插了,将三个人头发结做一处,提入庙里来,都摆在山神面前供桌上。再穿了白布衫,系了搭膊,把毡笠子带上,将葫芦里冷酒都吃尽了,被与葫芦都丢了不要,提了枪,便出庙门投东去。

挣不脱的精神的套子

——《装在套子里的人》评点细读

《装在套子里的人》是俄国作家安东·巴甫洛维奇·契诃夫创作的短篇小说。小说为我们塑造了一个性格孤僻、胆小怕事、恐惧变革、想做一个纯粹的现行制度的"守法良民"——别里科夫的形象。

别里科夫的套子是什么

这是一个怎样的形象?"装在套子里的人",这个题目很容易让人联想到,是谁把他装在套子里,又是如何装进套子里的?套子里的生活是什么样的?这个人最后的命运如何?

契诃夫在小说的开头就为我们刻画了别里科夫的套子:

即使在最晴朗的日子,也穿上雨鞋,带着雨伞,而且一定穿着暖和的棉大衣。他总是把雨伞装在套子里,把表放在一个灰色的鹿皮套子里;就连那削铅笔的小刀也是装在一个小套子里的。他的脸也好像蒙着套子,因为他老是把它藏在竖起的衣领里。他戴黑眼镜,穿羊毛衫,用棉花堵住耳朵眼。他一坐上马车,总要叫马车夫支起车篷。

是他自己把自己装进了套子里,这里的套子,首先是他把自己完全包裹起来的有形的套子。人包裹在"暖和的棉大衣"里,就连他的雨伞、他的表,甚至削铅笔的小刀也都是装在套子里的。他的脸"藏"在竖起的衣领里,眼睛、耳朵也要藏在黑墨镜、羊毛衫里,这还不够,还要把马车夫支起车篷。在这里,对别里科夫的刻画不同于他以往作品的是,契诃夫在此花了大量笔墨对外貌做浓墨重彩的刻画,肖像却不着笔墨,这不同寻常的外貌描写,正好和题目里的套子吻合起来。没有了肖像,恰恰突出了外貌的套子,所谓的套子,首先就是把自己包装起来的一个壳。这里要注意一个细节,"最晴朗的日子里",如果是严冬时节,无论是暖和的棉大衣或是插在口袋里的手和缩在衣领里的脖子,也就不那么滑稽了,这最晴朗的日子增强了幽默性和戏剧性。

然而这还不够,他还"老是歌颂过去,歌颂那些从没存在过的东西",他要教"希腊语","借此躲避现实生活","把他的思想也极力藏在一个套子"。原来这个套子不只是身体的套子,更是精神的套子,所以他的肖像,是模糊的,他的套子特点反而更清晰了。

为什么他要将自己装到套子里

别里科夫如此小心翼翼、畏首畏尾,达到心灵扭曲的程度,他到底在害怕什么?现实生活为什么老是"闹得他六神不安"?

接着读下去,我们会发现,在别里科夫心里,"凡是违背法令、脱离常规、不合规矩的事,虽然看来跟他毫不相干,却惹得他闷闷不乐",而这闷闷不乐,也不是与他的自身利益有什么关系,只是"千万别闹出什么乱子"。就连在教务会议上,他满心着急的,也是"只求这种事别传到当局的耳朵里去才好,只求不出什么乱子才好"。原来这个时时刻刻把自己缩在套子里的人,他的心是极度恐惧的,这种恐惧让他时时维护一切当局、通告里的条条框框,不敢越雷池一步。他这种恐惧不仅束缚了我们,也折磨着他自己。"我烦恼得很","我吓坏了",还有他那"苍白的小脸",可见他内心遭受着怎样的折磨和惊惧!他也不过是一个被套子箍住了手脚和思想的可怜虫。

然而奴性不是天然的,而是奴役的结果。别里科夫最常说的是"千万别闹出什么乱子","只求这种事,别传到当局的耳朵里去才好",那么闹出了乱子会怎么样呢?在第26段中,他又说:

"校长会听说您和您姐姐骑自行车的,然后,这事又会传到督学的耳朵里……这还会有好下场吗?"

"下场",这是一个很有意思的词。

且看第29段:

"我请求您在我面前谈到上司的时候不要这样说话;您对上司应当尊敬才对。"

第34段:

"全城的人都会知道这件事,还会传到校长耳朵里去,还会传到督学耳朵里去。哎呀,不定会闹出什么乱子!"

别里科夫这变态的套子和扭曲的人性背后有一只怎样的大手,契诃夫没写,它其实是不需要写的,因为每个人都知道这只大手是什么。别里科夫的畏首畏尾,因循守旧,极力维护现行的秩序,他失去了"自由",他的奴性是外界的高压统治和奴役的结果。

别里科夫之死

爱情是人生中最美丽的花朵,然而这最芬芳的花朵也没有拿走别里科夫的"套子",没有唤醒他扭曲的人性,反而加速了他走向死亡。"他脸色发青,比乌云还要阴沉。""他的嘴唇发抖了。"他的脸色"从发青变成发白"。由极端的愤怒变成深切的恐惧,他为了挽救可能发生的一切乱子的努力都没有效果,在极度恐惧中结束了别里科夫的人间生活。他死了,恐惧至死!即使别里科夫已经彻底沦为政府精神奴役下的"顺民",仍然逃脱不了恐惧而死的悲剧命运。

别里科夫的死有什么意义呢?这个"把整个中学辖制了足足十五年"的小人物死了,人们就应该得到解放,获得"自由"了。可是,讽刺的是,别里科夫死后:

一个礼拜还没有过完,生活又恢复旧样子,跟先前一样郁闷、无聊、乱糟糟了。局面并没有好一点。实在,虽然我们埋葬了别里科夫,可是这种装在套子里的人,却还有许多,将来也还不知道有多少呢!

别里科夫死去之后,人们并没有恢复正常的生活。别里科夫不是一个人,而是一群人,正是这些别里科夫,才使小镇笼罩在"郁闷、无聊、乱糟糟"的阴影下。

然而每一个"我们"都是无辜的吗?看看第4段的文字:"我们只好让步",我们都是"有思想的、正派的人,受过屠格涅夫和谢德林的陶冶",可是我们"都怕他","全城都受着他辖制呢!""太太们""教士们""全城的人",相对于滑稽可笑、僵化可恶的别里科夫,我们这些观众全然忘记了自己其实也是可悲的,无论是别里科夫们,还是我们这些"清醒着"的聪明人,不都是受着幕后导演者的操控吗?我们的思想里就没有一点的"奴性"吗?有多少人敢于说出柯瓦连科这样的话:"报告他?去,尽管报告去吧!"看起来是别里科夫把周围的人紧紧地束缚住,而他自己又何尝不是被紧紧地束缚住?周围的人又何尝没有自己束缚了自己?不只别里科夫是装在套子里的人,我们何尝不是?

再看小说的叙述视角,通过描述"我"对别里科夫的观察、感受和评价来展现"郁闷、无聊、乱糟糟"的"生活"现状。小说的语言似乎絮絮叨叨,满腹牢骚,这不就是我们这些"有思想的"人的真实的生活心态吗?"无聊、乱糟糟的"不只是别里科夫管辖下的生活,还有我们自己的内心。

在生命的最后几年里,契诃夫在日记中写过这样的话:"世界上没有一个地方像我们俄罗斯这样,人们受到权威的如此压制,俄罗斯人受到世世代代奴性的贬损,害怕自由……我们被奴颜婢膝和虚伪折磨得太惨了。"笔者认为,契诃夫的思考不只是政治性的,还有人性的思考,我们要追求的"自由"也不只是政治上的自由,还有人性上的自由。

(作者　青岛市城阳第三高级中学　李静)

原文

装在套子里的人①
契诃夫

我的同事希腊文教师别里科夫两个月前才在我们城里去世。您一定听说过他。他也真怪,即使在最晴朗的日子,也穿上雨鞋,带着雨伞,而且一定穿着暖和的棉大衣。他总是把雨伞装在套子里,把表放在一个灰色的鹿皮套子里;就连那削铅笔的小刀也是装在一个小套子里的。他的脸也好像蒙着套子,因为他老是把它藏在竖起的衣领里。他戴黑眼镜,穿羊毛衫,用棉花堵住耳朵眼。他一坐上马车,总要叫马车夫支起车篷。总之,这人总想把自己包在壳子里,仿佛要为自己制造一个套子,好隔绝人世,不受外界影响。现实生活刺激他,惊吓他,老是闹得他六神不安。也许为了替自己的胆怯、自己对现实的憎恶辩护吧,他老是歌颂过去,歌颂那些从没存在过的东西;事实上他所教的古代语言,对他来说,也就是雨鞋和雨伞,使他借此躲避现实生活。

别里科夫把他的思想也极力藏在一个套子里。只有政府的告示和报纸上的文章,其中规定着禁止什么,他才觉得一清二楚。看到有个告示禁止中学学生在晚上九点钟以后到街上去,他就觉得又清楚又明白:这种事是禁止的,好,这就行了。但是他觉着在官方的批准或者默许里面老是包藏着使人怀疑的成分,包藏着隐隐约约、还没充分说出来的成分。每逢经过当局批准,城里开了一个戏剧俱乐部,或者阅览室,或者茶馆,他总要摇摇头,低声说:

---

① 文本选自教育部组织编写.普通高中教科书语文必修下册[M].北京:人民教育出版社,2020.

"当然,行是行的,这固然很好,可是千万别闹出什么乱子。"

凡是违背法令、脱离常规、不合规矩的事,虽然看来跟他毫不相干,却惹得他闷闷不乐。要是他的一个同事到教堂参加祈祷式去迟了,或者要是他听到流言,说是中学的学生闹出了乱子,他总是心慌得很,一个劲儿地说:"千万别闹出什么乱子。"在教务会议上,他那种慎重,那种多疑,那种纯粹套子式的论调,简直压得我们透不出气。他说什么不管男子中学里也好,女子中学里也好,年轻人都不安分,教室里闹闹吵吵——唉,只求这种事别传到当局的耳朵里去才好,只求不出什么乱子才好。他认为如果把二年级的彼得洛夫和四年级的叶果洛夫开除,那才妥当。您猜怎么着?他凭他那种唉声叹气,他那种垂头丧气和他那苍白的小脸上的眼镜,降服了我们,我们只好让步,减低彼得洛夫和叶果洛夫的品行分数,把他们禁闭起来,到后来把他俩开除了事。我们教师们都怕他。信不信由您。我们这些教师都是有思想的、很正派的人,受过屠格涅夫和谢德林的陶冶,可是这个老穿着雨鞋、拿着雨伞的小人物,却把整个中学辖制了足足十五年!可是光辖制中学算得了什么?全城都受着他辖制呢!我们这儿的太太们到礼拜六不办家庭戏剧晚会,因为怕他听见;教士们当着他的面不敢吃荤,也不敢打牌。在别里科夫这类人的影响下,全城的人战战兢兢地生活了十年到十五年,什么事都怕。他们不敢大声说话,不敢写信,不敢交朋友,不敢看书,不敢周济穷人,不敢教人念书写字……

别里科夫跟我同住在一所房子里。他的卧室挺小,活像一只箱子,床上挂着帐子。他一上床,就拉过被子来蒙上脑袋。房里又热又闷,风推着关紧的门,炉子里嗡嗡地叫,厨房里传来叹息声——不祥的叹息声……他躺在被子底下,战战兢兢,深怕会出什么事,深怕小贼溜进来。他通宵做噩梦,到早晨我们一块儿到学校去的时候,他没精打采,脸色苍白。他所去的那个挤满了人的学校,分明使得他满心害怕和憎恶;跟我并排走路,对他那么一个性情孤僻的人来说,显然也是苦事。

可是,这个装在套子里的人,差点结了婚。有一个新的史地教员,一个原籍乌克兰,名叫密哈益·沙维奇·柯瓦连科的人,派到我们学校里来了。他是带着他姐姐华连卡一起来的。后来,由于校长太太的尽力撮合,华连卡开始对我们的别里科夫明白地表示好感了。在恋爱方面,特别是在婚姻方面,怂恿总要起很大的作用的。人人——他的同事和同事的太太们——开始向别里科夫游说:他应当结婚。况且,华连卡长得不坏,招人喜欢;她是五等文官的女儿,有田产;尤其要紧的,她是第一个待他诚恳而亲热的女人。于是他昏了头,决定结婚了。

但是华连卡的弟弟从认识别里科夫的第二天起,就讨厌他。

现在,您听一听后来发生的事吧。有个促狭鬼画了一张漫画,画着别里科夫打了雨伞,穿了雨鞋,卷起裤腿,正在走路,臂弯里挽着华连卡;下面缀着一个题名《恋爱中的anthropos》。您知道,那神态画得像极了。那位画家一定画了不止一夜,因为男子中学和女子中学里的教师们、神学校的教师们、衙门里的官儿,全接到一份。别里科夫也接到一份。这幅漫画弄得他难堪极了。

我们一块儿走出了宿舍。那天是五月一日,礼拜天,学生和教师事先约定在学校里会齐,然后一块儿走到城郊的一个小林子里去。我们动身了,他脸色发青,比乌云还要阴沉。

"天下竟有这么歹毒的坏人!"他说,他的嘴唇发抖了。

我甚至可怜他了。我们走啊走的,忽然间,柯瓦连科骑着自行车来了,他的后面,华连卡也骑着自行车来了,涨红了脸,筋疲力尽,可是快活,兴高采烈。

"我们先走一步!"她嚷道,"多可爱的天气!多可爱,可爱得要命!"

他俩走远,不见了。别里科夫脸色从发青变成发白。他站住,瞧着我。……

"这是怎么回事?或者,也许我的眼睛骗了我?难道中学教师和小姐骑自行车还成体统吗?"

"这有什么不成体统的?"我问,"让他们尽管骑他们的自行车,快快活活地玩一阵好了。"

"可是这怎么行?"他叫起来,看见我平心静气,觉得奇怪,"您在说什么呀?"

他似乎心里乱得很,不肯再往前走,回家去了。

第二天他老是心神不定地搓手,打哆嗦,从他的脸色分明看得出来他病了。还没到放学的时候,他就走了,这在他还是生平第一回呢。他没吃午饭。将近傍晚,他穿得暖暖和和的,到柯瓦连科家里去了。华连卡不在家,就只碰到她弟弟。

"请坐!"柯瓦连科冷冷地说,皱起眉头。别里科夫沉默地坐了十分钟光景,然后开口了:

"我上您这儿来,是为了要却我的一桩心事。我烦恼得很,烦恼得很。有个不怀好意的家伙画了一张荒唐的漫画,画的是我和另一个跟您和我都有密切关系的人。我认为我有责任向您保证我跟这事没一点关系。……我没有做出什么事来该得到这样的讥诮——刚好相反,我的举动素来在各方面都称得起是正人君子。"

柯瓦连科坐在那儿生闷气,一句话也不说。别里科夫等了一会儿,然后压低喉咙,用悲凉的声调接着说:

"另外我有件事情要跟您谈一谈。我在这儿做了多年的事,您最近才来,既然我是一个比您年纪大的同事,我就认为我有责任给您进一个忠告。您骑自行车,这种消遣,对青年的教育者来说,是绝对不合宜的!"

"怎么见得?"柯瓦连科问。

"难道这还用解释吗,密哈益·沙维奇?难道这不是理所当然吗?如果教师骑自行车,那还能希望学生做出什么好事来?他们所能做的就只有倒过来,用脑袋走路了!既然政府还没有发出通告,允许做这种事,那就做不得。昨天我吓坏了!我一看见您的姐姐,眼前就变得一片漆黑。一位小姐,或者一个姑娘,却骑自行车——这太可怕了!"

"您到底要怎么样?"

"我所要做的只有一件事,就是忠告您,密哈益·沙维奇。您是青年人,您前途远大,您的举动得十分十分小心才成;您却这么马马虎虎,唉,这么马马虎虎!您穿着绣花衬衫出门,人家经常看见您在大街上拿着书走来走去;现在呢,又骑什么自行车。校长会听说您和您姐姐骑自行车的,然后,这事又会传到督学的耳朵里……这还会有好下场吗?"

"讲到我姐姐和我骑自行车,这可不干别人的事。"柯瓦连科涨红了脸说,"谁要来管我的私事,就叫他滚!"

别里科夫脸色苍白,站起来。

"您用这种口吻跟我讲话,那我不能再讲下去了。"他说,"我请求您在我面前谈到上司的时候不要这样说话;您对上司应当尊敬才对。"

"难道我对上司说了什么不好的话?"柯瓦连科问,生气地瞧着他,"请您躲开我。我是正大光明的人,不愿意跟您这样的先生讲话。我不喜欢那些背地里进谗言的人。"

别里科夫心慌意乱,匆匆忙忙地穿大衣,脸上带着恐怖的神情。这还是他生平第一回听到别人对他说这么不客气的话。

"随您怎么说,都由您好了。"他一面走出门道,到楼梯口去,一面说,"只是我得跟您预先声明一下:说不定有人偷听了我们的谈话了,为了避免我们的谈话被人家误解以致闹出什么乱子起见,我得把我们的谈话内容报告校长——把大意说明一下。我不能不这样做。"

"报告他?去,尽管报告去吧!"

柯瓦连科在他后面一把抓住他的衣领,使劲一推,别里科夫就连同他的雨鞋一齐乒乒乓乓地滚下楼去。楼梯又高又陡,不过他滚到楼下却安然无恙,站起来,摸了摸鼻子,看了看他的眼镜碎了没有。可是,他滚下楼的时候,偏巧华连卡回来了,带着两位女士。她们站在楼下,怔住了。这在别里科夫却比任何事情都可怕。我相信他情愿摔断脖子和两条腿,也不愿意成为别人取笑的对象。是啊,这样一来,全城的人都会知道这件事,还会传到校长耳朵里去,还会传到督学耳朵里去。哎呀,不定会闹出什么乱子!说不定又会有一张漫画,到头来弄得他奉命退休吧。……

等到他站起来,华连卡才认出是他。她瞧着他那滑稽的脸相,他那揉皱的大衣,他那雨鞋,不明白是怎么回事,以为他是一不小心摔下来的,就忍不住纵声大笑,笑声在整个房子里响着:

"哈哈哈!"

这响亮而清脆的"哈哈哈"就此结束了一切事情:结束了预想中的婚事,结束了别里科夫的人间生活。他没听见华连卡说什么话,他什么也没有看见。一到家,他第一件事就是从桌子上撤去华连卡的照片;然后他上了床,从此再也没起过床。

过了一个月,别里科夫死了。我们都去送葬。

我们要老实说:埋葬别里科夫那样的人,是一件大快人心的事。我们从墓园回去的时候,露出忧郁和谦虚的脸相;谁也不肯露出快活的感情。——像那样的感情,我们很久很久以前做小孩子的时候,遇到大人不在家,我们到花园里去跑一两个钟头,享受完全自由的时候,才经历过。

我们高高兴兴地从墓园回家。可是一个礼拜还没有过完,生活又恢复旧样子,跟先前一样郁闷、无聊、乱糟糟了。局面并没有好一点。实在,虽然我们埋葬了别里科夫,可是这种装在套子里的人,却还有许多,将来也还不知道有多少呢!

《荷花淀》：一首青年妇女成长转变的赞歌

孙犁在诗体小说《荷花淀》中，用诗化的语言塑造了以水生嫂为代表的一群青年妇女形象，一方面她们身上有闪光的一面，勤劳、贤惠、体贴关爱自己的丈夫；另一方面在丈夫离家参军抗日之时，她们又表现出女性自身的弱点，对丈夫的依赖，顾家的一面；但是当遇到鬼子时，她们又表现出她们的勇敢、献身、不甘落后、冷静的一面，并且为了保护自己的家园，她们积极投身于抗日活动之中。作者生动形象地写出了她们由家庭劳动妇女成长为抗日战士的一个华丽转变的过程，谱写了一首抗日战争中青年妇女成长转变的赞歌。

下面我们从丈夫们的视角和读者的视角两个角度来细读一下这篇文章，品析一下这个青年妇女群体形象。

一、丈夫眼中的女人们

（一）丈夫眼中的水生嫂

水生说："我是村里的游击组长，是干部，自然要站在头里。他们几个也报了名。他们不敢回来，怕家里的人拖尾巴，公推我代表，回来和家里人说一说。他们全觉得你还开明一些。"

从水生的话中"他们全觉得你还开明一些"可以看出在水生的眼里，水生嫂是个相对开明、通情达理的人。

"家里，自然有别人照顾。可是咱的庄子小，这一次参军的就有七个。庄上青年人少了，也不能全靠别人，家里的事，你就多做一些，爹老了，小华还不顶事。"

"千斤的担子你先担吧，打走了鬼子，我回来谢你。"

从水生的这些话中，可以看出在水生的眼中妻子在自己参军之后，能够照顾好家里家外，还是个比较能干、值得信赖的人。

"没有什么话了，我走了，你要不断进步，识字，生产。"

"嗯。"

"什么事也不要落在别人后面！"

从水生对妻子的这些告别的话语中，可以看出在水生的眼中妻子还是一个有上进心、追求进步、不甘落后的人。

（二）丈夫眼中的女人们

"不是她们是谁，一群落后分子！"

伏击战结束之后,水生认为女人们的到来在小队长面前给他们丢了脸,认为她们,包括水生嫂,是一群落后分子。

二、读者眼中的女人们

(一)读者眼中的水生嫂

女人坐在小院当中,手指上缠绞着柔滑修长的苇眉子。苇眉子又薄又细,在她怀里跳跃着。

这女人编着席。不久,在她的身子下面就编成了一大片。

这几句在写水生嫂编席的情景,生动形象地写出了水生嫂苇编技术的娴熟、心灵手巧,和白洋淀的女人们一样,勤劳能干。

水生嫂在编席的同时,等待着丈夫的归来,丈夫一回来,马上"站起来要去端饭","笑着问"和"端饭"两个词语看出水生嫂对丈夫的晚归没有丝毫的埋怨,关心体贴丈夫、任劳任怨。水生嫂也非常的细心,她看出了水生"笑得不像平常",当听到水生说"明天就到大部队上去了"的话时,文中写道"女人的手指震动了一下,想是叫苇眉子划破了手。她把一个手指放在嘴里吮了一下",手指震动说明她内心震动,波澜之大。她划破了手之后并没有叫喊,而是把手放在嘴里吮了一下。这个细节可以看出,她的通情达理、深明大义。后来,在和丈夫话别时,小说中写道"女人鼻子有些酸,但她并没有哭,只说:'你明白家里的难处就好了。'"这里,看出水生嫂不仅是一个通情达理的人,更是一个懂得为丈夫分担、任劳任怨的坚强的女性。这是我们从小说中品读出的水生嫂身上的闪光点。

我们再细品小说的其他几处描写,就会发现作者笔下水生嫂还有作为家庭妇女的更为真实、更贴近生活的一面。

当水生说自己第一个带头报名参加地区队时,小说中是这样写的:

女人低着头说:"你总是很积极的。"

水生说:"我是村里的游击组长,是干部,自然要站在头里。他们几个也报了名。他们不敢回来,怕家里的人拖尾巴,公推我代表,回来和家里说一说。他们全觉得你还开明一些。"

女人没有说话。

过了一会,她才说:"你走,我不拦你。家里怎么办?"

水生指着父亲的小房,叫她小声一些,说:"家里,自然有别人照顾。可是咱的庄子小,这一次参军的就有七个。庄上青年人少了,也不能全靠别人,家里的事,你就多做些,爹老了,小华还不顶事。"

我们细品一下这里面的词语,"很积极",是对人的夸赞。夸赞水生,但是前面加上"总是"一词,再看后边水生接上的话,"自然要站在头里","自然",可以品味出水生嫂很明显对水生的报名行为有一些指责、埋怨的味道。再看水生嫂说:"你走,我不拦你。家里怎么办?"说这些话的时候,声音有一些大了,情绪明显有些激动,水生怕吵到父亲和小华,提醒她"小声一些"。这里,我们一起品味一下水生嫂说"家里怎么办"这句话,实际上有着丰富的潜台词,水生嫂说的这句话我们联系一下水生后面说的话,可以想象水生嫂可能想到的内容:家里老的老,小的小,丈夫走了,这个家谁来支撑呢?我能支撑得起来吗?从这里我们可以看出,水生嫂觉得水生走了之后,自己无法承担家里的重担,这明显是对水生的依赖。我们再品读一下这句话,"女人还是呆呆地坐在院子里等他",如果我们把这句话改成"女人还是坐在院子里等他"会有什么不同?作者用了一个词"呆呆地",可以感觉出水生嫂知道丈夫要走的那种落寞,不舍,无奈,这一句作者写出了水生嫂在面对丈夫参军离家时内心的脆弱、失魂落魄的精神状态。

(二)读者眼中的青年妇女

女人们到底有些藕断丝连。过了两天,四个青年妇女聚在水生家里,大家商量。

"听说他们还在这里没走。我不拖尾巴,可是忘下了一件衣裳。"

"我有句要紧的话得和他说说。"

"听他说,鬼子要在同口安据点……"水生的女人说。

"哪里就碰得那么巧,我们快去快回来。"

"我本来不想去,可是俺婆婆非叫我再去看看他——有什么看头啊!"

从"藕断丝连"和这些青年妇女的对话里可以看出,这些女人对丈夫的依恋和不舍。她们找到了一个个美丽的借口去探望自己的丈夫,实际上她们的探望体现出了作为家庭妇女的她们对丈夫的依赖。

几个女人有点失望,也有些伤心,各人在心里骂着自己的狠心贼。……

"你看说走就走了。"

"可慌哩,比什么也慌,比过新年,娶新——也没见他这么慌过!"

"拴马桩也不顶事了。"

"不行了,脱了缰了!"

"一到军队,他一准得忘了家里的人。"

在这个地方,如果我们把女人们说的"狠心贼"换成"丈夫",各自在心里骂着自己的"丈夫",一比较就可以品味出作者在这个地方用了"狠心贼"这个词,妇女们认为丈夫非常狠心,不仅不辞而别地离开她们,参加大部队,而且把她们的心也像"贼"一样偷走了,显而易见表达了妇女们对自己丈夫的埋怨之情,更体现出妇女们对自己丈夫的依赖、不舍之情。再如,"拴马桩也不顶事了","不行了,脱了缰了","一到军队,他一准得忘了家里的人"。这些女人用"拴马桩"、"脱了缰",实际上是想把丈夫留住,留在家里,始终留在自己的身边,这些都可以看出这些女人对丈夫的依赖。

小船活像离开了水皮的一条打跳的梭鱼。她们从小跟这小船打交道,驶起来就像织布穿梭、缝衣透针一般快。

假如敌人追上了,就跳到水里去死吧!

后面大船来得飞快。那明明白白是鬼子。这几个青年妇女咬紧牙,制止住心跳,摇橹的手并没有慌,水在两旁大声地哗哗,哗哗,哗哗哗!

"往荷花淀里摇!那里水浅,大船过不去。"

这一段写这群青年妇女遇到了鬼子的大船,"梭鱼"一词体现出她们划船技术的高超,"一条"体现出她们很团结、配合得好。"假如敌人追上来,就跳到水里去死吧。"通过心理描写,可以看出青年妇女是非常勇敢的。这里作者运用"哗哗,哗哗,哗哗哗"拟声词对声音的描述,更加突出紧张的气氛,体现了青年妇女在紧急情况下的镇定冷静,同时运用语言描写"往荷花淀里摇!那里水浅,大船过不去"写出了她们遇到危急情况时的冷静和聪慧的一面。

"你看他们那个横样子,见了我们爱搭理不搭理的!"

"啊,好像我们给他们丢了什么人似的。"

她们自己也笑了,今天的事情不算光彩,可是——

"我们没枪;有枪就不往荷花淀里跑,在大淀里就和鬼子干起来!"

"我今天也算看见打仗了。打仗有什么出奇?只要你不着慌,谁还不会趴在那里放枪呀!"

"打沉了,我也会凫水捞东西,我管保比他们水式好,再深点我也不怕!"

"水生嫂,回去我们也成立队伍,不然,以后还能出门吗?"

"刚当上兵就小看我们,过二年,更把我们看得一钱不值了,谁比谁落后多少呢!"

这一年秋季,她们学会了射击。冬天,打冰夹鱼的时候,她们一个个登在流星一样的冰船上来回警戒。敌人围剿那百顷大苇塘的时候,她们配合子弟兵作战,出入在那芦苇的海里。

这一片段,作者主要运用了对话描写:"你看他们那个横样子,见了我们爱搭理不搭理的!""啊,好像我们给他们丢了什么人似的。""刚当上兵就小看我们,过二年,更把我们看得一钱不值了,谁比谁落后多少呢!"从这些对话中,可以看出女人们的自尊心强,不甘落后。"我们没枪;有枪就不往荷花淀里跑,在大淀里就和鬼子干起来!"可以看出她们的勇敢。"这一年秋季,她们学会了射击。冬天,打冰夹鱼的时候,她们一个个登在流星一样的冰船上来回警戒。敌人围剿那百顷大苇塘的时候,她们配合子弟兵作战,出入在那芦苇的海里。"这一段描写可以看出青年妇女们刻苦训练,掌握作战本领,体现出青年妇女们为抗日贡献出自己的一分力量的决心,表现出保家卫国的决心和精神。

总之,小说塑造的青年妇女的形象,一方面她们身上有劳动妇女固有的闪光的一面,在丈夫离家参军抗日之时,她们又表现出作为家庭妇女的弱点,对丈夫的依赖、顾家的一面;但是当遇到鬼子时,又表现出了她们的勇敢、献身、不甘落后、冷静的一面。伏击战让她们克服了自身的脆弱、依赖的缺点,从勤劳的体贴的妇女成长成为一个勇于献身的战士,由家庭妇女转变为抗日战士,这是一个成长的过程。可以说,当和平之时,她们是体贴细心、依赖丈夫、安守本分的家庭妇女;当面临紧张之时,她们是临危不乱、沉着冷静、机智聪慧的勇士;当国土遭受践踏之时,她们是不甘落后、不怕献身、坚守国土的战士。这是一群值得尊敬的、值得永远纪念的人。

(作者　青岛市城阳第三高级中学　李思衡)

原文

荷花淀[①]

孙犁

月亮升起来,院子里凉爽得很,干净得很。白天破好的苇眉子湿润润的,正好编席。女人坐在小院当中,手指上缠绞着柔滑修长的苇眉子。苇眉子又薄又细,在她怀里跳跃着。

要问白洋淀有多少苇地,不知道;每年出多少苇子,也不知道。只晓得,每年芦花飘飞苇叶黄的时候,全淀的芦苇收割,垛起垛来,在白洋淀周围的广场上,就成了一条苇子的长城。女人们,在场里院里编着席。编成了多少席?六月里,淀水涨满,有无数的船只运输银白雪亮的席子出口。不久,各地的城市村庄就全有了花纹又密又精致的席子用了。大家争着买:"好席子,白洋淀席!"

这女人编着席。不久在她的身子下面就编成了一大片。她像坐在一片洁白的雪地上,也像坐在一片洁白的云彩上。她有时望望淀里,淀里也是一片银白世界。水面笼起一层薄薄透明的雾,风吹过来,带着新鲜的荷叶荷花香。

但是大门还没关,丈夫还没回来。

很晚丈夫才回来了。这年轻人不过二十五六岁,头戴一顶大草帽,上身穿一件洁白的小褂,黑单裤卷过了膝盖,光着脚。他叫水生,小苇庄的游击组长,党的负责人。今天领着游击组到区上开会去来。

女人抬头笑着问:"今天怎么回来得这么晚?"站起来要去端饭。

水生坐在台阶上说:"吃过饭了,你不要去拿。"

女人就又坐在席子上。她望着丈夫的脸,她看出他的脸有些红涨,说话也有些气喘。她问:"他们几个哩?"

水生说:"还在区上。爹哩?"

"睡了。"

"小华哩?"

"和他爷爷去收了半天虾篓,早就睡了。他们几个为什么还不回来?"

水生笑了一下。女人看出他笑得不像平常,"怎么了,你?"

水生小声说:"明天我就到大部队上去了。"

女人的手指震动了一下,想是叫苇眉子划破了手,她把一个手指放在嘴里吮了一下。水生说:"今天县委召集我们开会。假若敌人再在同口安上据点,那和端村就成了一条线,淀里的斗争形势就变了。会上决定成立一个地区队。我第一个举手报了名的。"

女人低着头说:"你总是很积极的。"

水生说:"我是村里的游击组长,是干部,自然要站在头里,他们几个也报了名。他们不敢回来,怕家里的人拖尾巴,公推我代表,回来和家里人说一说。他们全觉得你还开明一些。"

[①] 文本选自山东省教学研究室.普通高中新课程实验教科书语文(必修·第一册)[M].济南:山东人民出版社,2008.

女人没有说话。过了一会,她才说:"你走,我不拦你。家里怎么办?"

水生指着父亲的小房,叫她小声一些,说:"家里,自然有别人照顾。可是咱的庄子小,这一次参军的就有七个。庄上青年人少了,也不能全靠别人,家里的事,你就多做些,爹老了,小华还不顶事。"

女人鼻子里有些酸,但她并没有哭。只说:"你明白家里的难处就好了。"

水生想安慰她。因为要考虑准备的事情还太多,他只说了两句:"千斤的担子你先担吧。打走了鬼子,我回来谢你。"

说罢,他就到别人家里去了,他说回来再和父亲谈。

鸡叫的时候,水生才回来。女人还是呆呆地坐在院子里等他,她说:"你有什么话嘱咐我吧!"

"没有什么话了,我走了,你要不断进步,识字,生产。"

"嗯。"

"什么事也不要落在别人后面!"

"嗯,还有什么?"

"不要叫敌人汉奸捉活的。捉住了要和他拼命。"这才是那最重要的一句。女人流着眼泪答应了他。

第二天,女人给他打点好一个小小的包裹,里面包了一身新单衣,一条新毛巾,一双新鞋子。那几家也是这些东西,交水生带去。一家人送他出了门。父亲一手拉着小华,对他说:"水生,你干的是光荣事情,我不拦你,你放心走吧。大人孩子我给你照顾,什么也不要惦记。"

全庄的男女老少也送他出来。水生对大家笑一笑,上船走了。

女人们到底有些藕断丝连。过了两天,四个青年妇女聚在水生家里,大家商量。

"听说他们还在这里没走。我不拖尾巴,可是忘下了一件衣裳。"

"我有句要紧的话,得和他说说。"

"听他说,鬼子要在同口安据点……"水生的女人说。

"哪里就碰得那么巧,我们快去快回来。"

"我本来不想去,可是俺婆婆非叫我再去看看他——有什么看头啊!"

于是这几个女人偷偷坐在一只小船上,划到对面马庄去了。

到了马庄,她们不敢到街上去找,来到村头一个亲戚家里。亲戚说:"你们来得不巧,昨天晚上他们还在这里,半夜里走了,谁也不知开到哪里去。你们不用惦记他们,听说水生一来就当了副排长,大家都是欢天喜地的……"

几个女人羞红着脸告辞出来,摇开靠在岸边上的小船。现在已经快到晌午了,万里无云,可是因为在水上,还有些凉风,这风从南面吹过来,从稻秧上苇尖吹过来。水面没有一只船。水像无边的跳荡的水银。

几个女人有点失望,也有些伤心,各人在心里骂着自己的狠心贼,可是青年人永远朝着愉快的事情想,女人们尤其容易忘记那些不痛快。不久,她们就又说笑起来了。

"你看,说走就走了。"

"可慌哩,比什么也慌,比过新年,娶新——也没见他这么慌过!"

"拴马桩也不顶事了。"

"不行了,脱了缰了!"

"一到军队里,他一准得忘了家里的人。"

"那是真的。我们家里住过一些年轻的队伍,一天到晚仰着脖子,出来唱,进去唱,我们一辈子也没那么乐过。等他们闲下来没有事了,我就傻想:该低下头了吧。你猜人家干什么?用白粉子在我家影壁上画上许多圆圈圈,一个一个蹲在院子里,托着枪瞄那个,又唱起来了。"

她们轻轻划着船,船两边的水,哗,哗,哗。顺手从水里捞上一棵菱角来,菱角还很嫩很小,乳白色。顺手又丢到水里去。那棵菱角就又安安稳稳浮在水面上生长去了。

"现在你知道他们到了哪里?"

"管他哩!也许跑到天边上去了。"

她们都抬起头往远处看了看。

"唉呀!那边过来一只船。"

"唉呀,日本!你看那衣裳!"

"快摇!"

小船拼命往前摇。她们心里也许有些后悔,不该这么冒冒失失走来,也许有些怨恨那些走远了的人。但是立刻就想:什么也别想了,快摇,大船紧紧追过来了!

大船追得很紧。

幸亏是这些青年妇女,白洋淀长大的,她们摇得小船飞快。小船活像离开了水皮的一条打跳的梭鱼。她们从小跟这小船打交道,驶起来就像织布穿梭、缝衣透针一般快。

假如敌人追上了,就跳到水里去死吧!

后面大船来得飞快。那明明白白是鬼子。这几个青年妇女咬紧牙,制止住心跳,摇橹的手并没有慌,水在两旁大声地哗哗,哗哗,哗哗哗!

"往荷花淀里摇!那里水浅,大船过不去。"

她们奔着那不知道有几亩大小的荷花淀去,那一望无边挤得密密层层的大荷叶迎着阳光舒展开,就像铜墙铁壁一样。粉色荷花箭高高地挺出来,是监视白洋淀的哨兵吧。

她们向荷花淀里摇,最后,努力地一摇,小船窜进了荷花淀。几只野鸭扑棱棱飞起,尖声惊叫,掠着水面飞走了。就在她们的耳边响起一排枪声。

整个荷花淀全震荡起来。她们想,陷在敌人的埋伏里了,一准要死了,一齐翻身跳到水里去。渐渐听清楚枪声只是向着外面,她们才又扒着船帮露出头来。她们看见不远的地方,那肥大的荷叶下面,有一个人的脸,下半截身子长在水里。荷花变成人了?那不是我们的水生吗?又往左右看去,不久,各人就找到了各人丈夫的脸,啊,原来是他们!

但是那些隐蔽在大荷叶下面的战士们,正在聚精会神瞄着敌人射击,半眼也没有看她们。枪声清脆,三五排枪过后,他们投出了手榴弹,冲出了荷花淀。

手榴弹把敌人那只大船击沉,一切都沉下去了,水面上只剩下一团硝烟火药气味。

战士们就在那里大声欢笑着,打捞战利品。他们又开始了沉到水底捞出大鱼来的拿手戏。他们争着捞出敌人的枪支、子弹带,然后是一袋子一袋子叫水浸透了的面粉和大米。水生拍打着水去追赶一个在水波上滚动的东西——是一包用精致纸盒装着的饼干。

妇女们带着浑身水,又坐到她们的小船上去了。

水生追回那个纸盒,一只手高高举起,一只手用力拍打着水,好使自己不沉下去。对着荷花淀吆喝:

"出来吧,你们!"

好像带着很大的气。

她们只好摇着船出来。忽然从她们的船底下冒出一个人来,只有水生的女人认的那是区小队的队长。这个人抹一把脸上的水问她们:"你们干什么来呀?"

水生的女人说:"又给他们送了一些衣裳来!"

小队长回头对水生说:"都是你村的?"

"不是她们是谁,一群落后分子!"说完,把纸盒顺手丢在女人们船上,一泅,又沉到水底下去了,到很远的地方才钻出来。

小队长开了个玩笑,他说:"你们也没有白来。不是你们,我们的伏击不会这么彻底。可是,任务已经完成,该回去晒晒衣裳了。情况还紧得很!"

战士们已经把打捞出来的战利品全装在他们的小船上,准备转移。一人摘了一片大荷叶顶在头上,抵挡正午的太阳。几个青年妇女把掉在水里又捞出来的小包裹,丢给了他们。战士们的三只小船就奔着东南方向,箭一样飞去,不久就消失在中午水面上的烟波里。

几个青年妇女划着她们的小船赶紧回家,一个个像落水鸡似的。一路走着,因过于刺激和兴奋,她们又说笑起来。

坐在船头脸朝后的一个撅着嘴说:"你看他们那个横样子,见了我们爱搭理不搭理的!"

"啊,好像我们给他们丢了什么人似的。"

她们自己也笑了,今天的事情不算光彩,可是——

"我们没枪;有枪就不往荷花淀里跑,在大淀里就和鬼子干起来!"

"我今天也算看见打仗了。打仗有什么出奇?只要你不着慌,谁还不会趴在那里放枪呀!"

"打沉了,我也会凫水捞东西,我管保比他们水式好,再深点我也不怕!"

"水生嫂,回去我们也成立队伍,不然,以后还能出门吗?"

"刚当上兵就小看我们,过二年,更把我们看得一钱不值了,谁比谁落后多少呢!"

这一年秋季,她们学会了射击。冬天,打冰夹鱼的时候,她们一个个登在流星一样的冰船上来回警戒。敌人围剿那百顷大苇塘的时候,她们配合子弟兵作战,出入在那芦苇的海里。

一场富贵与贫穷的对话

——《刘姥姥二进荣国府》评点细读

在《红楼梦》中,刘姥姥是一个非常有趣的人物,给人留下了深刻的印象。那么,刘姥姥是否真的只是一位写来好玩、供人取乐开心的角色?当然不是。刘姥姥在书中出现了三次,见证了贾府的极盛与衰败,是《红楼梦》中的一个非常重要的角色。她是个乡下老太太,是贾家八竿子打不着的远亲,仅因他女婿家的长辈曾经跟王熙凤的长辈共过事,偶然连了宗,这才有了那么一丁点儿的关系。她因生活无以为继才不得不放下尊严到贾府"打秋风"。刘姥姥"二进"荣国府,是在第三十九回至四十二回,她已不是第一次那般害怕和自卑了,这一次进贾府刘姥姥主要是来还情的,她带了些瓜果、野菜来请贾府中的太太、姑娘们尝鲜,被贾母留住了两三天。

作者为什么要花费如此多的笔墨写这样的一个卑微渺小的人物呢?细细想来,主要有以下几个原因。

一、以穷人的心目见证贾府富贵奢侈的生活

俗话说,侯门深似海。平常人很难进得去,穷苦人更难进去。而作者巧妙安排刘姥姥进贾府,因为关系疏远,贫富悬殊,这样就便于把她作为一个合适的"旁观者"来观察贾府的鲜花著锦的富贵生活。按刘姥姥的话说:"虽然住了两三天,日子却不多,把古往今来没见过的,没吃过的,没听过的都经验了。"

因宝钗代湘云做东,贾府正举办螃蟹宴。她粗略一估,算出这顿螃蟹宴大概要花20两银子。

周瑞家的道:"早起我就看见那螃蟹了,一斤只好秤了两个三个。这么三大篓,想是有七八十斤呢。"周瑞家的又道:"若是上上下下,只怕还不够。"平儿道:"那里够,不过都是有名儿的吃两个子。那些散众的,也有摸的着的,也有摸不着的。"刘姥姥道:"这样螃蟹,今年就值五分一斤,十斤五钱。五五二两五,三五一十五,再搭上酒菜,一共倒有二十多两银子。阿弥陀佛!这一顿的钱,够我们庄家人过一年的了。"

古代的秤与现代不同,一斤是16两,我们可以想见那螃蟹的个头之大。如此多的花销还不是人人都能吃得上的,贾府的奢侈由此可见一斑,"这一顿的钱,够我们庄家人过一年的了"。通过刘姥姥之口说出,将富贵与贫穷对比,可以非常直观的了解贾府的靡费。

饮食的品位也体现出贾府的富贵奢侈。第四十一回贾府宴会,通过一道"茄鲞",让我们看到了贾府的饮食上的极致的精细。何为"茄鲞"?文中这样写道:

刘姥姥细嚼了半日,笑道:"虽有一点茄子香,只是还不像是茄子。告诉我是什么法子弄的,我也弄着吃去。"凤姐笑道:"这也不难。你把四五月里的新茄包儿摘下来,把皮和瓤子去尽,只要净肉,切成头发细的丝儿,晒干了。拿一只肥母鸡,靠出老汤来。把这

茄子丝上蒸笼蒸的鸡汤入了味儿,再拿出来晒干。如此九蒸九晒,必定晒脆了。盛在瓷罐子里封严了。要吃时拿出一碟子来,用炒的鸡瓜一拌就是了。"刘姥姥听了,摇头吐舌道:"我的佛祖!倒得十来只鸡来配它。怪道这个味儿。"

刘姥姥经常吃茄子,可她却说:"别哄我了。茄子跑出这个味儿来了。"刘姥姥不相信这就是茄子,因为在如此精细的烹调之下茄子早已失去了本色,变得没有了茄子的味道。

对于富贵人家而言,特别是像贾府这样富贵了近百年的侯门贵族,鸡鸭鱼肉很常见,并不能体现其尊贵和品味,唯有烦琐的工艺程序、菜品的精致程度、器具的精巧贵重等方面才能体现其生活的品位。一道"茄鲞",让我们看到了贾府饮食上的极致的奢侈。

二、集中展现贾府众小姐公子的性格特点

(一)通过宴席表现展现人物特点

因贾母和王夫人众姊妹想给史湘云还席,所以有了第四十回的史太君两宴大观园以及贾母带领宝玉众姊妹和刘姥姥等人的游赏大观园。

饭前,鸳鸯骗刘姥姥说我们家有规矩,吃饭前老太太说"请",你就要站起来,因为你是客人,一定要应答,结果刘姥姥的回答引起了大家的哄堂大笑。

贾母这边说声"请",刘姥姥便站起身来,高声说道:"老刘,老刘,食量大似牛,吃个老母猪不抬头。"自己却鼓着腮不语。众人先是发怔,后来一听,上上下下都哈哈的大笑起来。史湘云掌不住,一口饭都喷了出来。林黛玉笑岔了气,伏着桌子嗳哟。宝玉早滚到贾母怀里,贾母笑得搂着宝玉叫"心肝"。王夫人笑得用手指着凤姐儿,只说不出话来。薛姨妈也掌不住,口里茶喷了探春一裙子;探春手里的饭碗都合在迎春身上;惜春离了坐位,拉着他奶姆,叫揉一揉肠子。地下的无一个不弯腰屈背,也有躲出去蹲着笑去的,也有忍着笑上来替他姊妹换衣裳的。独有凤姐鸳鸯二人掌着,还只管让刘姥姥。

每一个人的反应都不同,但完全合情合理,完全是他们个性的流露,乃至于年龄和体质状况。史湘云是心直口快的人,所以她反应最快,第一个就把饭喷出来了;林黛玉身体最弱,一下子呼吸不过来,笑岔了气;宝玉是最得宠爱撒娇的,马上滚到祖母的怀里去了;惜春较为稚嫩、娇弱,让奶母揉肠子。作者的描写非常冷静,写出了场面的活泼生动,连续七八个场景一个一个描写过来,产生了非常好的戏剧效果。

(二)通过住所内饰丰富人物性格

第十六、十七回大观园试才题对额时,读者粗略游览了一次大观园,大体了解了大观园的外部景观和大体构造。而贾母率领众人及刘姥姥逛大观园是一处一处的慢慢看,深入到了每一居所的内部,借着刘姥姥之眼我们才真正看到了大观园之大,布局之巧,饰物之奢。

先到了潇湘馆。

一进门,只见两边翠竹夹路,土地下苍苔布满,中间羊肠一条石子漫的路。……刘姥姥因见窗下案上设着笔砚,又见书架上磊着满满的书,刘姥姥道:"这必定是那位哥儿的书房了?"贾母笑指黛玉道:"这是我这外孙女儿的屋子。"刘姥姥留神打量了林黛玉一番,方笑道:"这那里像个小姐的绣房,竟比那上等的书房还好。"

潇湘馆是林黛玉住的地方。黛玉的性格孤傲、清高,不喜欢花红柳绿,所以这里一色都是竹子。黛玉不喜欢跟人来往,人迹罕至,所以"苍苔布满"。黛玉饱读诗书满腹才华,所以她的闺房很肃静,到处都是笔墨纸砚,她的诗人气质和忧郁的性格与其居所极为相配。

然后到了秋爽斋。

探春素喜阔朗,这三间屋子并不曾隔断;当地放着一张花梨大理石大案,上磊着各种名人法帖并数十方宝砚,各色笔筒笔海内插的笔如树林一般;那一边设着斗大的一个汝窑花囊,插着满满的一囊水晶球的白菊。西墙上当中挂着一大幅米襄阳烟雨图,左右挂着一副对联,乃是颜鲁公墨迹,其词云:"烟霞闲骨格。泉石野生涯。"案上设着大鼎。左边紫檀架上放着一个大观窑的大盘,盘内盛着数十个娇黄玲珑大佛手。右边洋漆架上,悬着一个白玉比目磬,旁边挂着小锤。

探春的性格极像男子,健康开朗,不喜欢受委屈,住处的风格反映了探春的个性。"烟霞闲骨格,泉石野生涯。"是其居室的一副对联。封建时代很多知识分子,都喜欢自称是什么"野客""山人",以此为风雅清高。探春喜欢烟霞的自由、闲散,她要用其作为自己的骨骼,作为生命的本质,这正与古代的知识分子相似,表达了探春的风雅清高以及追求自由本真的生命态度。

之后又来到了蘅芜苑。

贾母因见岸上的清厦旷朗,便问:"这是你薛姑娘的屋子不是?"众人道:"是。"贾母忙命拢岸,顺着云步石梯上去。一同进了蘅芜苑,只觉异香扑鼻。那些奇草仙藤,愈冷愈苍翠,都结了实,似珊瑚豆子一般,累垂可爱。及进了房屋,雪洞一般,一色玩器全无;案上只有一个土定瓶中供着数枝菊花,并两部书、茶奁、茶杯而已。床上只吊着青纱帐幔,衾褥也十分朴素。

蘅芜苑是宝钗的住所,院中种满香草,宝钗常服的药物是"冷香丸",房子里没有任何玩器古董,素净到像大雪盖住的一个洞窟,屋内陈设极其简单。可以看出宝钗崇尚质朴,这与她服饰喜好用不出挑的间色如蜜合色,不爱用富丽艳妆等互相印证。瓶中供着数枝菊,菊花是花中君子,是洁身自好、高尚隐逸的象征。莺儿曾说她们那里的花草的分例向来都是免了的,可见宝钗并非惜花爱花之人,她供着菊,固然有可能是为了应景,但认同菊花所代表的品格的可能性更大。从蘅芜苑的室内,我们可以推断出宝钗崇尚自然质朴,清淡雅致,如果用现在的话说,她是一个崇尚极简主义的人,也印证了她性格中的冷淡。

最后来到了怡红院。

刘姥姥掀帘进去,抬头一看,只见四面墙壁,玲珑剔透,琴剑瓶炉皆贴在墙上,锦笼纱罩,金彩珠光,连地下踩的砖,皆是碧绿凿花,竟越发把眼花了,找门出去,那里有门,左一架书,右一架屏。……便忽然想起:"常听见大富贵人家有一种穿衣镜,这别是我在镜子里头呢罢。"说毕,伸手一摸,再细一看,可不是四面雕空紫檀板壁,将这镜子嵌在中间。因说:"这已经拦住,如何走出去呢?"一面说,一面只管用手去摸。这镜子原是西洋机括,可以开合。不意刘姥姥乱摸之间,其力巧合,便撞开消息,掩过镜子,露出门来。刘姥姥又惊又喜,迈步出来,忽见有一副最精致的床帐。

刘姥姥因吃醉了酒,误打误撞闯入了宝玉的居处。"锦笼纱罩""金彩珠光"等词语概括出了宝玉的居处精美华贵无比。刘姥姥醉眼蒙眬之下,仅能感到此处的华丽与讲究。"最精致的床帐"让人感到这应是女孩子的住处。宝玉房间的女性化特点,反映了他对女性的向往热爱及其性格中的女性化倾向,揭示了他性格为什么有时很软弱的原因。宝玉有一番奇谈怪论:"女儿是水做的骨肉,男人是泥做的骨肉。我见了女儿,我便清爽,见了男子,便觉浊臭逼人。"他追求女儿的清纯、芬芳,所以他的居处也如女子一样精致芬芳。

三、凸显贾府众人日常生活的奢侈

贾府的主子有众多仆妇丫鬟服侍,整日结社吟诗、赏花听曲、宴会游园、赏灯猜谜,不必为生计发愁,他们的生活中只有"诗情画意",他们追求的是生活的优雅与品位。其繁华奢靡让刘姥姥无法想象,但却真真实实的存在。

第四十回是《红楼梦》里最热闹的一回,贾母携众人游赏大观园,其中讲到了家具、建筑、园林设计、摆饰、服饰以及贾府的吃喝玩乐,让读者真切感受到贵族的奢华生活。

宝玉来至上房,只见贾母正和王夫人众姊妹商议给史湘云还席。宝玉因说道:"我有个主意。既没有外客,吃的东西也别定了样数,谁素日爱吃的拣样儿做几样,也不要按桌席,每人跟前摆一张高几,各人爱吃的东西一两样,再一个什锦攒心盒子、自斟壶,岂不别致。"贾母听了,说"很是",忙命传与厨房,"明日就拣我们爱吃的东西做了,按着人数,再装了盒子来。早饭也摆在园里吃。

古代大户人家吃饭讲究排场,围绕大圆桌按辈分分主次而坐,儿媳妇都要侍立一旁。宝玉不喜欢这样烦琐的规矩,既然要玩,就轻松一些,不要那么多的礼数,这样大家吃起来就很自在。贾母因宠爱孙子,也就同意了。这也从一个侧面反映出宝玉渴望人性自由,敢于打破规矩的性格特点。

因贾母嫌黛玉的窗纱颜色旧了,要给黛玉换窗纱,凤姐说库房里有各色"蝉翼纱"可以用,贾母纠正其正确的名字为"软烟罗"。

贾母说:"可不是这个。先时原不过是糊窗屉,后来我们拿这个作被、作帐子,试试也竟好。明儿就找出几匹来,拿银红的替他糊窗子。"凤姐答应着。众人都看了,称赞不已。刘姥姥也觑着眼看个不了,念佛说道:"我们想他作衣裳也不能,拿着糊窗子,岂不可惜?"贾母道:"倒是做衣裳不好看。"凤姐忙把自己身上穿的一件大红绵纱袄子襟儿拉了出来,向贾母薛姨妈道:"看我的这袄儿。"贾母薛姨妈都说:"这也是上好的了,这是如今的上用内造的。竟比不上这个。"凤姐儿道:"这个薄片子,还说是内造上用呢,竟连官用的也比不上了。"

"软烟罗"纱软厚轻密,如今皇宫内府造的东西还比不上它,贾府用它来糊窗户,做夹背心给丫头们穿。王熙凤的内衣料子竟然是皇宫里面用的东西,可见贾家的权势之盛,日用之奢华。

贾府的仓库中备着船,大观园里有专门的水道可供划船,家里还有专门撑船的驾娘。早宴之后,一众人等撑船游赏。

宝玉道:"这些破荷叶可恨,怎么还不叫人来拔去。"宝钗笑道:"今年这几日,何曾饶了这园子闲了,天天逛,那里还有叫人来收拾的工夫。"林黛玉道:"我最不喜欢李义山的诗,只喜他这一句:'留得残荷听雨声。'偏你们又不留着残荷了。"宝玉道:"果然好句。以后咱们就别叫人拔去了。"

宝玉觉得残荷可厌,因为荷叶干了之后很难看,给人枯干的感觉,不能欣赏残荷的美,而黛玉却与之相反。宝玉追逐春夏的繁华,黛玉却欣赏秋天的凄凉。宝玉不懂繁华最终会走向没落,黛玉却知道繁华与幸福不会永久。黛玉是成熟的,因为她在父母离世之后感受到了另外的一种人生境界。黛玉是孤独的,所以经常在夜晚倾听雨打竹叶的声音。宝玉永远欣赏黛玉,马上改变了自己的观点,这是向黛玉学习,也是向黛玉示好。

这些生活的细节也彰显了贾府的富贵荣华非一般人家可比。

四、贫穷的生命力与富贵的空虚的对比

曹雪芹用他的如椽大笔,塑造了刘姥姥这个令人难忘的小人物。不仅如此,在塑造刘姥姥这个人物的同时,还突出了她对其他人物的映衬作用。

刘姥姥年纪已逾古稀,身体硬朗,走起路来健步如飞,进城扛着一麻袋的瓜果蔬菜都不用雇车。而贾母比她年轻好几岁,进出需要丫鬟搀扶,逛半个大观园就累病了,所以自称"老废物"。

贾母道:"老亲家,你今年多大年纪了?"刘姥姥忙立身答道:"我今年七十五了。"贾母向众人道:"这么大年纪了,还这么健朗。比我大好几岁呢。我要到这么大年纪,还不知怎么动不得呢。"刘姥姥笑道:"我们生来是受苦的人,老太太生来是享福的。若我们也这样,那些庄家活也没人作了。"贾母道:"眼睛牙齿都还好?"刘姥姥道:"都还好,就是今年左边的槽牙活动了。"贾母道:"我老了,都不中用了。眼也花,耳也聋,记性也没了。你们这些老亲戚我都不记得了。亲戚们来了,我怕人笑我,我都不会。不过嚼动的吃两口,睡一觉,闷了时和这些孙子孙女儿玩笑一回就完了。"刘姥姥笑道:"这正是老太太的福了。我们想这么着也不能。"贾母道:"什么福,不过是个老废物罢了。"

"你们这些老亲戚,我都不记得了。"刘姥姥并不是贾府的亲戚,而是王熙凤家的很久未联络的远亲。在这一段中,贾母讲话很谦虚。"亲戚们来了,我怕人笑我,我都不会,不过嚼的动的吃两口,睡一觉,闷了时和这些孙子孙女儿玩笑一回就完了。"贾母这几年是不见客的,因为她的辈分高,不需要见这些亲戚,这样避免了很多应酬。可是,我们也看到了贾母的寂寞。她富贵、有福气、儿孙满堂,从来不需要自己去做什么,站起来有四个丫头扶着,躺着有丫头捶腿,吃饭有人给夹到碗里,看似享受,其实,这样的生活完全失去了生命的活力。用她自己的话来说就是成了个"老废物"了。这让人感到了一种深深的悲凉。她才六十几岁,完全可以像刘姥姥一样健步如飞,可是因为大家认为她是个老寿星,应该被供在那里。这样就失去了生命的自主性,日复一日过着空虚而无聊的生活,时时还要为家中复杂的争斗和家族儿孙的前途担忧,唯一的乐趣就是和众孙子孙女玩笑取乐,所以贾母的感慨是发自内心的悲凉。

刘姥姥却始终有着生命的活力。乡下生存艰难,刘姥姥整日在地里劳作,灾年还得想办法活下去,当得到了基本的温饱之后她的微笑是发自内心的喜悦。在她的身上,我们看到的是永远坚强地活下去、温和面对灾难和屈辱的不屈的生命力与顽强的意志力。

一面说,一面碧月早捧过一个大荷叶式的翡翠盘子来,里面养着各色的折枝菊花。

贾母便拣了一朵大红的簪于鬓上。因回头看见了刘姥姥，忙笑道："过来带花儿。"一语未完，凤姐便拉过刘姥姥，笑道："让我打扮你。"说着，将一盘子花横三竖四的插了一头。贾母和众人笑的了不得。刘姥姥笑道："我这头也不知修了什么福，今儿这样体面起来。"众人笑道："你还不拔下来摔到他脸上呢，把你打扮的成了个老妖精了。"刘姥姥笑道："我虽老了，年轻时也风流，爱个花儿粉儿的，今儿老风流才好。"

王熙凤捉弄刘姥姥，刘姥姥头上被横三竖四地插满了菊花，可她却以感恩的语气说"我这头也不知修了什么福，今儿这样体面起来"。大家都以为是王熙凤捉弄了刘姥姥，其实又何尝不是刘姥姥捉弄了他们？对她来讲，完全可以不在乎这些。她的家艰难到了无以为继的程度，贾家一点点可有可无的恩惠就可以让这个家富裕起来，她非常懂得隐忍的意义。她的隐忍与看似的憨傻，给她换来了好几车的东西，光是贾府放了四代舍不得用的"软烟罗"就带走了一整匹。她的世故与精明在憨憨傻傻的外表的遮掩下，换来了贾府众人对她的同情与怜悯，让她家走出困境，步入小康，与生活的艰难相比，这点屈辱又算得什么？人总要向生活低头，刘姥姥的隐忍，我们也可以看作是她对贾府众人对她的接济的一种回报，这也是刘姥姥坚强的生命力和意志力的体现。

五、为日后贾府败落、巧姐被救埋下伏笔

刘姥姥二入贾府，每一次都带着外孙子板儿，而这板儿将来就成了王熙凤的女婿——巧姐的所嫁之人。

忽见奶子抱了大姐儿来，大家哄他玩了一回。那大姐儿因抱着个大柚子玩的，忽见板儿抱着个佛手，便也要佛手。丫鬟哄他取去，大姐儿等不得，便哭了。众人忙把柚子与了板儿，将板儿的佛手哄过来与他才罢。那板儿因玩了半日佛手，此刻又两手抓着些面果子吃，又忽见这柚子又香又圆，更觉好顽，且当毬踢着玩去，也就不要那佛手了。

大姐儿是王熙凤的女儿巧姐，这时候还没取名。在第四十二回王熙凤请刘姥姥为她取名，刘姥姥说取个"巧"字，将来必定是遇难成祥，逢凶化吉，全从这"巧"字上来。今天两个孩子偶然碰上了，一个正好玩佛手，一个正好玩柚子，又香又圆，这不巧吗，巧了就有缘了。冥冥之中好像缘分是佛手指引的结果。贾府败落之后，巧姐被狠舅奸兄卖入烟花巷，几乎沦落火坑，多亏刘姥姥仗义搭救，投往农家，做了夜灯纺织的村妇。看似闲笔，实则是为后文埋下了伏笔。

刘姥姥二进荣国府，让读者通过刘姥姥的非富非贵之眼，洞悉了贾府极盛时期的安富尊荣和奢侈靡费。同时，也使整部小说的情节更加合理，对我们深入理解作者的创作题旨和艺术匠心也有着非常重要的作用。

（作者　青岛市城阳第一高级中学　王莉梅）

原文（略）[①]

[①] 文本选自曹雪芹,高鹗.俞平伯校.红楼梦第 39—42 回[M].北京:人民文学出版社,2000.

论述文部分

鲁迅文集

思之愈深　说之愈明

——《说"木叶"》评点细读

《说"木叶"》是一篇研究文学现象的论文，作者从古诗词中多用"木叶"而不是"树叶"这一有趣现象入手，在材料的梳理和考证中发现问题，提出问题，并深入思考，一步步解决问题，最后得出结论："木叶"与"树叶"在艺术领域有巨大差别，诗歌形象具有暗示性。

作为一篇说理文，该文把一种复杂的文学现象解说得非常清楚，读者读起来并不会感到艰涩和枯燥。这得益于作者对这种现象的深入思考和准确把握。作者在文中用了一系列的疑问句：

"木叶"是什么呢？……我们在古代的诗歌中为什么很少看见用"树叶"呢？……可是为什么单单"树叶"就不常见了呢？……可见洗练并不能作为"叶"字独用的理由，那么"树叶"为什么从来就无人过问呢？……天才的杜甫却宁愿省掉"木叶"之"叶"而不肯放弃"木叶"之"木"，这道理究竟是为什么呢？……这冒险，这形象，其实又都在这一个"木"字上，然则这一字的来历岂不大可思索吗？……古代的诗人们都在什么场合才用"木"字呢？……这里用"高树"是不是可以呢？……而"树"呢？……

这九个疑问句既是作者在梳理材料时所思考的路径，同时也让读者随着文本由浅入深地思考，也正是这深刻不懈的思考，使文本说得有序，说得透彻。

下面我们就来研究一下作者这些可贵的发现与思考。

作者在阅读诗歌时发现了一个事实："木叶"是那么突出地成为诗人们笔下钟爱的形象。自然而然读者就想问"木叶"是什么呢？作者也首先想到这个问题。解释概念，"木叶"就是树叶。紧接着作者就发现了问题，"我们在古代的诗歌中为什么很少看见用'树叶'呢？"有了疑问作者又去查找搜集资料，发现树是常见的。接着又自问，"可是为什么单单'树叶'就不常见了呢？""树"常见，"树叶"不常见的原因，作者首先想到是由于诗人们文字洗练的缘故，紧接着他又自己推翻了这个结论，因为他发现"一遇见'木叶'的时候，情况就显然不同起来；诗人们似乎都不再考虑文字洗练的问题，而是尽量争取通过'木叶'来写出流传人口的名句"。于是作者上承第二和第三个问题进一步提出疑问，"那么'树叶'为什么从来就无人过问呢？"我们发现作者的第二、三、四三个问题实际上都是在思考诗人为什么不用"树叶"的问题，这样一个问题问了三次，可见林庚先生在此所做的长时间的思考和探究。他按照一般的认识规律，先是发现问题，再去查找梳理资料解决问题。在这个过程中他自己先假设答案，再推翻自己，一步步将思考深化，这个过程也正是读者由疑而问而解惑的过程，所以文本说得清楚，读者读得明白。

作者在试图解决诗人为什么不用"树叶"这个问题时，还没有找到满意的答案，忽然又发现了一个问题，"天才的杜甫却宁愿省掉'木叶'之'叶'而不肯放弃'木叶'之'木'，这道理究竟是为什么呢？"思考到这里，作者发现了上面所有问题的根本都在"木"字上：

从"木叶"发展到"落木",其中关键显然在"木"这一字,其与"树叶"或"落叶"的不同,也正在此。

至此作者做了个小结:"概念上说,'木叶'就是'树叶',原没有什么可以辩论之处;可是到了诗歌的形象思维之中,后者则无人过问,前者则不断发展。"作者初步发现了形象与概念的不同。可是作者并没有就此止步,他又自问"然则这一字的来历岂不大可思索吗?"这个问题的解决构成了该文的重要内容。

作者的思路非常清晰,要分析"木"字,首先研究"古代的诗人们都在什么场合才用'木'字呢?"从屈原开始,这个形象就一直被众多诗人用在秋天的情景中。作者在用例子佐证这个观点的时候,也在不停地自问,在说到吴均的《答柳恽》的诗句"秋月照层岭,寒风扫高木"时,作者就想到"这里用'高树'是不是可以呢?"曹植也有用高树的诗句。经过对两位诗人的诗句进行仔细品味,作者发现,并不是秋天所有的情景都可以用"木"字,"木"本身仿佛含有一个落叶的因素。

下一段虽然没有疑问句,但是"要说明'木'它何以会有这个特征,就不能不触及诗歌语言中暗示性的问题"这句话本身也是启发思考的句子。接着作者用形象的语言介绍了暗示性的特点和力量,它藏在概念的背后,形成一种一言难尽的言说,它富有感染性和启发性。"木"则令人联想到"木头""木材""木板","叶"因此常被排斥到"木"的疏朗的形象以外去,这种排斥也就是使"木叶"具有了落叶的暗示性。在说完"木"的这些暗示性之后,为了思考的严谨性,他又发问"而'树'呢?"和木排斥树叶相对,树与叶是十分一致的。

其实,到这里读者应该也能想到"树"与"木"的区别了,一说到"树"大家常常会想到枝繁叶茂,如"晴川历历汉阳树"(崔颢《黄鹤楼》)、"碧玉妆成一树高"(贺知章《咏柳》)、"山花红紫树高低"(欧阳修《画眉鸟》),还有文中提到的"午阴嘉树清圆"(周邦彦《满庭芳》),否则就会写"老树""病树"。至此,无论作者还是读者都能明白"树叶"不会比一个单独的"叶"字多带来一些什么的道理。这个答案遥遥呼应了第二段的问题。

"树叶"说明白了,作者还要将"木叶"再进一步说彻底,"木"的第二个艺术特征是在视觉上是黄色的、在触觉上是干燥的,于是"木叶"就自然而然有了落叶的微黄与干燥之感,它带着典型的清秋性格。它"是'木'与'叶'的统一,疏朗与绵密的交织,一个迢远而情深的美丽的形象。这却又正是那《九歌》中湘夫人的性格形象",这里又呼应了开头。

除了这九个具有纲要性的疑问句外,文中还有一些反问句,这些问句不仅增加了深究的意味,而且彼此之间"相互传递,互为照应,环环相扣,十分缜密",可以感受到作者用词造句的严谨、文本意脉的紧凑和议论文的逻辑力量。

该文列举了诸多实例,让读者从具体可感的诗句中认识到"木叶"这一意象的普遍性。在"木叶"和"树叶"的对比中把论证推向深入,疑问句吸引读者注意力,有利于读者集中精力分辨众多概念之间的细微差别,让读者的感性认识逐步上升到更深刻的理性思考。

这些疑问句,展现了林庚先生对这个问题的深入研究和严谨的治学态度,每一个问题的提出都将作者的思维向纵深推进一步,事理的真相也随之条理清晰地呈现出来。正所谓思之愈深,说之愈明。

(作者　青岛市城阳第一高级中学　魏凤莲)

原文

说"木叶"①

林庚

"袅袅兮秋风,洞庭波兮木叶下。"

——《九歌》

自从屈原歌唱出这动人的诗句,它的鲜明的形象,影响了此后历代的诗人们,许多为人传诵的诗篇正是从这里得到了启发。如谢庄《月赋》说:"洞庭始波,木叶微脱。"陆厥的《临江王节士歌》又说:"木叶下,江波连,秋月照浦云歇山。"至于王褒《渡河北》的名句"秋风吹木叶,还似洞庭波",则其所受的影响更是显然了。在这里我们乃看见"木叶"是那么突出地成为诗人们笔下钟爱的形象。

"木叶"是什么呢?按照字面的解释,"木"就是"树","木叶"也就是"树叶",这似乎是不需要多加说明的。可是问题却在于:我们在古代的诗歌中为什么很少看见用"树叶"呢?其实"树"倒是常见的,例如屈原在《橘颂》里就说:"后皇嘉树,橘徕服兮。"而淮南小山的《招隐士》里又说:"桂树丛生兮山之幽。"无名氏古诗里也说:"庭中有奇树,绿叶发华滋。"可是为什么单单"树叶"就不常见了呢?一般的情况,大概遇见"树叶"的时候就都简称之为"叶"。例如说:"叶密鸟飞碍,风轻花落迟。"(萧纲《折杨柳》)"皎皎云间月,灼灼叶中华。"(陶渊明《拟古》)这当然还可以说是由于诗人们文字洗练的缘故,可是这样的解释是并不解决问题的,因为一遇见"木叶"的时候,情况就显然不同起来。诗人们似乎都不再考虑文字洗练的问题,而是尽量争取通过"木叶"来写出流传人口的名句。例如,"亭皋木叶下,陇首秋云飞。"(柳恽《捣衣诗》)"九月寒砧催木叶,十年征戍忆辽阳。"(沈佺期《古意》)可见洗练并不能作为"叶"字独用的理由,那么"树叶"为什么从来就无人过问呢?至少从来就没有产生过精彩的诗句。而事实又正是这样的,自从屈原以惊人的天才发现了"木叶"的奥妙,此后的诗人们也就再不肯轻易把它放过,于是一用再用,熟能生巧,而在诗歌的语言中,乃又不仅限于"木叶"一词而已。例如杜甫有名的《登高》诗中说:"无边落木萧萧下,不尽长江滚滚来。"这是大家熟悉的名句,而这里的"落木"无疑的正是从屈原《九歌》中的"木叶"发展来的。按"落木萧萧下"的意思当然是说树叶萧萧而下,照我们平常的想法,那么"叶"字似乎就不应该省掉,例如我们无妨这么说:"无边落叶萧萧下",岂不更为明白吗?然而天才的杜甫却宁愿省掉"木叶"之"叶"而不肯放弃"木叶"之"木",这道理究竟是为什么呢?事实上,杜甫之前,庾信在《哀江南赋》里已经说过:"辞洞庭兮落木,去涔阳兮极浦。"这里与《九歌》的关系是脉络分明的。而杜甫之后,黄庭坚又继续了杜甫的发展,写出《登快阁》那首诗中的名句"落木千山天远大,澄江一道月分明"。这里我们乃可以看到"落木"一词确乎并非偶然了。古代诗人们在前人的创造中学习,又在自己的学习中创造,使得中国诗歌语言如此丰富多彩,这不过是其中的小小一例而已。

---

① 文本选自教育部组织编写.普通高中教科书语文必修下册[M].北京:人民教育出版社,2020.

从"木叶"发展到"落木",其中关键显然在"木"这一字,其与"树叶"或"落叶"的不同,也正在此。"树叶"可以不用多说,在古诗中很少见人用它;就是"落叶",虽然常见,也不过是一般的形象。原来诗歌语言的精妙不同于一般的概念,差一点就会差得很多,而诗歌语言之不能单凭借概念,也就由此可见。从概念上说,"木叶"就是"树叶",原没有什么可以辩论之处。可是到了诗歌的形象思维之中,后者则无人过问,前者则不断发展。像"无边落木萧萧下"这样大胆的发挥创造性,难道不怕死心眼的人会误以为是木头自天而降吗?而我们的诗人杜甫,却宁可冒这危险,创造出那千古流传、形象鲜明的诗句。这冒险,这形象,其实又都在这一个"木"字上,然则这一字的来历岂不大可思索吗?在这里我们就不得不先来分析一下"木"字。

首先我们似乎应该研究一下,古代的诗人们都在什么场合才用"木"字呢?也就是说,都在什么场合"木"字才恰好能构成精妙的诗歌语言?事实上他们并不是随处都用的,要是那样,就成了"万应锭"了。而自屈原开始把它准确地用在一个秋风叶落的季节之中,此后的诗人们无论谢庄、陆厥、柳恽、王褒、沈佺期、杜甫、黄庭坚,都以此在秋天的情景中取得鲜明的形象,这就不是偶然的了。例如吴均的《答柳恽》说:"秋月照层岭,寒风扫高木。"这里用"高树"是不是可以呢?当然也可以;曹植的《野田黄雀行》就说:"高树多悲风,海水扬其波。"这也是千古名句,可是这里的"高树多悲风"却并没有落叶的形象,而"寒风扫高木"则显然是落叶的景况了。前者正要借满树叶子的吹动,表达出像海潮一般深厚的不平,这里叶子越多,感情才越饱满;而后者却是一个叶子越来越少的局面,所谓"扫高木"者岂不正是"落木千山"的空阔吗?然则"高树"则饱满,"高木"则空阔;这就是"木"与"树"相同而又不同的地方。"木"在这里要比"树"更显得单纯,所谓"枯桑知天风"这样的树,似乎才更近于"木";它仿佛本身就含有一个落叶的因素,这正是"木"的第一个艺术特征。

要说明"木"字何以会有这个特征,就不能不触及诗歌语言中暗示性的问题。这暗示性仿佛是概念的影子,常常躲在概念的背后,我们不留心就不会察觉它的存在。敏感而有修养的诗人们正在于能认识语言形象中一切潜在的力量,把这些潜在的力量与概念中的意义交织组合起来,于是成为丰富多彩、一言难尽的言说。它在不知不觉之中影响着我们,它之富于感染性启发性者在此,它之不落于言筌者也在此。而"木"作为"树"的概念的同时,却正是具有着一般"木头""木料""木板"等的影子,这潜在的形象常常影响着我们会更多地想起了树干,而很少会想到了叶子,因为叶子原不是属于木质的,"叶"因此常被排斥到"木"的疏朗的形象以外去,这排斥也就是为什么会暗示着落叶的缘故。而"树"呢?它是具有繁茂的枝叶的,它与"叶"都带有密密层层浓荫的联想,所谓"午阴嘉树清圆"(周邦彦《满庭芳》),这里如果改用"木"字就缺少"午阴"更为真实的形象。然则"树"与"叶"的形象之间不但不相排斥,而且是十分一致的。也正因为它们之间太多的一致,"树叶"也就不会比一个单独的"叶"字多带来一些什么,在习于用单词的古典诗歌中,因此也就从来很少见"树叶"这个词了。至于"木叶"呢,则全然不同。这里又还需要说到"木"在形象上的第二个艺术特征。

"木"不但让我们容易想起树干,而且还会带来"木"所暗示的颜色性。树的颜色,即就树干而论，一般乃是褐绿色，这与叶也还是比较相近的。至于"木"呢，那就说不定，它可能是透着黄色，而且在触觉上它可能是干燥的而不是湿润的。我们所习见的门闩、棍子、桅杆等，就都是这个样子，这里带着"木"字的更为普遍的性格。尽管在这里"木"是作为"树"这样一个特殊概念而出现的，而"木"的更为普遍的潜在的暗示，却依然左右着这个形象，于是"木叶"就自然而然有了落叶的微黄与干燥之感，它带来了整个疏朗的清秋的气息。"袅袅兮秋风，洞庭波兮木叶下。"这落下绝不是碧绿柔软的叶子，而是窸窣飘零透些微黄的叶子，我们仿佛听见了离人的叹息，想起了游子的漂泊：这就是"木叶"的形象所以如此生动的缘故。它不同于"美女妖且闲，采桑歧路间。柔条纷冉冉，落叶何翩翩"（曹植《美女篇》）中的落叶，因为那是春夏之交饱含着水分的繁密的叶子。也不同于"静夜四无邻，荒居旧业贫。雨中黄叶树，灯下白头人"（司空曙《喜外弟卢纶见宿》）中的黄叶，因为那黄叶还是静静地长满在一树上，在那蒙蒙的雨中，它虽然具有"木叶"微黄的颜色，却没有"木叶"的干燥之感，因此也就缺少那飘零之意，而且它的黄色由于雨的湿润，也显然是变得太黄了。"木叶"所以是属于风的而不是属于雨的，属于爽朗的晴空而不属于沉沉的阴天，这是一个典型的清秋的性格。至于"落木"呢，则比"木叶"还更显得空阔，它连"叶"这一字所保留下的一点绵密之意也洗净了。"落木千山天远大"充分说明了这个空阔，这是到了要斩断柔情的时候了。而"木叶"呢？它出现在那"袅袅秋风"之中，也仍然带着那袅袅不断的余情，所谓"日暮风吹，叶落依枝"（民歌《青溪小姑歌》）恰足以说明这"叶"的缠绵的一面。然则"木叶"与"落木"又还有着一定的距离，它乃是"木"与"叶"的统一，疏朗与绵密的交织，一个迢远而情深的美丽的形象。这却又正是那《九歌》中湘夫人的性格形象。

"木叶"之与"树叶"，不过是一字之差。"木"与"树"在概念上原是相去无几的，然而到了艺术形象的领域，这里的差别就几乎是一字千金。

戏剧部分

人性的丰富与复杂，尽在一言一语中
——评点细读《雷雨》周朴园形象

《雷雨》以1925年前后的中国社会为背景，描写了一个带有浓厚的封建色彩的资产阶级家庭的悲剧。剧中浓墨重彩塑造的八个人物，个个内涵丰富、有血有肉，其形象独具鲜活性。其中，最具时空穿透力的是周朴园。他有双重性格，很多时候被当作一个反面角色来看待，人们对他最大的指责是虚伪自私，但是从人性发展的角度来说，他也是一个被剥夺了自己真爱意愿的牺牲品。

他这种人性的丰富性和复杂性，是通过语言艺术来表达的。文学是语言的艺术，话剧以"话"成剧，对语言的要求尤其高。高尔基指出："剧本是最难运用的一种形式。其所以难，是因为剧本要求每个剧中人物用自己的语言和行动来表现自己的特征，而不用作者提示。"剧本不允许作者出现，一般不能有叙述人的言语，只能靠人物自身的言语塑造形象。在剧本中，剧中人物的言语（台词）是用来塑造形象、展示矛盾冲突、展开情节的基本手段。

课文节选的是《雷雨》的第二幕。下面，我们从最能代表周朴园性格特点的台词入手，进一步分析周朴园在与鲁侍萍的爱情冲突和鲁大海的阶级冲突中的人物形象。

一、人生若只如初见。从周鲁爱情历程，展周朴园之爱情观

30年前的大年三十，周朴园为了"钱"途，抛弃了鲁侍萍母子，他对鲁侍萍一直保有"怀念"，按照他前妻的生活方式来布置这个家庭。造化弄人，当鲁侍萍不知情再次踏进周家，周朴园为了自己的名誉，再次"抛弃"鲁侍萍。人们不难有这样的争议：他对待侍萍的爱情究竟是真情还是假意？

（一）相爱阶段

片段一：

周朴园　三十年前，在无锡有一件很出名的事情——

"三十年前"是个笼统的概念，其实侍萍被赶走是在27年以前。这个戏从头到尾，都是在说30年以前怎么样，比如下面剧情的"三十年的工夫你还是找到这儿来了"。这是因为他们两个人的意识里面有一个错觉，并不是说30年比较顺口、记得住，最重要的一点，30年前恰恰是周朴园跟鲁妈相爱的时候。也就是说，周朴园跟鲁妈的爱情是维持了三年，从30年前到27年前。因为27年前是一个悲惨的时刻，是他们两个人分手的时刻。按弗洛伊德的说法，凡是你不想记忆的东西，你总是会忘记的。所以在他们脑子里出现的话语都是30年以前，27年这个概念是被他们遗忘的。可见，他是真心爱过侍萍的。[①]

周朴园　我派人到无锡打听过。——不过也许凑巧你会知道。三十年前在无锡有

[①] 陈思和.人性的沉沦与挣扎：《雷雨》[J].新高考·语文学习（高一高二），2018(7).

一家姓梅的。

周朴园一听到侍萍的无锡口音,便很有深情地急着打听起所谓"梅小姐"的事情,可见他的确30年来一直没有忘记侍萍,而且还是深情缱绻,日夜思念的。

周朴园　梅家的一个年轻小姐,很贤惠,也很规矩。有一天夜里,忽然地投水死了。后来,后来,——你知道吗?

两人对"梅小姐"的身份表述不一样,周朴园把一个丫鬟描绘成"小姐",是在尽力维护自己功成名就后的美好形象,让我们看到了他的阶级立场,也看到了他的虚荣。"规矩"的含义也不同,周朴园说"很贤惠也很规矩",是在说侍萍这个人的人性是老老实实、恪守本分、温顺善良的。这也是他中意的类型。年轻的周朴园留学于德国,回国后,不顾门第观念和流言蜚语,抛掉一切封建传统的束缚爱上了鲁侍萍。可见,年轻时的周朴园有一颗叛逆、追求自由的心。

鲁侍萍　可是她不是小姐,她也不贤惠,并且听说是不大规矩的。

侍萍口中的"不大规矩"则是在说自己当年不守礼法,不守丫鬟的本分,爱上少爷,未婚生下孩子,气死自己的母亲。

片段二:

周朴园　你去告诉四凤,叫她把我樟木箱子里那件旧雨衣拿出来,顺便把那箱子里的几件旧衬衣也拣出来。

鲁侍萍　旧衬衣?

周朴园　你告诉她在我那顶老的箱子里,纺绸的衬衣,没有领子的。

鲁侍萍　老爷那种绸衬衣不是一共有五件?您要哪一件?

周朴园　要哪一件?

鲁侍萍　不是有一件,在右袖襟上有个烧破的窟窿,后来用丝线绣成一朵梅花补上的?还有一件——

周朴园　(惊愕)梅花?

鲁侍萍　还有一件绸衬衣,左襟袖也绣着一朵梅花,旁边还绣着一个萍字。还有一件——

时隔30年,侍萍对周朴园当年的生活仍然记忆犹新,从当年鲁侍萍用丝线绣成一朵梅花补衣裳并绣了一个萍字,从周朴园用"旧""顶老"等词,可以看出他们当年是两情相悦,爱意浓浓,他们曾经有过一段淳朴的真爱,共度过一段最美好的时光。

(二)拆散阶段

片段三:

鲁侍萍　这个人现在还活着。

周朴园　(惊愕)什么?

鲁侍萍　她没有死。

周朴园　她还在?不会吧?我看见河边上的衣服,里面有她的绝命书。

……

鲁侍萍　哭?哼,我的眼泪早哭干了,我没有委屈,我有的是恨,是悔,是三十年一天一天我自己受的苦。你大概已经忘了你做的事了！三十年前,过年三十的晚上我生下你的第二个儿子才三天,你为了要赶紧娶那位有钱有门第的小姐,你们逼着我冒着大雪出去,要我离开你们周家的门。

周朴园在没有认出侍萍之前,把她当作陌生人不加掩饰地谈到他曾去河边寻找侍萍的行径,可以想象,他内心也是不情愿分手的。从周朴园一连串的简短问话入手,通过语言的比较赏析,读出周朴园知道鲁侍萍还活着时的惶恐不安、惊慌失措,也读出了周朴园叶公好龙的真实心态。从侍萍"有钱有门第"、"你们"等词更加断定拆散这段真爱的最根本的原因,是封建专制和门第观念的桎梏。真正掌握这个命运的不是周朴园本人,他的婚姻不能自主,他上面还有老爷子还有大家庭,不可能跨越经济基础和身份地位的台阶,不可能独立于一定的社会环境与人文环境之外。面对封建家长专制的种种阻挠和压迫,年轻的周朴园意志力软弱,自然是抵不住的。

(三)离别阶段

片段四：

周朴园　你静一静。把脑子放清醒点。你不要以为我的心是死了,你以为一个人做了一件于心不忍的事就会忘了吗？你看这些家具都是你从前顶喜欢的东西,多少年我总是留着,为着纪念你。

鲁侍萍　(低头)哦。

周朴园　你的生日——四月十八——每年我总记得。一切都照着你是正式嫁过周家的人看,甚至于你因为生萍儿,受了病,总要关窗户,这些习惯我都保留着,为的是不忘你,弥补我的罪过。

30年来,周朴园保留着侍萍喜欢的家具和所有的摆设,保留着她的习惯,惦念着她的生日,派人四处打听侍萍的下落。可以看出这两人之间不是一个阶级压迫的关系或者是什么少爷诱惑丫鬟的关系。他们不是偷偷摸摸地在恋爱,他们是在周家同居生育,而且他们有自己的房间,有自己的环境布置,甚至可以想象梅侍萍在周朴园身边的时候,她受宠爱到什么程度。所以,我认为梅侍萍被赶走以前,他们是有很深的爱情的。而这份爱情是他一辈子的真爱,是他最美好的世界,同时也是他刻骨铭心的痛苦。所以,他的家里一直保持着她的生活习惯,摆着她的照片等等,其实在周朴园的心目当中,梅侍萍早就是他的大太太了。如果仅仅认为他是虚伪的,似乎也不太合理。他也是无可奈何,他根本用不着这样骗人,这很累嘛,只有出于自己内心的爱情需要才会这样持之以恒地维护一种旧的生活习惯。他对自己曾经犯下的罪,心怀悔意,以这种方式在内心深处祭奠和怀念真心所爱的人,他的心灵在进行自我救赎。我觉得如果一个人心里没有这种巨大的伤痛,他没法理解周朴园,也没法了解这样一种复杂的心理。①

(四)再遇阶段

片段五：

周朴园　(忽然严厉地)你来干什么？

---

① 陈思和.人性的沉沦与挣扎：《雷雨》[J].新高考·语文学习(高一高二),2018(7).

"你来干什么?"这里,他的潜台词其实是你不该来,你来,肯定会有不可告人的目的,是想来认儿子还是要敲诈我。突然变冷漠,让我们看到了他丑恶的阶级本质。作为资产阶级中的一员,他是不可能有什么真正高尚的感情的。他首先考虑的总是自己的名誉、地位这些实际利益。在并不触犯这些利益前,他是可以有一点感情的,但当他发觉这种感情与他的利益相抵触时,甚至要危及他的名誉、地位时,他就立刻翻脸不认人,把这种感情一脚踢开。① "忽然严厉地"直接读出了他的虚伪和冷酷。

其实这很符合周朴园的身份,他毕竟当了那么多年董事长,在社会上也是一个成功人士,社会经验、阅历非常丰富,所以当他从怀旧当中拔出来以后,第一个反应就是你是现实当中的鲁大海的妈妈,你不是当年的梅侍萍了。这句台词非常丰富,它既有现实的社会冲突又有人与人之间的两性感情,男女的真挚的爱情都非常丰富地交织在一起。只有看到了人性的丰富性,我们才会看到人性的悲剧性。②

鲁侍萍　不是我要来的。

周朴园　谁指使你来的?

这一问一答虽然只是几秒钟,周朴园的内心剧烈波动,思想历程很长。他一定在想温顺的侍萍自然不会做出如此大胆的举动,当鲁侍萍爽快说出不是自己要来的时候,他更加确定一定是有人指使,是为了钱而来。这个人多半是鲁贵。而鲁贵这个人贪财狡猾不好对付,他自感事态的严重性。脱口而出一个强烈的反问句,尤其是"指使"这一词语。当鲁侍萍再次出现时,他没有"接纳"她,反而"严厉地"说"你来干什么""谁指使你来的",第二次"抛弃"了她。

鲁侍萍　(悲愤)命!不公平的命指使我来的。

周朴园　(冷冷地)三十年的工夫你还是找到这儿来了。

当他听到侍萍是自己找上门来的,不再反问,可见他没有那么紧张了,也并没有放轻松。因为他还是认定侍萍是有意找上门来,并且是一直在寻找自己。"还是"充分说明这一点。"冷冷地"让我们再次读懂了他冷漠自私的本质,在他的阶级观念里,他认定侍萍刻意找他,似乎还是能接受的,只是需要费些周折,花些钱财。这一句其实也是他在推测侍萍究竟想怎么样。

鲁侍萍　(愤怨)我没有找你,我没有找你,我以为你早死了。我今天没想到到这儿来,这是天要我在这儿又碰见你。

周朴园　你可以冷静点。现在你我都是有子女的人。如果你觉得心里有委屈,这么大年纪,我们先可以不必哭哭啼啼的。

侍萍被误解后,她内心的悲愤、委屈和不公奔涌而出,这种情绪的失控使得周朴园改变了策略,不再质问和冷嘲。因为他害怕事态变得更严重,张扬出去有损自己的形象。他竭力先稳住侍萍,让她尽快平静下来。"你可以冷静点""如果你觉得心里有委屈""这么大年纪"可以读出周朴园只是想缓和局面,对侍萍的歇斯底里有些不耐烦甚至有一些

---

① 钱谷融.《雷雨》人物谈[M].上海:上海文艺出版社,1980.
② 钱谷融.《雷雨》人物谈[M].上海:上海文艺出版社,1980.

嘲讽，并没有真心实意抚慰。

周朴园　从前的旧恩怨，过了几十年，又何必再提呢？

过去的事情无暇顾及，甚至觉得自己根本就没有错，即便有亏欠，也不想当面悔过，更不想影响到他现在维护好的秩序。

周朴园　你的第二个孩子你不是已经抱走了吗？

抓住对自己有利的信息尽力减轻自己的罪名。

鲁侍萍　那是你们老太太看着孩子快死了，才叫我带走的。（自语）哦，天哪，我觉得我像在做梦。

周朴园　我看过去的事不必再提起来吧。

无话狡辩，只想快速结束"过去的事"这个话题。

周朴园　怪不得四凤这样像你。

顺着侍萍的话有意联想，似乎在转移话题。

鲁侍萍　我伺候你，我的孩子再伺候你生的少爷们。这是我的报应，我的报应。

周朴园　你静一静。把脑子放清醒点。你不要以为我的心是死了，你以为一个人做了一件于心不忍的事就会忘了吗？你看这些家具都是你从前顶喜欢的东西，多少年我总是留着，为着纪念你。

一番"劝慰"后，侍萍不但没有平静下来，反而越说越激动。这时候，周朴园明白不认错是不可能让侍萍恢复平静的。于是开始打起"感情牌"，抓住侍萍回忆过去的特点，想用感情来软化她。"不要以为我的心是死了，你以为一个人做了一件于心不忍的事就会忘了吗？"直接"表白"侍萍，当年的他也是迫不得已，并非所愿，这些年他一直在忏悔，在怀念她，从未停止。"都是你从前顶喜欢的""总是""为着纪念你"，他在告诉侍萍"我"用另一种方式一直保留着对你的爱意。

鲁侍萍　（低头）哦。

周朴园　你的生日——四月十八——每年我总记得。一切都照着你是正式嫁过周家的人看，甚至于你因为生萍儿，受了病，总要关窗户，这些习惯我都保留着，为的是不忘你，弥补我的罪过。

第一次"表白"让侍萍"低头"，见生效后，周朴园更加恳挚地认罪。"你的生日——四月十八——每年我总记得""总要关窗户""我都保留着"，周朴园抓住生活中的细节慢慢感动侍萍，"总"字重复出现，表明自己用情至深。"为的是不忘你，弥补我的罪过"，自己抛弃了你，理应做出这些弥补，这些罪过"我"都记得，一直在忏悔。

鲁侍萍　（叹一口气）现在我们都是上了年纪的人，这些傻话请你也不必说了。

周朴园　那更好了。那么我们可以明明白白地谈一谈。

"煽情"之后，善良的侍萍反而请他不必说了。见把侍萍的情绪稳定好了，周朴园开始了真正的目的，谈正题。因而他说"那更好了"。"明明白白"，他暗示侍萍把自己来的意图直截了当一次说清楚，以免留下不必要的麻烦甚至祸患。

鲁侍萍　不过我觉得没有什么可谈的。

周朴园　话很多。我看你的性情好像没有大改，——鲁贵像是个很不老实的人。

侍萍在自己的掌控下很快就服软屈从了,"你的性情好像没有大改",周朴园一面满意侍萍依然善良温顺的性情,一面又快速思考到她现在是鲁贵的妻子。为了名誉,一定不能被鲁贵知道,他肯定会来敲诈勒索。如果是鲁贵策划的,事情就更麻烦了。而"很不老实",则是忐忑地向侍萍要答案,鲁贵知道我们的关系吗?他究竟想干什么?此时的周朴园看似一个冷酷、自私、虚伪、狡诈的有钱人,但对于一个资产阶级的社会成功人士来说,这是符合他社交圈的合情合理的"正常"想法。

鲁侍萍　你不要怕。他永远不会知道的。
　　　　……
周朴园　(忽然)好!痛痛快快的!你现在要多少钱吧?
　　　　……
周朴园　也好,我们暂且不提这一层。那么,我先说我的意思。你听着,鲁贵我现在要辞退的,四凤也要回家。不过——
鲁侍萍　你不要怕,你以为我会用这种关系来敲诈你吗?你放心,我不会的。大后天我就带着四凤回到我原来的地方。这是一场梦,这地方我绝对不会再住下去。
　　　　……
周朴园　那么,我们就这样解决了。我叫他下来,你看一看他,以后鲁家的人永远不许再到周家来。
　　　　……
周朴园　(由衣内取出皮夹的支票签好)很好,这是一张五千块钱的支票,你可以先拿去用。算是弥补我一点罪过。
鲁侍萍　(接过支票)谢谢你。(慢慢撕碎支票)
　　　　……
周朴园　(向侍萍)侍萍,你不要太固执。这一点钱你不收下,将来你会后悔的。

用金钱打发侍萍,辞退四凤和鲁贵,开除鲁大海,只求自己心安,这些暴露了他自私、冷酷和凶残的本性。要问的都问了,周朴园解除了心中所有的恐惧与顾虑,剥去了一切的伪装,露出了赤裸裸的本相。"痛痛快快的!你现在要多少钱吧?"这句话充满着资本家的铜臭气息。周朴园害怕侍萍的到来会影响到他的家庭及社会声誉、地位,他坚持用钱弥补罪过,确实有忏悔,但更多的是笃定钱能保证他维护好的家庭秩序和社会威望。这也符合他的阶级观念和金钱观念。

周朴园对鲁侍萍不见时怀恋,相见时又绝情,周朴园到底爱不爱鲁侍萍呢?他对侍萍是有真情的,30年前二十几岁的周朴园,对年轻美貌、温柔善良的侍萍产生恋情,是自然真实的感情,一个人对初恋总是难以忘怀的,何况侍萍为他生过两个孩子。其次,周朴园婚后生活不美满,更加深了他对侍萍的怀念。蘩漪个性傲慢,根本不是周朴园喜欢的类型,在这种情形下,他自然更加怀念他的初恋情人。但知道侍萍就是眼前的鲁妈时,他害怕欺辱侍萍的卑劣行径张扬出去,有损门第,破坏家庭秩序,只想竭力维护自己的"尊严"。这种资产阶级的身份使他一下子从往日的怀念回到现实的利害冲突中来,凶相毕露。周朴园一方面是个负罪的人，但不能因此就抹杀了他对梅侍萍的爱情。这也是一个性格复杂的人物。

二、是敌人亦是亲人。从周鲁矛盾关系，显周朴园之阶级观

(一)父亲与儿子关系

片段六：

周朴园　那双方面都好。再有，我要问你的，你自己带走的儿子在哪儿？

当侍萍让他不要怕，轻蔑告诉他，鲁贵永远不会知情的时候，周朴园终于放心了。接着才有心情关心自己另一个儿子。这种父子亲情是不纯粹的，是带有条件的。这和侍萍只想看一眼周萍的想法截然不同，这种对比让我们看到了他们人性的不同。

片段七：

周朴园　对了，傻小子，没有经验只会胡喊是不成的。
　　　　……

鲁大海　（对仆人）你们这些混账东西，放开我。我要说，你故意淹死了两千二百个小工，每一个小工的性命你扣三百块钱！姓周的，你发的是绝子绝孙的昧心财！你现在还——

周　萍　（忍不住气，走到大海面前，重重地打了他两个嘴巴）你这种混账东西！
　　　　……

鲁大海　（向周萍高声）你，你！（正要骂，仆人一起打大海。大海头流血。侍萍哭喊着护大海）

周朴园　（厉声）不要打人！

仆人们住手，仍拉住大海。

周朴园在得知鲁大海为自己的亲生骨肉后，虽外表上冷酷无情，摆出资本家的威严，但此时他对大海的印象已不再仅仅是个"造反的工人"，"傻小子"一词充满宠溺，是他在言语上不经意流露的父子情，"没有经验只会胡喊是不成的"这一句是父亲对儿子的教诲，似乎在向他传达生活经验，对其手下留情——"不要打人"这一富有动作性的台词，也折射出他还没有忘记人伦情感。

(二)资本家与工人关系

片段八：

周朴园　什么？鲁大海？他！我的儿子？
　　　　……

周朴园　（冷笑）这么说，我自己的骨肉在矿上鼓动罢工，反对我！
　　　　……

周朴园　你？我只知道你是罢工闹得最凶的工人代表。
　　　　……

鲁大海　哦，好，好，（切齿）你的手段我早就领教过，只要你能弄钱，你什么都做得出

来。你叫警察杀了矿上许多工人,你还——
周朴园　你胡说!
……
鲁大海　哼,你的来历我都知道,你从前在哈尔滨包修江桥,故意叫江堤出险,——
周朴园　(厉声)下去!

　　作为专制冷酷的封建家长,周朴园身上带有浓厚的封建意味,时时处处维护自己所坚守的"君君、臣臣、父父、子子"的封建礼教。在周家,他拥有至高无上的权力,所有人都必须服从他的意愿,按照他的安排来生活,为了维护所谓的"圆满的、有秩序的"家庭,他不惜牺牲任何人的幸福。亲生骨肉如此忤逆和抵抗,触动了其作为资本家的阶级利益,挑战了他的权威,周朴园自然是无法接受的。于是,他的情感发生了一连串明显的变化:生气——气愤——恼羞成怒。周朴园对待亲生骨肉,既可以舐犊情深,又可以冷酷无情。是成功资本家拥有的名利泯灭了骨肉亲情,也泯灭了他的良知。

　　曹禺本人曾说:"周朴园也是一个人,不能认为资本家就没有人性。为了钱,故意淹死两千二百个小工,这是他的人性。爱他所爱的人,在他生活的圈子里需要感情的温暖,这也是他的人性。"我们要批判性看待周朴园这个丰富复杂的人物形象。他年轻的时候,叛逆自由、有血有肉、追求真爱。但在扮演了资本家的角色后,他走向了极端,在名利、亲情、爱情三者的选择里,他倒在了利欲熏心的名利场上,冷酷、专制、虚伪、残忍的个性在其身上原形毕露,"坏到家了,坏到连自己都不认为自己是坏人的程度"。

　　正如林语堂所言,世界上没有绝对的好人,也没有绝对的坏人,只是相对好而已,相对坏而已。生而为人,就在于人性的丰富性与复杂性。越丰富的人性,越细腻的感情,作为一个人的性格悲剧的因素越多,就会遭遇更大的悲剧。命运的捉弄、人生的无常、社会的压迫、礼教的摧残,周朴园忘了他自己是怎样一个人啦!他们这些可怜的人上演了这出人生的悲剧,他们是那个时代的牺牲品,同样在演绎现代版的"生容易,活容易,生活不容易"。他们用血的代价提醒我们走得再远,也别忘了当初为什么要出发。不忘初心,方得始终,初心易得,始终难守。我们要时刻谨记最初的梦想,在奋斗潜行的路上,保持自己最初的模样,保有自己最初的热情。

(作者　青岛市城阳第三高级中学　于小燕)

原文

雷雨(节选)①
曹禺

午饭后,天气更阴沉,更郁热,低沉潮湿的空气,使人异常烦躁。
……
周朴园　(点着一支吕宋烟,看见桌上的雨衣,向侍萍)这是太太找出来的雨衣吗?

---

① 文本选自教育部组织编写.普通高中教科书语文必修下册[M].北京:人民教育出版社,2020.

鲁侍萍　（看着他）大概是的。
周朴园　（拿起看看）不对,不对,这都是新的。我要我的旧雨衣,你回头跟太太说。
鲁侍萍　嗯。
周朴园　（看她不走）你不知道这间房子底下人不准随便进来吗?
鲁侍萍　（看着他）不知道,老爷。
周朴园　你是新来的下人?
鲁侍萍　不是的,我找我的女儿来的。
周朴园　你的女儿?
鲁侍萍　四凤是我的女儿。
周朴园　那你走错屋子了。
鲁侍萍　哦。——老爷没有事了?
周朴园　（指窗）窗户谁叫打开的?
鲁侍萍　哦。（很自然地走到窗前,关上窗户,慢慢地走向中门）
周朴园　（看她关好窗门,忽然觉得她很奇怪）你站一站。（侍萍停）你——你贵姓?
鲁侍萍　我姓鲁。
周朴园　姓鲁。你的口音不像北方人。
鲁侍萍　对了,我不是,我是江苏的。
周朴园　你好像有点无锡口音。
鲁侍萍　我自小就在无锡长大的。
周朴园　（沉思）无锡?嗯,无锡,（忽而）你在无锡是什么时候?
鲁侍萍　光绪二十年,离现在有三十多年了。
周朴园　哦,三十年前你在无锡?
鲁侍萍　是的,三十多年前呢,那时候我记得我们还没有用洋火呢。
周朴园　（沉思）三十多年前,是的,很远啦,我想想,我大概是二十多岁的时候。那时候我还在无锡呢。
鲁侍萍　老爷是那个地方的人?
周朴园　嗯,（沉吟）无锡是个好地方。
鲁侍萍　哦,好地方。
周朴园　你三十年前在无锡吗?
鲁侍萍　是,老爷。
周朴园　三十年前,在无锡有一件很出名的事情——
鲁侍萍　哦。
周朴园　你知道吗?
鲁侍萍　也许记得,不知道老爷说的是哪一件?
周朴园　哦,很远的,提起来大家都忘了。
鲁侍萍　说不定,也许记得的。
周朴园　我问过许多那个时候到过无锡的人,我也想打听打听。可是那个时候在无锡的人，到现在不是老了就是死了。活着的多半是不知道的，或者忘了。

鲁侍萍　如若老爷想打听的话，无论什么事，无锡那边我还有认识的人，虽然许久不通音信托他们打听点事情总还可以的。

周朴园　我派人到无锡打听过。——不过也许凑巧你会知道。三十年前在无锡有一家姓梅的。

鲁侍萍　姓梅的？

周朴园　梅家的一个年轻小姐，很贤惠，也很规矩。有一天夜里，忽然地投水死了。后来，后来，——你知道吗？

鲁侍萍　不敢说。

周朴园　哦。

鲁侍萍　我倒认识一个年轻的姑娘姓梅的。

周朴园　哦？你说说看。

鲁侍萍　可是她不是小姐，她也不贤惠，并且听说是不大规矩的。

周朴园　也许，也许你弄错了，不过你不妨说说看。

鲁侍萍　这个梅姑娘倒是有一天晚上跳的河，可是不是一个。她手里抱着一个刚生下三天的男孩。听人说她生前是不规矩的。

周朴园　（苦痛）哦！

鲁侍萍　她是个下等人，不很守本分的。听说她跟那时周公馆的少爷有点不清白，生了两个儿子。生了第二个，才过三天，忽然周少爷不要她了。大孩子就放在周公馆，刚生的孩子她抱在怀里，在年三十夜里投河死的。

周朴园　（汗涔涔地）哦。

鲁侍萍　她不是小姐，她是无锡周公馆梅妈的女儿，她叫侍萍。

周朴园　（抬起头来）你姓什么？

鲁侍萍　我姓鲁，老爷。

周朴园　（喘出一口气，沉思地）侍萍，侍萍，对了。这个女孩子的尸首，说是有一个穷人见着埋了。你可以打听到她的坟在哪儿吗？

鲁侍萍　老爷问这些闲事干什么？

周朴园　这个人跟我们有点亲戚。

鲁侍萍　亲戚？

周朴园　嗯，——我们想把她的坟墓修一修。

鲁侍萍　哦，——那用不着了。

周朴园　怎么？

鲁侍萍　这个人现在还活着。

周朴园　（惊愕）什么？

鲁侍萍　她没有死。

周朴园　她还在？不会吧？我看见她河边上的衣服，里面有她的绝命书。

鲁侍萍　不过她被一个慈善的人救活了。

周朴园　哦，救活啦？
鲁侍萍　以后无锡的人是没见着她，以为她那夜晚死了。
周朴园　那么，她呢？
鲁侍萍　一个人在外乡活着。
周朴园　那个小孩呢？
鲁侍萍　也活着。
周朴园　（忽然立起）你是谁？
鲁侍萍　我是这儿四凤的妈，老爷。
周朴园　哦。
鲁侍萍　她现在老了，嫁给一个下等人，又生了个女孩，境况很不好。
周朴园　你知道她现在在哪儿？
鲁侍萍　我前几天还见着她！
周朴园　什么？她就在这儿？此地？
鲁侍萍　嗯，就在此地。
周朴园　哦！
鲁侍萍　老爷，您想见一见她吗？
周朴园　不，不。谢谢你。
鲁侍萍　她的命很苦。离开了周家，周家少爷就娶了一位有钱有门第的小姐。她一个单身人，无亲无故，带着一个孩子在外乡，什么事都做：讨饭、缝衣服，当老妈子，在学校里伺候人。
周朴园　她为什么不再找到周家？
鲁侍萍　大概她是不愿意吧。为着她自己的孩子，她嫁过两次。
周朴园　嗯，以后她又嫁过两次。
鲁侍萍　嗯，都是很下等的人。她遇人都很不如意，老爷想帮一帮她吗？
周朴园　好，你先下去吧。让我想一想。
鲁侍萍　老爷，没有事了？（望着朴园，眼泪要涌出）老爷，您那雨衣，我怎么说？
周朴园　你去告诉四凤，叫她把我樟木箱子里那件旧雨衣拿出来，顺便把那箱子里的几件旧衬衣也捡出来。
鲁侍萍　旧衬衣？
周朴园　你告诉她在我那顶老的箱子里，纺绸的衬衣，没有领子的。
鲁侍萍　老爷那种绸衬衣不是一共有五件？您要哪一件？
周朴园　要哪一件？
鲁侍萍　不是有一件，在右袖襟上有个烧破的窟窿，后来用丝线绣成一朵梅花补上的？还有一件——
周朴园　（惊愕）梅花？
鲁侍萍　还有一件绸衬衣，左襟袖也绣着一朵梅花，旁边还绣着一个萍字。还有一件——

周朴园　（徐徐立起）哦,你,你,你是——
鲁侍萍　我是从前伺候过老爷的下人。
周朴园　哦,侍萍?（低声）怎么,是你?
鲁侍萍　你自然想不到,侍萍的相貌有一天也会老得连你都不认识了。
周朴园　你——侍萍?（不觉地望望柜上的相片,又望侍萍）
周朴园　（忽然严厉地）你来干什么?
鲁侍萍　不是我要来的。
周朴园　谁指使你来的?
鲁侍萍　（悲愤）命!不公平的命指使我来的。
周朴园　（冷冷地）三十年的工夫你还是找到这儿来了。
鲁侍萍　（愤怨）我没有找你,我没有找你,我以为你早死了。我今天没想到到这儿来,这是天要我在这儿又碰见你。
周朴园　你可以冷静点。现在你我都是有子女的人。如果你觉得心里有委屈,这么大年纪,我们先可以不必哭哭啼啼的。
鲁侍萍　哭?哼,我的眼泪早哭干了,我没有委屈,我有的是恨,是悔,是三十年一天一天我自己受的苦。你大概已经忘了你做的事了!三十年前,过年三十的晚上我生下你的第二个儿子才三天,你为了要赶紧娶那位有钱有门第的小姐,你们逼着我冒着大雪出去,要我离开你们周家的门。
周朴园　从前的旧恩怨,过了几十年,又何必再提呢?
鲁侍萍　那是因为周大少爷一帆风顺,现在也是社会上的好人物。可是自从我被你们家赶出来以后,我没有死成,我把我的母亲可给气死了,我亲生的两个孩子你们家里逼着我留在你们家里。
周朴园　你的第二个孩子你不是已经抱走了吗?
鲁侍萍　那是你们老太太看着孩子快死了,才叫我带走的。（自语）哦,天哪,我觉得我像在做梦。
周朴园　我看过去的事不必再提起来吧。
鲁侍萍　我要提,我要提,我闷了三十年了!你结了婚,就搬了家,我以为这一辈子也见不着你了;谁知道我自己的孩子偏偏命定要跑到周家来,又做我从前在你们家里做过的事。
周朴园　怪不得四凤这样像你。
鲁侍萍　我伺候你,我的孩子再伺候你生的少爷们。这是我的报应,我的报应。
周朴园　你静一静。把脑子放清醒点。你不要以为我的心是死了,你以为一个人做了一件于心不忍的事就会忘了吗?你看这些家具都是你从前顶喜欢的东西,多少年我总是留着,为着纪念你。
鲁侍萍　（低头）哦。
周朴园　你的生日——四月十八——每年我总记得。一切都照着你是正式嫁过周家的人看,甚至于你因为生萍儿,受了病,总要关窗户,这些习惯我都保留着,为的是

　　　　　不忘你,弥补我的罪过。
鲁侍萍　（叹一口气）现在我们都是上了年纪的人,这些傻话请你也不必说了。
周朴园　那更好了。那么我们可以明明白白地谈一谈。
鲁侍萍　不过我觉得没有什么可谈的。
周朴园　话很多。我看你的性情好像没有大改,——鲁贵像是个很不老实的人。
鲁侍萍　你不要怕。他永远不会知道的。
周朴园　那双方面都好。再有,我要问你的,你自己带走的儿子在哪儿?
鲁侍萍　他在你的矿上做工。
周朴园　我问,他现在在哪儿?
鲁侍萍　就在门房等着见你呢。
周朴园　什么?鲁大海?他!我的儿子?
鲁侍萍　他的脚指头因为你的不小心,现在还是少一个的。
周朴园　（冷笑）这么说,我自己的骨肉在矿上鼓动罢工,反对我!
鲁侍萍　他跟你现在完完全全是两样的人。
周朴园　（沉静）他还是我的儿子。
鲁侍萍　你不要以为他还会认你作父亲。
周朴园　（忽然）好!痛痛快快的!你现在要多少钱吧?
鲁侍萍　什么?
周朴园　留着你养老。
鲁侍萍　（苦笑）哼,你还以为我是故意来敲诈你,才来的吗?
周朴园　也好,我们暂且不提这一层。那么,我先说我的意思。你听着,鲁贵我现在要辞退的,四凤也要回家。不过——
鲁侍萍　你不要怕,你以为我会用这种关系来敲诈你吗?你放心,我不会的。大后天我就带着四凤回到我原来的地方。这是一场梦,这地方我绝对不会再住下去。
周朴园　好得很,那么一切路费、用费,都归我担负。
鲁侍萍　什么?
周朴园　这于我的心也安一点。
鲁侍萍　你?（笑）三十年我一个人都过了,现在我反而要你的钱?
周朴园　好,好,好,那么,你现在要什么?
鲁侍萍　（停一停）我,我要点东西。
周朴园　什么?说吧。
鲁侍萍　（泪满眼）我——我——我只要见见我的萍儿。
周朴园　你想见他?
鲁侍萍　嗯,他在哪儿?
周朴园　他现在在楼上陪着他的母亲看病。我叫他,他就可以下来见你。不过是——
鲁侍萍　不过是什么?
周朴园　他很大了。

鲁侍萍　（追忆）他大概是二十八了吧？我记得他比大海只大一岁。
周朴园　并且他以为他母亲早就死了的。
鲁侍萍　哦，你以为我会哭哭啼啼地叫他认母亲吗？我不会那样傻的。我明白他的地位，他的教育，不容他承认这样的母亲。这些年我也学乖了，我只想看看他，他究竟是我生的孩子。你不要怕，我就是告诉他，白白地增加他的烦恼，他自己也不愿意认我的。
周朴园　那么，我们就这样解决了。我叫他下来，你看一看他，以后鲁家的人永远不许再到周家来。
鲁侍萍　好，我希望这一生不要再见你。
周朴园　（由衣内取出皮夹的支票签好）很好，这是一张五千块钱的支票，你可以先拿去用。算是弥补我一点罪过。
鲁侍萍　（接过支票）谢谢你。（慢慢撕碎支票）
周朴园　侍萍。
鲁侍萍　我这些年的苦不是你拿钱算得清的。
周朴园　可是你——

外面争吵声。鲁大海的声音："让开，我要进去。"三四个男仆声："不成，不成，老爷睡觉呢。"

周朴园　（走至中门）来人！（仆人由中门进）谁在吵？
仆　　人　就是那个工人鲁大海！他不讲理，非见老爷不可。
周朴园　哦。（沉吟）那你就叫他进来吧。等一等，叫人到楼上请大少爷下来，我有话问他。
仆　　人　是，老爷。（由中门下）
周朴园　（向侍萍）侍萍，你不要太固执。这一点钱你不收下，将来你会后悔的。

侍萍望着周朴园，一句话也不说。
仆人领大海进。大海站在左边，三四个仆人立一旁。

鲁大海　（见侍萍）妈，您还在这儿？
周朴园　（打量大海）你叫什么名字？
鲁大海　（大笑）董事长，您不要同我摆架子，您难道不知道我是谁吗？
周朴园　你？我只知道你是罢工闹得最凶的工人代表。
鲁大海　对了，一点儿也不错，所以才来拜望拜望您。
周朴园　你有什么事吧？
鲁大海　董事长当然知道我是为什么来的。
周朴园　（摇头）我不知道。
鲁大海　我们老远从矿上来，今天我又在您府上门房里从早上六点钟一直等到现在，我就是要问问董事长，对于我们工人的条件，究竟是答应不答应？
周朴园　哦，——那么，那三个代表呢？
鲁大海　我跟你说吧，他们现在正在联络旁的工会呢。

周朴园　哦，——他们没有告诉你旁的事情吗？
鲁大海　告诉不告诉于你没有关系。——我问你，你的意思，忽而软，忽而硬，究竟是怎么回事？

周萍由饭厅上，见有人，即想退回。

周朴园　（看周萍）不要走，萍儿！（视侍萍，侍萍知周萍为其子，眼泪汪汪地望着他）
周　萍　是，爸爸。
周朴园　（指身侧）萍儿，你站在这儿，（向大海）你这么只凭意气是不能交涉事情的。
鲁大海　哼，你们的手段，我都明白。你们这样拖延时候，不过是想去花钱收买少数不要脸的败类，暂时把我们骗在这儿。
周朴园　你的见地也不是没有道理。
鲁大海　可是你完全错了。我们这次罢工是团结的，有组织的，我们代表这次来，并不是来求你们。你听清楚，不求你们，你们答应就答应；不答应，我们一直罢工到底，我们知道你们不到两个月整个地就要关门的。
周朴园　你以为你们那些代表们，那些领袖们都可靠吗？
鲁大海　至少比你们只认识洋钱的结合要可靠得多。
周朴园　那么我给你一件东西看。

周朴园在桌上找电报，仆人递给他；此时，周冲偷偷由左书房进，在旁谛听。

周朴园　（给大海电报）这是昨天从矿上来的电报。
鲁大海　（拿过去读）什么？他们又上工了。（放下电报）不会，不会。
周朴园　矿上的工人已经在昨天早上复工，你当代表的反而不知道吗？
鲁大海　（惊，怒）怎么矿上警察开枪打死三十个工人就白打了吗？（又看电报，忽然笑起来）哼，这是假的，你们自己假造的电报来离间我们的。（笑）哼，你们这种卑鄙无赖的行为！
周　萍　（忍不住）你是谁？敢在这儿胡说？
周朴园　萍儿！没有你的话。（低头向大海）你就这样相信你那同来的几个代表吗？
鲁大海　你不用多说，我明白你这些话的用意。
周朴园　好，那我把那复工的合同给你瞧瞧。
鲁大海　（笑）你不要骗小孩子，复工的合同没有我们代表的签字是不生效力的。
周朴园　哦，（向仆人）合同！（仆人由桌上拿合同递他）你看，这是他们三个人签字的合同。
鲁大海　（看合同）什么？（慢慢地，低声）他们三个人签了字？他们怎么会不告诉我，自己就签了字呢？他们就这样把我不理啦。
周朴园　对了，傻小子，没有经验只会胡喊是不成的。
鲁大海　那三个代表呢？
周朴园　昨天晚车就回去了。
鲁大海　（如梦初醒）他们三个就骗了我了，这三个没有骨头的东西！他们就把矿上的工人们卖了！哼，你们这些不要脸的董事长，你们的钱这次又灵了。

周　萍　（怒）你混账！
周朴园　不许多说话。（回头向大海）鲁大海，你现在没有资格跟我说话——矿上已经把你开除了。
鲁大海　开除了？！
周　冲　爸爸，这是不公平的。
周朴园　（向周冲）你少多嘴，出去！
周冲愤然由中门下。
鲁大海　哦，好，好，（切齿）你的手段我早就领教过，只要你能弄钱，你什么都做得出来。你叫警察杀了矿上许多工人，你还——
周朴园　你胡说！
鲁侍萍　（至大海前）别说了，走吧。
鲁大海　哼，你的来历我都知道，你从前在哈尔滨包修江桥，故意叫江堤出险，——
周朴园　（厉声）下去！
仆人们　（拉大海）走！走！
鲁大海　（对仆人）你们这些混账东西，放开我。我要说，你故意淹死了两千二百个小工，每一个小工的性命你扣三百块钱！姓周的，你发的是绝子绝孙的昧心财！你现在还——
周　萍　（忍不住气，走到大海面前，重重地打了他两个嘴巴）你这种混账东西！
大海立刻要还手，但是被周家的仆人们拉住。
周　萍　打他！
鲁大海　（向周萍高声）你，你！（正要骂，仆人一起打大海。大海头流血。侍萍哭喊着护大海）
周朴园　（厉声）不要打人！
仆人们住手，仍拉住大海。
鲁大海　（挣扎）放开我，你们这一群强盗！
周　萍　（向仆人们）把他拉下去！
鲁侍萍　（大哭起来）哦，这真是一群强盗！（走至周萍面前，抽咽）你是萍，——凭，——凭什么打我的儿子？
周　萍　你是谁？
鲁侍萍　我是你的——你打的这个人的妈。
鲁大海　妈，别理这东西，您小心吃了他们的亏。
鲁侍萍　（呆呆地望着周萍的脸，忽而又大哭起来）大海，走吧，我们走吧。（抱着大海受伤的头哭）
大海为仆人们拥下，侍萍亦下。